*Prática Empresarial*

*Coleção Prática Forense*

**v. 5**

*Coordenação*
MARCO ANTONIO DE ARAUJO JUNIOR
DARLAN BARROSO

---

**Dados Internacionais de Catalogação na Publicação (CIP)**
**(Câmara Brasileira do Livro, SP, Brasil)**

Santos, Elisabete Teixeira Vido dos
    Prática empresarial / Elisabete Teixeira Vido dos Santos. -- 2. ed rev. e atual. -- São Paulo : Editora Revista dos Tribunais, 2010. -- (Coleção prática forense ; v. 5)

    Bibliografia.
    ISBN 978-85-203-3756-1

    1. Direito empresarial - Legislação - Brasil I. Título. II. Série.

10-09934                                                    CDU-34:338.93 (81)

**Índices para catálogo sistemático: 1.** Brasil : Direito empresarial 34:338.93 (81)

Elisabete Teixeira Vido dos Santos

# Prática Empresarial

2.ª edição revista e atualizada

Editora
REVISTA DOS TRIBUNAIS

Coleção Prática Forense

v. 5

*Coordenação:*
MARCO ANTONIO DE ARAUJO JUNIOR
DARLAN BARROSO

# PRÁTICA EMPRESARIAL

ELISABETE TEIXEIRA VIDO DOS SANTOS

2.ª edição revista e atualizada

*1.ª edição:* 1.ª tiragem: set. 2009, 2.ª tiragem: out. 2009.

© desta edição
[2010]

Publicação licenciada mediante contrato.

EDITORA REVISTA DOS TRIBUNAIS LTDA.

ANTONIO BELINELO
*Diretor responsável*

Visite nosso *site:* www.rt.com.br

CENTRAL DE RELACIONAMENTO RT
(atendimento, em dias úteis, das 8 às 17 horas)

Tel. 0800-702-2433

*e-mail* de atendimento ao consumidor: sac@rt.com.br

Rua do Bosque, 820 – Barra Funda
Tel. 11 3613-8400 – Fax 11 3613-8450
CEP 01136-000 – São Paulo, SP – Brasil

TODOS OS DIREITOS RESERVADOS. Proibida a reprodução total ou parcial, por qualquer meio ou processo, especialmente por sistemas gráficos, microfílmicos, fotográficos, reprográficos, fonográficos, videográficos. Vedada a memorização e/ou a recuperação total ou parcial, bem como a inclusão de qualquer parte desta obra em qualquer sistema de processamento de dados. Essas proibições aplicam-se também às características gráficas da obra e à sua editoração. A violação dos direitos autorais é punível como crime (art. 184 e parágrafos, do Código Penal), com pena de prisão e multa, conjuntamente com busca e apreensão e indenizações diversas (arts. 101 a 110 da Lei 9.610, de 19.02.1998, Lei dos Direitos Autorais).

Impresso no Brasil [09 – 2010]
Universitário (texto)
Fechamento da edição em [31.08.2010]

ISBN 978-85-203-3756-1

Agradeço aos meus professores assistentes WELDER e SUHEL, por terem participado do desenvolvimento deste trabalho de 2ª fase.

Aos amigos DARLAN e MARCO ANTONIO pela amizade, mesmo em momentos muito difíceis da minha caminhada.

Ao FLAVIO, me aproprio das palavras de LENNON e MCCARTNEY:
"Há lugares dos quais vou me lembrar
por toda a minha vida, embora alguns tenham mudado,
Alguns para sempre, e não para melhor
Alguns se foram e outros permanecem
Todos esses lugares tiveram seus momentos
Com amores e amigos, dos quais ainda posso me lembrar
Alguns estão mortos e outros estão vivendo
Em minha vida, já amei todos eles,
Mas de todos esses amigos e amores,
Não há ninguém que se compare a você
E essas memórias perdem o sentido
Quando eu penso no amor como uma coisa nova
Embora eu saiba que nunca vou perder o afeto
por pessoas e coisas que vieram antes,
Eu sei que com freqüência, eu vou parar e pensar nelas
Em minha vida, eu amo mais a você
Em minha vida...
Eu amo mais você."

# Sumário

PRIMEIRA PARTE: TEÓRICA

1. DIREITO EMPRESARIAL .................................................................. 19
   1. Conceito e autonomia.................................................................. 19
   2. Evolução histórica....................................................................... 19
   3. Evolução do direito comercial no Brasil ...................................... 20

2. ATIVIDADE EMPRESARIAL .............................................................. 23
   1. Conceito de empresa .................................................................. 23
   2. Atividades não empresariais........................................................ 23
   3. Atividades empresariais .............................................................. 23
      3.1   Atividade empresarial regular............................................. 26
          3.1.1   Prepostos ................................................................. 27
      3.2   Atividade empresarial irregular........................................... 28
   4. Estabelecimento comercial ......................................................... 28
   5. Proteção ao ponto comercial objeto de locação (Lei 8.245/1991). 31
      5.1   Locação por *shopping center* ............................................. 32
   6. Proteção à propriedade industrial (Lei 9.279/1996)...................... 33
      6.1   Patente .............................................................................. 34
      6.2   Registro industrial .............................................................. 36
          6.2.1   Desenho industrial ................................................... 36
          6.2.2   Marca ....................................................................... 37
      6.3   Extinção da propriedade industrial ..................................... 39

3. MICROEMPRESA E EMPRESA DE PEQUENO PORTE ........................ 41

4. SOCIEDADES EMPRESARIAIS ............................................................. 45
   1. Conceito ..................................................................................... 45
   2. Características gerais ................................................................. 46
   3. Espécies societárias .................................................................... 47
      3.1 Sociedades não personificadas ........................................... 48
         3.1.1 Sociedade comum (irregular ou de fato) ................ 48
         3.1.2 Sociedade em conta de participação ..................... 48
      3.2 Sociedades personificadas .................................................. 49
         3.2.1 Sociedade simples ................................................. 49
         3.2.2 Sociedade em nome coletivo ................................. 50
         3.2.3 Sociedade em comandita simples .......................... 51
         3.2.4 Sociedade limitada ................................................ 51
         3.2.5 Sociedade anônima ou companhia ........................ 60
         3.2.6 Sociedade em comandita por ações ....................... 67

5. MODIFICAÇÕES NAS ESTRUTURAS DAS SOCIEDADES ................... 69
   1. Transformação ........................................................................... 69
   2. Incorporação .............................................................................. 69
   3. Fusão .......................................................................................... 69
   4. Cisão .......................................................................................... 70

6. GRUPOS DE SOCIEDADES E DEFESA DA CONCORRÊNCIA ............. 71
   1. Sociedades filiadas ou coligadas ................................................ 71
   2. Sociedades controladas .............................................................. 72
   3. Consórcio ................................................................................... 72
   4. Defesa da concorrência .............................................................. 73

7. TÍTULOS DE CRÉDITO ......................................................................... 75
   1. Legislação .................................................................................. 75
   2. Conceito ..................................................................................... 75
   3. Classificação dos títulos de crédito ............................................ 76
      3.1 Quanto ao modelo ............................................................... 76

|     |     |     |
| --- | --- | --- |
| | 3.2 Quanto à estrutura | 77 |
| | 3.3 Quanto às hipóteses de emissão | 77 |
| | 3.4 Quanto à circulação | 77 |
| 4. | Endosso | 78 |
| 5. | Aval | 80 |
| 6. | Apresentação | 81 |
| 7. | Aceite | 82 |
| 8. | Protesto | 82 |
| 9. | Ação cambial | 83 |
| 10. | Letra de câmbio | 84 |
| 11. | Nota promissória | 84 |
| 12. | Cheque | 85 |
| 13. | Duplicata mercantil | 87 |
| 14. | Conhecimento de depósito | 89 |
| 15. | Cédula de crédito bancário | 89 |

8. CONTRATOS MERCANTIS ............................................................. 91
   1. Compra e venda mercantil ........................................................ 91
   2. Locação comercial .................................................................... 92
   3. Mandato mercantil ................................................................... 92
   4. Comissão mercantil .................................................................. 93
   5. Representação comercial autônoma ......................................... 93
   6. Concessão mercantil ................................................................ 95
   7. Arrendamento mercantil (*leasing*) ............................................ 95
   8. Contratos bancários ................................................................. 96
   9. Alienação fiduciária em garantia ............................................... 96
   10. Franquia (*franchising*) ............................................................ 97
   11. Faturização (*factoring*) ou fomento mercantil ........................ 97

9. FALÊNCIAS E RECUPERAÇÃO DA EMPRESA (LEI 11.101/2005) ........ 99
   1. Conceito ................................................................................... 99

2. Sujeito passivo .................................................................. 99
3. Competência e prevenção ........................................... 100
4. Créditos excluídos ....................................................... 100
5. Suspensão das ações e dos prazos prescricionais ....... 100
6. Administrador judicial ................................................ 101
7. Assembleia de credores ............................................. 101
8. Comitê de credores .................................................... 102

10. RECUPERAÇÃO JUDICIAL (LEI 11.101/2005) ................... 105
    1. Aplicação da lei ......................................................... 105
    2. Conceito ..................................................................... 105
    3. Requisitos .................................................................. 105
    4. Créditos não sujeitos à recuperação judicial ............. 106
    5. Meios de recuperação judicial ................................... 106
    6. Efeitos ........................................................................ 107
    7. Plano especial ............................................................ 107
    8. Procedimento da recuperação judicial ...................... 108
    9. Convolação da recuperação judicial em falência ...... 109

11. RECUPERAÇÃO EXTRAJUDICIAL (LEI 11.101/2005) ........ 111

12. FALÊNCIA (LEI 11.101/2005) ........................................... 113
    1. Causas da falência ..................................................... 113
    2. Legitimidade ativa ..................................................... 114
    3. Habilitação dos credores ........................................... 114
    4. Procedimento ............................................................ 115
    5. Classificação dos créditos .......................................... 115
    6. Realização do ativo e encerramento da falência ....... 116
    7. Os efeitos da falência para a pessoa do falido .......... 117
    8. Os efeitos da falência sobre as obrigações do devedor ... 117
    9. Ineficácia e revogação dos atos praticados antes da falência .... 118
    10. Pedido de restituição ............................................... 118

13. PROCEDIMENTO E PROCESSO .......................................................... 121
    1. Conceitos.................................................................................. 121
    2. Forma ...................................................................................... 121
    3. Espécies de processo............................................................... 122
    4. Processo de conhecimento ..................................................... 122

14. PROCEDIMENTO SUMÁRIO ............................................................. 123
    1. PETIÇÃO INICIAL .................................................................... 123
        1.1 Endereçamento ................................................................ 124
        1.2 Preâmbulo ........................................................................ 125
        1.3 Fatos ................................................................................. 126
        1.4 Fundamentação jurídica.................................................... 126
        1.5 Pedido............................................................................... 126
        1.6 Valor da causa .................................................................. 127
    2. Audiência de conciliação ......................................................... 128
    3. Contestação............................................................................. 128
        3.1 Roteiro de contestação..................................................... 128
        3.2 Audiência de instrução..................................................... 131

15. PROCEDIMENTO ORDINÁRIO........................................................... 133
    1. Petição inicial .......................................................................... 133
        1.1 Endereçamento ................................................................ 133
        1.2 Preâmbulo ........................................................................ 135
        1.3 Fatos ................................................................................. 136
        1.4 Fundamentação jurídica.................................................... 136
        1.5 Pedido............................................................................... 136
        1.6 Valor da causa .................................................................. 137
    2. Apreciação e aditamento do pedido ....................................... 137
    3. Despacho da petição inicial..................................................... 137
    4. Citação .................................................................................... 138
        4.1 Efeitos ............................................................................... 138
        4.2 Espécies ............................................................................ 139

16. DEFESAS DO RÉU ........................................................................... 141
   1. Contestação .............................................................................. 141
   2. Exceção ..................................................................................... 144
      2.1 Procedimento da exceção ................................................. 144
   3. Reconvenção ............................................................................ 145
      3.1 Requisitos ........................................................................... 145
      3.2 Procedimento ..................................................................... 146
      3.3 Proibições ........................................................................... 146
   4. Revelia ....................................................................................... 146

17. FASE SANEADORA ........................................................................ 149
   1. Providências preliminares ....................................................... 149
   2. Julgamento segundo o estado do processo ......................... 149
      2.1 Extinção .............................................................................. 149
      2.2 Julgamento antecipado ..................................................... 150
      2.3 Saneamento ....................................................................... 150

18. FASE INSTRUTÓRIA E AUDIÊNCIA DE INSTRUÇÃO ..................... 151

19. SENTENÇA .................................................................................... 153

20. PROCEDIMENTOS ESPECIAIS ....................................................... 155
   1. Consignação em pagamento ................................................. 155
      1.1 Cabimento .......................................................................... 155
      1.2 Juiz competente ................................................................. 155
      1.3 Fundamento legal .............................................................. 155
      1.4 Procedimento ..................................................................... 155
      1.5 Pedido ................................................................................. 156
   2. Busca e apreensão (Decreto-lei 911/1969) ............................ 156
      2.1 Cabimento .......................................................................... 156
      2.2 Juiz competente ................................................................. 156
      2.3 Fundamento legal .............................................................. 157
      2.4 Procedimento ..................................................................... 157
      2.5 Pedido ................................................................................. 157

| | | | |
|---|---|---|---|
| 3. | Prestação de contas | | 157 |
| | 3.1 | Cabimento | 157 |
| | 3.2 | Juiz competente | 157 |
| | 3.3 | Fundamento legal | 157 |
| | 3.4 | Procedimento | 157 |
| | 3.5 | Pedido | 158 |
| 4. | Ação monitória | | 158 |
| | 4.1 | Cabimento | 158 |
| | 4.2 | Juiz competente | 158 |
| | 4.3 | Fundamento legal | 158 |
| | 4.4 | Pedido | 158 |

## 21. TEORIA GERAL DOS RECURSOS ................ 159

| | | | |
|---|---|---|---|
| 1. | Princípios do procedimento recursal | | 159 |
| 2. | Juízo de admissibilidade | | 160 |
| | 2.1 | Tempestividade | 160 |
| | 2.2 | Legitimidade para recorrer | 160 |
| | 2.3 | Interesse para recorrer | 160 |
| | 2.4 | Regularidade processual/formal | 160 |
| | 2.5 | Preparo | 161 |
| | 2.6 | Inexistência de fato impeditivo, modificativo ou extintivo do direito do autor | 161 |
| 3. | Efeitos | | 161 |
| | 3.1 | Efeito devolutivo | 162 |
| | 3.2 | Efeito suspensivo | 162 |
| 4. | Apelação | | 162 |
| | 4.1 | Recurso adesivo | 163 |
| | 4.2 | Efeitos da apelação | 163 |
| 5. | Agravo | | 163 |
| | 5.1 | Agravo retido | 164 |
| | 5.2 | Agravo por instrumento | 164 |
| | 5.3 | Efeitos do agravo | 164 |

| | | |
|---|---|---:|
| 6. | Embargos Declaratórios | 165 |
| 7. | Embargos Infringentes | 165 |
| 8. | Recurso Especial e Recurso Extraordinário | 166 |

Segunda Parte: Peças Práticas

1. MODELOS .................................................................................. 169
   1. Modelo de parecer ............................................................... 169
   2. Petição inicial (processo de conhecimento) ......................... 170
   3. Petição inicial de ação monitória ......................................... 172
   4. Petição inicial de cautelar de arresto .................................... 174
   5. Petição inicial de cautelar de sequestro ................................ 177
   6. Petição inicial de cautelar inominada de sustação de protesto ...... 179
   7. Petição inicial de dissolução de sociedade cumulada com apuração de haveres (se o objetivo for a dissolução total a cumulação deve ser com liquidação judicial) ......... 181
   8. Petição inicial de reparação de danos por ato de administrador de S.A. ......... 183
   9. Petição inicial de nulidade de marca/patente ....................... 185
   10. Petição inicial de cobrança de comissões (representante comercial) ......... 188
   11. Petição inicial de reparação de danos (cheque pré-datado) ...... 190
   12. Petição inicial de execução ................................................. 192
   13. Petição inicial de ação renovatória (locação empresarial) ...... 194
   14. Petição inicial de ação possessória ..................................... 197
   15. Petição inicial de pedido de falência ................................... 199
   16. Pedido de autofalência ....................................................... 201
   17. Pedido de recuperação judicial ........................................... 203
   18. Contestação do rito ordinário ............................................ 205
   19. Contestação do rito sumário .............................................. 207
   20. Exceção de incompetência relativa ..................................... 210
   21. Exceção de impedimento/suspeição .................................. 211
   22. Reconvenção ...................................................................... 213

23. Impugnação à contestação (réplica) .............................................. 214
24. Mandado de segurança ................................................................ 216
25. Recurso de apelação ...................................................................... 218
26. Contrarrazões de apelação ........................................................... 221
27. Recurso de agravo de instrumento ............................................... 223
    27.1    Modelo de petição de cumprimento do art. 526 do CPC ........ 226
28. Embargos de declaração ............................................................... 226
29. Embargos infringentes .................................................................. 228
30. Recurso especial ........................................................................... 230
31. Recurso extraordinário ................................................................. 233

2. PEÇAS PRÁTICAS – OAB ..................................................................... 237

3. GABARITO DAS PEÇAS PRÁTICAS – OAB ........................................... 253

### Terceira Parte: Questões Discursivas

1. QUESTÕES DISCURSIVAS – OAB ........................................................ 265

2. GABARITO DAS QUESTÕES DISCURSIVAS – OAB ............................. 301

BIBLIOGRAFIA ............................................................................................ 333

# PRIMEIRA PARTE • TEÓRICA

# Direito Empresarial        1

## 1. CONCEITO E AUTONOMIA

O Direito Empresarial é o ramo do Direito que tem por objeto a regulamentação da atividade econômica daqueles que atuam na circulação ou produção de bens, bem como na prestação de serviços.

Com as modificações do CC/2002, especialmente com a inclusão de disposições sobre os títulos de crédito e de um livro destinado ao Direito de Empresa (Livro II da Parte Especial), discute-se se ainda persiste a autonomia do Direito Empresarial ou se agora ele apenas deve ser tratado como um ramo do Direito Civil.

A autonomia do Direito Empresarial é assegurada pela CF/1988, no art. 22, I, que, ao tratar da competência privativa da União para legislar sobre diversas matérias, explicitou que entre elas estão o "Direito Civil" e o "Direito Comercial"; neste sentido, não restou dúvida de que se tratam de matérias diferentes e autônomas.

A autonomia da disciplina Direito Comercial – ou, como já se prefere chamar, Direito Empresarial – fica assegurada, apesar da tentativa do legislador infraconstitucional de unir num mesmo ordenamento as disciplinas de Direito Civil e a do Direito Empresarial.

A nomenclatura "Direito Empresarial" se mostra mais adequada do que simplesmente Direito Comercial, pois a preocupação da disciplina não está apenas na atividade de intermediação de mercadorias, mas também na produção e na prestação de serviços.

## 2. EVOLUÇÃO HISTÓRICA

O Direito Comercial tem início na Idade Média. Para Gladston Mamede, a origem está nas regiões de Ur e Lagash (*Manual de direito empresarial*,

p. 2), mas o que é aceito pela maioria é que o começo está com o florescimento das primeiras cidades (burgos) e o desenvolvimento do comércio marítimo. Este é o momento do direito das classes, que fica evidenciado com as corporações de ofício. Nesse momento, o critério caracterizador do comerciante é a participação na Corporação de Ofício (de artesãos, comerciantes etc.), o que resulta num critério subjetivista, não importando o que o comerciante faça, mas se pertence ou não a uma determinada Corporação.

O segundo grande momento do desenvolvimento do Direito Comercial acontece com os Estados Nacionais, e com a centralização do poder político nas mãos do monarca. Nesse período, o direito comercial é definido por um critério objetivista proveniente do Código Francês de 1808, que adota a teoria dos atos do comércio, ou seja, o comerciante é quem pratica determinado ato definido na lei como ato típico da atividade comercial.

O terceiro e atual momento é o iniciado pelo Código Civil italiano de 1942, quando ocorre a unificação do Direito privado; portanto, num mesmo ordenamento são regulados o direito civil e o direito comercial. Também é nesse ordenamento que se adota a teoria da empresa. É nesse momento que se abandona o termo "comércio" e se adota o termo "empresa".

## 3. EVOLUÇÃO DO DIREITO COMERCIAL NO BRASIL

No Brasil, a nossa primeira regulamentação é o Código Comercial de 1850, que segue a influência do Código Francês de 1808, adotando, portanto, o critério objetivista da teoria dos atos de comércio. O comerciante era definido como quem praticava a mercancia. O problema era que o Código Comercial de 1850 não definia o que era a "mercancia"; por isso, no mesmo ano, houve a publicação do Regulamento 737, que, no seu art. 19 definia quais atos seriam de comércio: "§ 1.º A compra e venda ou troca de bens móveis ou semoventes, para os vender por grosso ou a retalho, na mesma espécie ou manufaturados, ou para alugar o seu uso. § 2.º As operações de câmbio, banco e corretagem. § 3.º As empresas de fábricas, de comissões, de depósito, de expedição, consignação e transportes de mercadorias, de espetáculos públicos. § 4.º Os seguros, fretamento, riscos; e quaisquer contratos relativos ao comércio marítimo. § 5.º A armação e expedição de navios".

Esse regulamento foi revogado em 1875, mas sua lista de atos de comércio continuou sendo utilizada, o que, na prática, gerava problemas, pois vários atos, por não pertencerem à lista, não eram considerados comerciais, como a compra e venda de imóveis, a atividade rural, a prestação de serviços, entre outros.

Dessa necessidade, e por influência do Código Civil italiano de 1942, o Brasil publicou seu CC/2002, adotando a teoria da empresa e unificando, ao menos formalmente, o direito privado. Ressalte-se que o CCo de 1850 não foi totalmente revogado. A parte dos "contratos marítimos" continua em vigor.

Agora, o empresário é definido de acordo com o art. 966 do CC/2002, como quem "exerce profissionalmente atividade econômica organizada para a produção ou a circulação de bens e serviços".

É claro que o CC/2002 não é a única fonte do Direito Empresarial. As leis especiais continuam regulando diversos temas de Direito Empresarial, tais como a Lei 6.404/1976 (sociedades anônimas), o Dec. 57.663/1966 (letra de câmbio e nota promissória), a Lei 7.357/1985 (cheque), a Lei 8.934/1994 (registro de empresas) etc.

# Atividade Empresarial

## 1. CONCEITO DE EMPRESA

É a atividade econômica organizada para a produção ou a circulação de bens ou de serviços (art. 966 do CC).

São características da atividade empresarial:

• Profissionalismo, que significa que o empresário atua com habitualidade, em nome próprio e com o domínio de informações, sobre o produto ou o serviço que está colocando no mercado. É importante ressaltar que é possível uma atividade que não tenha continuidade e ainda assim seja empresarial, como é o caso da sociedade em conta de participação;

• Atividade de produção, circulação de bens ou prestação de serviços;

• Fim lucrativo;

• Organização de fatores como o capital, a matéria-prima, a mão de obra e a tecnologia empregada.

## 2. ATIVIDADES NÃO EMPRESARIAIS

Entre as atividades econômicas, algumas não são consideradas atividades empresariais, por definição legal. São os casos de:

• Profissionais liberais, que prestem serviços de forma direta, e profissionais intelectuais (art. 966, parágrafo único, do CC);

• Cooperativas (arts. 982, parágrafo único, e 1.093 a 1.096 do CC).

## 3. ATIVIDADES EMPRESARIAIS

A atividade empresarial pode ser exercida pelo empresário individual ou pela sociedade empresarial.

O empresário individual é o profissional que exerce a atividade econômica organizada para a produção ou a circulação de bens ou serviços. Não se confunde com os sócios de uma sociedade empresarial, que podem ser chamados de empreendedores ou investidores (art. 966 do CC).

Para exercer a atividade de empresário individual é necessária a plena capacidade civil, que ocorre, pelo novo ordenamento, aos 18 anos de idade e com plenas condições mentais. Exatamente por isso são incapazes de realizar a atividade empresarial:

- Os menores de 18 anos de idade, não emancipados;
- Os incapacitados, a partir de um processo de interdição.

O incapaz pode praticar atos empresariais desde que seja emancipado a partir da concessão dos pais, ou de um deles na falta de outro, ou ainda por decisão judicial. Além disso, o casamento, o exercício de emprego público efetivo, a colação de grau em curso superior, o estabelecimento ou a relação de emprego que permita ao incapaz economia própria fazem cessar a incapacidade.

Em caráter de exceção, por meio de um alvará judicial, o incapaz pode continuar uma atividade empresarial, desde que assistido ou representado pelos responsáveis legais (art. 974 do CC). Cumpre ressaltar que a autorização judicial pode ser revogada a qualquer tempo. O incapaz pode continuar a empresa, se a recebeu como objeto de herança ou se a incapacidade foi superveniente ao início da atividade empresarial; nesse caso, o juiz avaliará se a atividade deve ou não ser continuada, e decidindo pela continuidade, designará um representante ou assistente que ficará a frente dos negócios e prestará contas dessa atribuição (art. 975 do CC).

Do alvará judicial constarão os bens que o incapaz já possuía, ao tempo da sucessão ou da interdição, desde que estranhos ao acervo da empresa, uma vez que tais bens não serão atingidos pelas dívidas da empresa (art. 974, § 2.º, do CC). O objetivo do legislador foi o de proteger o patrimônio do incapaz, e é exatamente por isso que o incapaz não poderá ser sócio de sociedades que comprometam seu patrimônio, como é o caso da sociedade em nome coletivo, da sociedade em comandita simples e da sociedade limitada se o capital não estiver integralizado. No capítulo referente às sociedades veremos que em algumas sociedades os sócios respondem ilimitadamente com seu patrimônio pessoal pelas obrigações da sociedade. E, do mesmo modo, se o capital social da sociedade limitada não for totalmente integralizado, o patrimônio pessoal dos sócios pode ser atingido até o limite do que falta para a integralização.

A emancipação, a autorização judicial e o alvará com a relação dos bens devem ser registrados na Junta Comercial (art. 976 do CC).

Além da plena capacidade, é necessária a inexistência de impedimento legal para o exercício da atividade empresarial, a fim de que seja preservado o interesse de terceiros ou o interesse público em geral. Quem exercer a atividade empresarial estando legalmente impedido responderá pelas obrigações contraídas (art. 973 do CC).

São impedidos de exercer a atividade empresarial:

a) Falidos, enquanto não tiverem suas obrigações extintas;

b) Leiloeiros e corretores;

c) Servidores públicos no exercício da atividade pública. Em relação ao servidor público, a proibição recai sobre a atividade de empresário individual, administrador de sociedade empresária, mas não o impede de ser sócio ou acionista de uma sociedade (art. 117 da Lei 8.112/90). No mesmo sentido, magistrados e membros do Ministério Público (art. 36 da LC 35/79 e art. 44 da Lei 8.625/93), bem como os militares na ativa (art. 204 do Código Penal Militar);

d) Deputados e Senadores sofrem restrições na atividade empresarial, de tal modo que não pode ser proprietários, controladores ou diretores de empresa que goze de favor decorrente de contrato com pessoa jurídica de direito público, ou nela exercer função remunerada (art. 54, II, da CF). No mesmo sentido, tais restrições se aplicam aos vereadores (art. 29, IX da CF);

e) Estrangeiros e sociedades sem sede no Brasil, para algumas atividades, como a empresa jornalística e de radiodifusão (art. 222 da CF/88) e a exploração e aproveitamento das jazidas e demais recursos minerais, inclusive potenciais de energia hidráulica, que só podem ser exercidas por brasileiros ou pessoas jurídicas brasileiras, mediante autorização ou concessão da União (art. 176 da CF/88);

f) Médico, no exercício simultâneo de farmácia.

Outra limitação ao exercício da atividade empresarial surge com o art. 977 do CC, que impede a constituição de sociedade empresarial composta por cônjuges casados sob o regime da comunhão universal de bens ou da separação obrigatória.

Enunciado 205 do CJF: "Adotar as seguintes interpretações ao art. 977: (1) a vedação à participação de cônjuges casados nas condições previstas no artigo refere-se unicamente a uma mesma sociedade; (2) o artigo abrange tanto a participação originária (na constituição da sociedade) quanto a derivada, isto é, fica vedado o ingresso de sócio casado em sociedade de que já participa o outro cônjuge".

## 3.1 Atividade empresarial regular

De acordo com a Lei 8.934/1994, os órgãos responsáveis pelo registro público das empresas mercantis são:

• O Departamento Nacional de Registro de Comércio (DNRC), que cuida das orientações e da supervisão das Juntas Comerciais em todo o território nacional; e

• As Juntas Comerciais, que são órgãos subordinados administrativamente ao governo da unidade federativa de sua jurisdição e, tecnicamente, ao DNRC. As Juntas Comerciais são responsáveis pela matrícula dos leiloeiros, tradutores públicos, intérpretes, trapicheiros e administradores de armazéns gerais, pelo arquivamento dos atos constitutivos das sociedades empresariais e das cooperativas, bem como pela autenticação da escrituração das empresas (art. 32).

Para uma empresa que tem sua sede num determinado Estado e pretende abrir uma filial, agência ou sucursal em outro Estado, a filial, agência ou sucursal precisará ser averbada no registro de origem e registrada no Estado no qual ela se encontra. Por exemplo: se uma empresa tem sua sede registrada em São Paulo e pretende abrir uma filial em Goiás, deve averbar a filial no registro da sede (São Paulo) e registrá-la na Junta Comercial de Goiás (art. 969 do CC).

Para que alguém plenamente capaz e livre de impedimentos exerça a atividade empresarial de forma regular, são necessários:

• Arquivamento do ato constitutivo da atividade empresarial na Junta Comercial;

• Autenticação dos livros mercantis.

O registro da atividade empresarial ocorre em uma das Juntas Comerciais espalhadas por cada Estado da Federação. Além disso, não apenas quem exerce atividade empresarial, mas também quem exerce atividade econômica, como é o caso das cooperativas, pode ser registrado na Junta Comercial, salvo a sociedade de advogados, que deve ser registrada na Ordem dos Advogados do Brasil. É importante ressaltar que, por ser a cooperativa uma sociedade simples, o local adequado para seu registro deveria ser o Cartório de Registro Civil de Pessoas Jurídicas; porém, de acordo com o DNRC e com o art. 32 da Lei 8.934/94 o registro da Cooperativa deve ocorrer na Junta Comercial.

Para as sociedades simples, as fundações e as associações, o local correto para a efetivação do registro é o Cartório de Registro Civil de Pessoas Jurídicas (art. 998 do CC).

O registro das atividades empresariais ocorre com o arquivamento dos atos constitutivos. Se, entretanto, a documentação apresentada tiver vícios sanáveis, o empresário terá 30 dias para sanar as irregularidades; mas, se tiver vícios insanáveis, o pedido será indeferido. Além disso, o arquivamento também se presta às alterações, à dissolução das sociedades, bem como às atas das assembleias.

O empresário rural, ou seja, aquele cuja principal profissão é a atividade rural, pode requerer seu registro na Junta Comercial do Estado no qual se encontra (art. 971 do CC). O empresário rural tem, portanto, a faculdade de registrar sua atividade, e não a obrigação de registrar sua atividade.

Com relação aos livros mercantis, a atividade exercida bem como o tipo societário escolhido definirão os livros que serão necessários. Para alguns doutrinadores, são obrigatórios os livros de Registros de Duplicatas, de Registro de Compras e de Registro de Inventário. Entretanto, há unanimidade em reconhecer o livro Diário como obrigatório e comum para qualquer atividade empresarial (art. 1.180 do CC).

As Microempresas e Empresas de Pequeno Porte devem manter em boa ordem e guarda os documentos que fundamentaram a apuração dos impostos e contribuições devidos e o cumprimento das obrigações acessórias, enquanto não decorrido o prazo decadencial e não prescritas eventuais ações que lhes sejam pertinentes. Além disso, deve manter o Livro Caixa, no lugar do Livro Diário, no qual será escriturada a movimentação financeira e bancária (art. 26 da LC 123/06).

O livro Diário pode ser substituído pelo livro Balancetes Diários e Balanços (art. 1.185 do CC). É evidente que o livro Diário, ou qualquer escrituração equiparada pela lei, não é o único registro obrigatório da atividade empresarial, de tal modo que, dependendo da atividade exercida pela empresa, outros livros devem ser autenticados, como, por exemplo, o de Registro das Ações Nominativas e as Atas das Assembleias Gerais, nas sociedades por ações, entre outros.

### 3.1.1 Prepostos

Tanto o empresário como a sociedade empresária precisam ser auxiliados no exercício das atividades empresariais. Este auxílio é exercido pelos prepostos, que são pessoas colocadas à frente do negócio. A preposição pode surgir de um contrato de trabalho ou de prestação de serviços.

A atividade do preposto se equipara à do mandatário, ou seja, o preposto recebe poderes de representação que só podem ser delegados com a expressa concordância do empresário ou sociedade empresarial.

Os prepostos também não podem fazer concorrência, mesmo que indireta, aos preponentes, a não ser que exista autorização expressa. Se exercerem concorrência, responderão pelas perdas e danos causadas (arts. 1.169 e 1.170 do CC).

Os preponentes respondem por todos os atos praticados pelos prepostos no interior da empresa, desde que relativos à atividade da empresa, mesmo que não autorizados por escrito. Quando os atos forem realizados fora do estabelecimento, dependem de autorização por escrito, para que o preponente responda por eles (art. 1.178 do CC).

Dos auxiliares denominados prepostos o mais importante é o gerente (não sócio), que é o preposto permanente da atividade empresarial (art. 1.172 do CC). É a pessoa colocada pelo empresário ou sociedade empresarial à frente dos negócios com a função de chefia. Os poderes do gerente são amplos, mas podem ser limitados pelo dono do negócio. Para que essa limitação produza efeitos em relação a terceiros, depende do arquivamento e averbação do seu instrumento na Junta Comercial (arts. 1.173 e 1.174 do CC).

## 3.2 Atividade empresarial irregular

A ausência do registro torna a atividade empresarial irregular, impedindo ao empresário de usufruir dos benefícios do empresário regular, ou seja:

a) Não terá legitimidade ativa para requerer a falência de seu devedor (art. 97, IV, da Lei 11.101/2005);

b) Poderá ter sua falência requerida e decretada, que será necessariamente fraudulenta, porque seus livros não podem ser usados como meio de prova (art. 178 da Lei 11.101/2005);

c) Não poderá requerer a recuperação judicial (art. 48 da Lei 11.101/2005);

d) Não poderá participar de licitações por falta da inscrição no CNPJ e da ausência de matrícula no INSS (arts. 28 e 29 da Lei 8.666/1993).

## 4. ESTABELECIMENTO COMERCIAL

É o complexo de bens corpóreos (instalações, máquinas, mercadorias etc.) e incorpóreos (marcas e patentes) reunidos pelo empresário ou pela sociedade empresarial para o desenvolvimento de sua atividade empresarial (art. 1.142 do CC). Além dos bens que constituem o estabelecimento comercial, são atributos do estabelecimento o aviamento e a clientela. O aviamento é a aptidão de um estabelecimento em produzir resultados. A clientela é o grupo de pessoas que realizam negócios com o estabelecimento de forma continuada. É importante ressaltar que freguesia não é sinônimo de clientela, uma vez que, enquanto a clientela mantém relações continuadas, a freguesia apenas se relaciona com o estabelecimento em virtude do local onde ele se encontra.

Trata-se do elemento essencial da atividade empresarial, de modo que não há como constituir uma empresa sem antes organizar o estabelecimento comercial. Em alguns diplomas legais, como a Lei 8.245/91, o estabelecimento comercial é chamado de fundo de comércio.

Ao conjunto de bens o empresário agrega uma organização racional, que importará em aumento de valor enquanto estiverem juntos. Necessita, portanto, de uma forma própria de proteção, em caso de desapropriação do imóvel, sucessão por morte ou separação judicial do empresário.

Além de integrarem o patrimônio do empresário, os bens são também garantia dos credores, razão pela qual sua alienação deve observar cautelas específicas. Quando ocorrer a alienação do estabelecimento comercial (trespasse), deve-se observar se o alienante possui bens suficientes para solver o passivo deixado na empresa. No caso de não haver bens suficientes, a alienação somente será eficaz com a concordância dos credores de forma tácita ou expressa, 30 dias após a notificação ou o pagamento antecipado das dívidas. A ausência dessa notificação gera a ineficácia do trespasse (art. 129 da Lei 11.101/2005), bem como a possibilidade do requerimento da falência do alienante por atos de falência (arts. 1.145 do CC e 94, III, *c*, da Lei 11.101/2005). Ressaltamos que, se o alienante possui bens suficientes para saldar as dívidas, não é necessária a notificação e muito menos a concordância dos credores.

Os bens que fazem parte do estabelecimento podem ser negociados isoladamente, com exceção do nome empresarial (art. 1.164 do CC). O estabelecimento comercial pode ser negociado como um objeto unitário de direitos e negócios jurídicos, devendo o contrato ser averbado na Junta Comercial e publicado na imprensa oficial (art. 1.143 do CC).

A responsabilidade pelas dívidas contraídas anteriormente ao trespasse é do adquirente do estabelecimento, desde que elas estejam regularmente contabilizadas, mas o alienante responde solidariamente por essas dívidas por um ano, contado da publicação da transmissão do estabelecimento, no caso das dívidas vencidas, ou da data de vencimento da dívida, no caso das dívidas vincendas (art. 1.146 do CC).

No caso dos contratos de trabalho, em virtude da sucessão trabalhista, quem assume as obrigações, mesmo que não contabilizadas, é o adquirente (arts. 10 e 448 da CLT) Nas dívidas fiscais, o adquirente responde pela totalidade das obrigações, se o alienante cessou sua atividade econômica, mas responderá subsidiariamente se o alienante prosseguir na exploração da atividade econômica ou iniciá-la em até seis meses da alienação (art. 133, II, do CTN).

> **note BEM**
> Está implícita em qualquer contrato de alienação de estabelecimento comercial a cláusula de não restabelecimento, salvo autorização expressa em contrário, que determina que o alienante não poderá se estabelecer em ramo idêntico de atividade comercial nos cinco anos que se seguirem à transferência, salvo expressa autorização no contrato (art. 1.147 do CC).

Como regra, o trespasse importa em sub-rogação nos contratos estipulados para a exploração do estabelecimento se não tiverem caráter pessoal, e não houver a impugnação dos contratantes em 90 dias, contados da publicação do trespasse (art. 1.148 do CC). O Enunciado 234 do CJF afirma: "Quando do trespasse do estabelecimento empresarial, o contrato de locação do respectivo ponto não se transmite automaticamente ao adquirente".

É importante ressaltar que, dentro da falência, a aquisição do estabelecimento está isenta de qualquer ônus (art. 141, II, da Lei 11.101/2005). No mesmo sentido ocorre na recuperação judicial (art. 60, parágrafo único, da Lei 11.101/2005). Esse também é o posicionamento do STF, no *Informativo* 548, de maio de 2009, quando manteve a constitucionalidade da isenção de ônus para quem adquire estabelecimento dentro de um procedimento de falência ou de recuperação judicial (ADIn 3934/DF, rel. Min. Ricardo Lewandowski, 27.05.2009). Assim relatou: "A exclusão da sucessão tornaria mais interessante a compra da empresa e tenderia a estimular maiores ofertas pelos interessados na aquisição, o que aumentaria a garantia dos trabalhadores, em razão de o valor pago ficar à disposição do juízo da falência e ser utilizado para pagar prioritariamente os créditos trabalhistas. Além do mais, a venda em bloco da empresa possibilitaria a continuação da atividade empresarial preservando empregos".

## 5. PROTEÇÃO AO PONTO COMERCIAL OBJETO DE LOCAÇÃO (LEI 8.245/1991)

O ponto comercial não é apenas o lugar no qual o empresário se estabelece, mas o espaço físico que decorre da atividade empresarial. É a própria atividade empresarial que acrescenta um valor econômico ao ponto comercial, e é exatamente por isso que precisa de uma proteção legal, ainda mais quando o imóvel é alugado. Neste caso, é a Lei 8.245/1991 que dá a proteção ao ponto comercial, obtido a partir de um contrato de locação.

A ação renovatória tem, portanto, a finalidade de proteger não só o ponto comercial, mas o estabelecimento como um todo. Ela concede ao empresário o direito de obter a renovação compulsória do contrato de locação, desde que o empresário demonstre os requisitos definidos em lei.

Para que o inquilino tenha direito à ação renovatória, será necessário cumprir os seguintes requisitos (art. 51 da Lei de Locações):

a) O inquilino deve realizar uma atividade empresarial;

b) Contrato deve ser escrito e por tempo determinado;

c) Contrato anterior, ou soma do prazo de contratos anteriores, de cinco anos ininterruptos, seja pelo sucessor ou pelo locatário;

d) Exploração pelo locatário do mesmo ramo de atividade pelo prazo mínimo e ininterrupto de três anos.

Tem legitimidade ativa para ingressar com a ação renovatória o locatário, seu cessionário ou sucessor (art. 51, §§ 1.º e 2.º, da Lei de Locações). No caso de sublocação total, permitida contratualmente, tem legitimidade ativa para ingressar com a ação renovatória o sublocatário (art. 51, § 1.º, da Lei de Locações).

O momento para pleitear a renovação, sob pena de decadência, são os primeiros seis meses do último ano do contrato (art. 51, § 5.º, da Lei de Locações). Se não for proposta no prazo legal, pode o locador, findo o contrato, retomar o imóvel, independentemente de motivo especial.

O locador pode promover a revisão do valor estipulado para o aluguel, decorridos três anos da data do contrato, da data do último reajuste ou da data do início da renovação do contrato.

Em face da proteção ao direito de propriedade, algumas vezes a renovação compulsória não será concedida, mesmo que todos os requisitos tenham sido cumpridos pelo inquilino. Nos casos a seguir, o juiz concederá a retomada ao locador (arts. 52 e 71 da Lei de Locações):

• Melhor proposta de terceiro, tanto em relação ao valor do aluguel quanto em relação à compra do imóvel locado. Nesta situação, o locatário possui o direito de preferência em condições de igualdade na aquisição do imóvel;

• Reformas determinadas pelo Poder Público ou por decisão do próprio locador. Neste último caso, o locador deverá justificar a reforma com a valorização do imóvel;

• Uso próprio, desde que o locador não explore o mesmo ramo de atividade explorado anteriormente pelo inquilino;

• Uso de descendente, ascendente ou cônjuge, desde que demonstre o fundo de comércio (ou estabelecimento comercial) existente por mais de um ano.

Em virtude da retomada do imóvel locado, o locatário que desenvolveu o fundo de comércio ao longo dos anos sofrerá um prejuízo em virtude da perda do ponto comercial, e exatamente por isso, em algumas situações, o locatário terá o direito de pleitear uma indenização. São elas:

• Quando a retomada foi concedida em virtude de melhor proposta de terceiro;

• Quando o locador atrasa na destinação alegada por um período de três meses;

• Quando o locador não dá a destinação alegada;

• Quando o locador explorar o mesmo ramo de atividade do locatário, exceto na locação-gerência (art. 52, § 3.º, da Lei de Locações).

## 5.1 Locação por shopping center

No empreendimento denominado *shopping center*, normalmente ocorre a locação dos espaços autônomos de seu interior, no sentido de organizar num determinado imóvel atividades econômicas variadas.

Nesse tipo de empreendimento não ocorre apenas uma concentração de atividades econômicas, mas toda uma organização, que implica na segurança dada aos consumidores, na existência ou não de estacionamento para dar mais comodidade, no atendimento das mais variadas necessidades dos consumidores e até mesmo na realização de promoções e campanhas publicitárias. Tudo isso é realizado não pelo locatário de um dos espaços do *shopping center*, mas pelo próprio empreendimento. Esse planejamento do espaço é chamado pela doutrina de *tenant mix*.

Por todas essas peculiaridades, discute-se sobre a natureza do contrato entre o *shopping center* e o lojista, que, ao lado de Fábio Ulhoa Coelho, entendemos tratar-se de um contrato de locação, e, como tal, dever ser tratado pelo legislador na Lei de Locações (Lei 8.245/1991).

Desse modo, a Lei de Locações admite a possibilidade da propositura da ação renovatória por parte do locatário, nos moldes dos requisitos e prazo de interposição anteriormente expostos. Entretanto, com relação à retomada do espaço pelo *shopping center*, todas as situações citadas são possíveis, com exceção da retomada para uso próprio e para uso de ascendente, descendente ou cônjuge (art. 52, § 2.º, da Lei de Locações).

Outra característica típica do contrato de locação realizado pelo *shopping center* ocorre em virtude da proibição do repasse de algumas despesas ao locatário. Dessa forma, não pode o empreendedor do *shopping center* cobrar do locatário:

a) Obras de reforma ou acréscimos que interessem à estrutura integral do imóvel;

b) Pintura das fachadas, esquadrias externas, poços de aeração e iluminação;

c) Indenizações trabalhistas e previdenciárias pela dispensa de empregados anteriores ao início da locação;

d) Obras ou substituições de equipamentos que impliquem em modificação do projeto original;

e) Obras de paisagismo (art. 54 da Lei de Locações).

## 6. PROTEÇÃO À PROPRIEDADE INDUSTRIAL (LEI 9.279/1996)

A proteção à propriedade industrial tem seu fundamento o art. 5.º, XXIX, da Constituição Federal, e a lei que regulamenta esta proteção no Brasil é a Lei 9.279/1996, que substituiu a Lei 5.772/1971. A propriedade industrial faz parte do fundo de comércio desenvolvido pelo empresário, e por isso merece tutela do legislador pátrio. Para a proteção da propriedade industrial o Estado concede:

• A patente;

• O registro industrial.

O empresário titular desses bens – patente ou registro – tem o direito de explorar economicamente o objeto correspondente, com exclusividade. A concessão, proteção e fiscalização da propriedade industrial são realizadas pelo INPI (Instituto Nacional de Propriedade Industrial). O INPI é uma autarquia federal vinculada ao Ministério do Desenvolvimento, Indústria e Comércio Exterior, e deve ser demandado na Justiça Federal, na Seção Judiciária do Rio de Janeiro. Mas se houver outras pessoas no polo ativo ou passivo, a ação pode ser demandada no domicílio do réu, ou do autor, de acordo com orientação jurisprudencial do STJ (REsp 346628/SP, rel. Min. Nancy Andrighi, *DJU* 04.02.2002, p. 355).

## 6.1 *Patente*

Pode ser objeto de patente o que pode ser produzido em série, ou seja, o que pode ser explorado pela indústria (art. 8.º da LPI).

Os bens que podem ser objeto de patente são a invenção e o modelo de utilidade.

A patente de invenção ocorrerá quando houver uma novidade criativa, ao contrário do modelo de utilidade, que se expressa por meio de uma melhoria em algo já existente. Não pode ser patenteado o "estado de técnica", que é aquilo que podia ser conhecido pelo público.

A autorização para que terceiro explore uma patente concedida ocorre por meio da licença de uso ou exploração da patente, que pode se dar de modo voluntário ou compulsório. Na licença voluntária ocorre o acordo de vontades, que será averbado junto ao INPI para que produza efeitos perante terceiros – neste caso o licenciado paga ao titular *royalties* combinados. É possível a licença compulsória quando os direitos decorrentes da patente foram usados de forma abusiva, ou por meio de abuso de poder econômico, a partir de uma decisão administrativa ou judicial (art. 68 da LPI). Além disso, a não comercialização plena do produto, ou simplesmente a não exploração do produto, também permitem a concessão de licença compulsória. Outra forma de concessão de licença compulsória ocorre quando houver emergência nacional ou interesse público declarados pelo Poder Executivo Federal. Nesse caso a patente será temporária e não exclusiva (art. 71 da LPI).

São requisitos para requerer a patente:

- Novidade;
- Atividade inventiva;

- Aplicação industrial;
- Não impedimento (art. 8.º da LPI).

Para que a patente seja concedida, é necessário não ocorrer nenhum dos seguintes impedimentos:

- Ser produto contrário à moral e aos bons costumes;
- Ser substância resultante de transformação do núcleo atômico;
- Ser vivo, na sua totalidade ou apenas parte deles, com exceção dos microorganismos transgênicos que atendam aos requisitos exigidos para a concessão da patente (art. 18 da LPI).

Uma vez requerida ou depositada a patente, haverá um período de sigilo de 18 meses para que o responsável pela patente possa se organizar a fim de desenvolver sua criação (art. 30 da LPI). Se o autor do pedido não precisar desse prazo, pode pleitear sua dispensa, e com isso antecipará a publicação do seu invento, que será realizada pelo INPI. Após 60 dias da publicação, o exame do pedido da patente terá início (art. 31, parágrafo único, da LPI). O exame depende do requerimento do depositante ou de qualquer interessado, no prazo de até 36 meses contados do depósito. Após o exame técnico, a patente, enfim, será ou não concedida, com a expedição da carta-patente (art. 38 da LPI). O depósito do pedido de patente serve para dar início à contagem do prazo de proteção da patente, bem como para marcar a anterioridade do pedido de patente.

A patente tem prazo de duração determinado, sendo 20 anos para a invenção e 15 anos para o modelo de utilidade, contado do depósito do pedido (art. 40 da LPI). Durante este período, qualquer terceiro está proibido de explorar o produto objeto de patente sem a autorização do titular da patente.

É importante notar que os prazos da patente não podem ser prorrogados, o que significa que, após os períodos de proteção, a invenção e o modelo de utilidade serão de domínio público.

A nulidade da patente pode ser pedida no INPI em até 6 meses contados da data da concessão (art. 51 da Lei 9.279/1996). Judicialmente, a ação de nulidade deve ser proposta na Justiça Federal, e o INPI deve necessariamente participar do processo. O interessado tem o período da vigência da patente para interpor a ação de nulidade, e o réu tem 60 dias para contestar a ação (arts. 56 e 57 da Lei 9.279/1996).

A ação pode ser proposta no Rio de Janeiro, que é o domicílio do INPI, ou no do domicílio do autor da ação.

Se o empregador contratar um funcionário para desenvolver a pesquisa ou uma atividade inventiva, cuja execução do contrato ocorra no Brasil, e dessa atividade resultar uma invenção, ela será integralmente do empregador (art. 88 da Lei 9.279/1996). E da mesma forma se a patente for requerida pelo empregado até um ano após a extinção do vínculo empregatício. O empregado terá direito apenas ao salário previamente ajustado.

Se o empregado não foi contratado para desenvolver uma atividade inventiva, mas com seu trabalho e com os recursos do empregador, desenvolveu uma invenção, a patente será comum, em partes iguais, para o empregado e ao empregador. Nesse caso, o empregador terá o direito exclusivo a licença de exploração (art. 91, da Lei 9.279/1996).

Por fim, se o empregado desenvolveu sozinho a invenção, fora de horário de trabalho e sem utilizar dos recursos do empregador, a patente será exclusivamente do empregado (art. 90 da Lei. 9.279/1996).

## 6.2 Registro industrial

No registro industrial, o que se pretende preservar é uma "ideia", seja um sinal pelo qual será conhecido seu produto ou serviço, ou a forma inovadora de um objeto. Neste sentido podem ser objeto de registro a marca e o desenho industrial.

### 6.2.1 Desenho industrial

O desenho industrial é a forma de objetos que, com seus traços e cores, apresentam um resultado visual novo (art. 95 da LPI).

São requisitos do desenho industrial:

- Novidade;
- Originalidade;
- Não impedimento.

O registro de desenho industrial tem prazo de duração de 10 anos, contado da data de depósito, podendo tal prazo ser prorrogado por até três períodos sucessivos de cinco anos cada (art. 108 da LPI).

A nulidade do desenho pode ser pedida no INPI no prazo de cinco anos contados da data da concessão do registro (art. 113 da LPI). Judicialmente, a ação de nulidade deve ser proposta na Justiça Federal, e o INPI deve necessariamente participar do processo. O interessado tem o período da vigência do desenho para interpor a ação de nulidade, e o réu tem 60 dias para contestar a ação (arts. 118, 56 e 57 da LPI).

*6.2.2 Marca*

A marca é um sinal visualmente distintivo de produtos e serviços, a fim de diferenciá-los de outros iguais ou semelhantes de origem diferente (art. 122 da LPI). São requisitos para a concessão de uma marca:

• Novidade relativa, que significa que a marca deve ser nova em determinado ramo ou classe (princípio da especificidade). O objetivo principal é impedir a confusão entre os consumidores de um determinado produto ou serviço;

• Não colidência com marca notoriamente conhecida;

• Não impedimento.

Uma exceção à novidade relativa, e consequentemente ao princípio da especificidade, é a proteção à marca de alto renome, que tem sua proteção estendida a outros ramos de atividade (art. 125 da LPI). O INPI reconhecerá a atribuição de marca de alto renome se a marca possuir ampla projeção no território nacional, ou seja, for reconhecida pelo público em geral, mesmo por pessoas não vinculadas àquele ramo de atividade.

A marca notoriamente conhecida é aquela protegida no Brasil, independentemente do registro no Brasil. Esta proteção é fruto do art. 6.º da Convenção da União de Paris, recepcionado no Brasil pelo art. 126 da LPI. A proteção, entretanto, só atinge o próprio ramo de atividade dessa marca.

Para fixar e diferenciar:

| Marca de alto renome | Marca notoriamente conhecida |
|---|---|
| Registrada no INPI e conhecida em grande parte do território nacional | Independentemente de ser registrada no Brasil |
| Protegida em todos os ramos de atividade | Protegida apenas no próprio ramo de atividade |

• A marca pode ser registrada sob três espécies diferenciadas:

a) Marca de certificação, que serve para auferir que determinado produto ou serviço está em conformidade com determinadas especificações técnicas quanto à qualidade, metodologia, material empregado, como, por exemplo, demonstram os produtos ou serviços que contêm os selos ABIMA, ISO 9000, INMETRO, entre outros (art. 123, II, da LPI).

Nesse caso, apenas a pessoa sem interesse comercial ou industrial direto no produto ou serviço atestado;

b) Marca coletiva, que serve para identificar produtos e serviços provindos de membros de uma determinada entidade (art. 123, III, da LPI);

c) Marca de produtos e serviços, propriamente dita, que servirá como um sinal distintivo desse produto ou serviço no mercado (art.123, I, da LPI).

A marca pode ser requerida por pessoas físicas ou jurídicas de direito público ou de direito privado (art. 128 da LPI).

- O titular da marca tem por direitos:

a) Ceder seu registro ou pedido de registro;

b) Licenciar seu uso;

c) Zelar pela sua integridade material ou reputação (art. 130 da LPI).

- Por outro lado, o titular da marca não pode:

a) Impedir que empresários utilizem sinais distintivos que lhes são próprios, juntamente com a marca do produto, na sua promoção e comercialização;

b) Impedir que fabricantes de acessórios utilizem a marca para indicar a destinação do produto, desde que obedecidas as práticas leais de concorrência;

c) Impedir a livre circulação de produto colocado no mercado interno, por si ou por outrem com seu consentimento, ressalvados os casos de licença compulsória;

d) Impedir a citação da marca em discurso, obra científica ou literária ou qualquer outra publicação, desde que sem conotação comercial e sem prejuízo para seu caráter definitivo (art. 132 da LPI).

O registro da marca tem prazo de proteção de 10 anos, contados a partir da data de concessão, sendo tal prazo prorrogável por períodos iguais e sucessivos (art. 133 da LPI).

A nulidade da marca pode ser pedida no INPI no prazo de 180 dias contados da data da expedição do certificado de registro da marca (art. 169 da LPI). Judicialmente, a ação de nulidade deve ser proposta na Justiça Federal, e o INPI deve necessariamente participar do processo. O interessado tem cinco anos para interpor a ação de nulidade, e o réu tem 60 dias para contestar a ação (arts. 174 e 175 da LPI).

## 6.3 Extinção da propriedade industrial

A proteção da propriedade industrial será extinta por:

a) Decurso do prazo de proteção;
b) Caducidade; no caso da patente significa que, após três anos de sua concessão sem a devida exploração, poderá ser concedida a licença compulsória, e após dois anos da licença compulsória a patente terá caducado se ainda persistir o desuso por parte do proprietário (arts. 68, §§ 1.º e 5.º, e 70 da LPI). Com relação à marca, bastará sua não utilização pelo período de cinco anos (art. 143 da LPI);
c) Não pagamento da taxa de retribuição devida ao INPI;
d) Renúncia do titular.

**cuidado** — Nos casos de emergência nacional ou de interesse público, o Poder Executivo Federal pode determinar a cessão temporária e não exclusiva da licença compulsória da patente, sem que com isso tenha ocorrido a extinção da patente (art. 71 da LPI).

# Microempresa e empresa de pequeno porte

A microempresa (ME) e a empresa de pequeno porte (EPP) são empreendimentos que "deveriam" ter um tratamento simplificado por determinação constitucional (art. 179 da CF/88) e são diferenciados de acordo com o faturamento bruto anual.

De acordo com a LC 123/2006, a ME é aquela que tem o faturamento bruto anual de até R$ 240.000,00, e a EPP é aquela que tem o faturamento bruto anual acima de R$ 240.000,00 e até R$ 2.400.000,00.

Não se inclui no regime diferenciado e favorecido previsto na LC 123/2006, para nenhum efeito legal, a pessoa jurídica: "*a)* de cujo capital participe outra pessoa jurídica; *b)* que seja filial, sucursal, agência ou representação, no País, de pessoa jurídica com sede no exterior; *c)* de cujo capital participe pessoa física que seja inscrita como empresário ou seja sócia de outra empresa que receba tratamento jurídico diferenciado nos termos desta Lei Complementar, desde que a receita bruta global ultrapasse o limite de que trata o inciso II do *caput* deste artigo; *d)* cujo titular ou sócio participe com mais de 10% (dez por cento) do capital de outra empresa não beneficiada por esta Lei Complementar, desde que a receita bruta global ultrapasse o limite de que trata o inciso II do *caput* deste artigo; *e)* cujo sócio ou titular seja administrador ou equiparado de outra pessoa jurídica com fins lucrativos, desde que a receita bruta global ultrapasse o limite de que trata o inciso II do *caput* deste artigo; *f)* constituída sob a forma de cooperativas, salvo as de consumo; *g)* que participe do capital de outra pessoa jurídica; *h)* que exerça atividade de banco comercial, de investimentos e de desenvolvimento, de caixa econômica, de sociedade de crédito, financiamento e investimento ou de crédito imobiliário, de corretora ou de distribuidora de títulos, valores mobiliários e câmbio, de empresa de arrendamento mercantil, de seguros privados e de capitalização ou de previdência complementar; *i)* resultante ou remanescente de cisão ou qualquer outra forma de desmembramento de pessoa jurídica que tenha ocorrido em um dos 5 (cinco) anos-calendário anteriores; *j*) constituída sob a forma de sociedade por ações" (art. 3.º, § 4.º, da LC 123/2006).

Da mesma forma, não pode recolher os impostos e contribuições na forma do Simples Nacional a microempresa ou a empresa de pequeno porte: "I – que explore atividade de prestação cumulativa e contínua de serviços de assessoria creditícia, gestão de crédito, seleção e riscos, administração de contas a pagar e a receber, gerenciamento de ativos (*asset management*), compras de direitos creditórios resultantes de vendas mercantis a prazo ou de prestação de serviços (*factoring*); II – que tenha sócio domiciliado no exterior; III – de cujo capital participe entidade da administração pública, direta ou indireta, federal, estadual ou municipal; IV – (*Revogado.*); V – que possua débito com o Instituto Nacional do Seguro Social – INSS, ou com as Fazendas Públicas Federal, Estadual ou Municipal, cuja exigibilidade não esteja suspensa; VI – que preste serviço de transporte intermunicipal e interestadual de passageiros; VII – que seja geradora, transmissora, distribuidora ou comercializadora de energia elétrica; VIII – que exerça atividade de importação ou fabricação de automóveis e motocicletas; IX – que exerça atividade de importação de combustíveis; X – que exerça atividade de produção ou venda no atacado de: *a*) cigarros, cigarrilhas, charutos, filtros para cigarros, armas de fogo, munições e pólvoras, explosivos e detonantes: *b*) bebidas a seguir descritas: 1 – alcoólicas; 2 – refrigerantes, inclusive águas saborizadas gaseificadas; 3 – preparações compostas, não alcoólicas (extratos concentrados ou sabores concentrados), para elaboração de bebida refrigerante, com capacidade de diluição de até dez partes da bebida para cada parte do concentrado; 4 – cervejas sem álcool; XI – que tenha por finalidade a prestação de serviços decorrentes do exercício de atividade intelectual, de natureza técnica, científica, desportiva, artística ou cultural, que constitua profissão regulamentada ou não, bem como a que preste serviços de instrutor, de corretor, de despachante ou de qualquer tipo de intermediação de negócios; XII – que realize cessão ou locação de mão de obra; XIII – que realize atividade de consultoria; XIV – que se dedique ao loteamento e à incorporação de imóveis; XV – que realize atividade de locação de imóveis próprios, exceto quando se referir a prestação de serviços tributados pelo ISS" (art. 17 da LC 123/2006).

A partir desta definição e respeitadas as exclusões legais, será possível sua opção de recolhimento tributário pelo Simples Nacional (Sistema Integrado de Pagamento de Impostos e Contribuições das Microempresas e Empresas de Pequeno Porte), que permitirá o recolhimento mensal unificado do IR,

IPI, CSLL, Cofins, PIS/PASEP, CPP (Contribuição Patronal Previdenciária), ICMS e ISS. Apesar de ser facultativa a opção pelo Simples Nacional, uma vez realizada, será irretratável durante o ano-calendário.

O art. 179 da CF/1988 dispõe: "A União, os Estados, o Distrito Federal e os Municípios dispensarão às microempresas e às empresas de pequeno porte, assim definidas em lei, tratamento jurídico diferenciado, visando a incentivá-las pela simplificação de suas obrigações administrativas, tributárias, previdenciárias e creditícias, ou pela eliminação ou redução destas por meio de lei". V. art. 47, § 1.º, ADCT. Os principais benefícios trazidos pela LC 123/2006 são:

a) a abertura e o encerramento facilitados da empresa (arts. 8.º, 9.º e 10.º). A facilitação se observa especialmente quanto à impossibilidade de outros órgãos envolvidos com o registro da atividade determinarem mais documentos do que os pedidos pela Junta Comercial. Além disso, não é necessária a assinatura de advogado no contrato social, além da possibilidade da baixa automática, diante da inatividade por mais de três anos;

b) o incentivo à associação, por meio do consórcio simples (art. 56). Com o incentivo à associação, as ME e as EPP têm maior força de contratação, podendo, por exemplo, adquirir bens numa quantidade maior e negociar as condições de pagamento em virtude da quantidade da compra;

c) a existência de uma fiscalização orientadora (art. 55). Nesse caso, a ME e a EPP estariam sujeitas a uma dupla visita da fiscalização, ressalvados os casos de falta de registro de empregado, reincidência, fraude, resistência ou embaraço à fiscalização: a primeira com a finalidade de orientar e somente a segunda com o objetivo de lavrar o auto de infração se as recomendações não foram seguidas;

d) o pagamento facilitado no protesto de títulos (art. 73). Nesse caso, a ME e a EPP estão liberadas do pagamento de grande parte dos emolumentos, permitindo-se o pagamento no cartório com cheque, sem a exigência de que o cheque seja administrativo ou visado.

O tratamento diferenciado e favorecido para as ME e as EPP será realizado pelos seguintes órgãos:

a) Comitê Gestor do Simples Nacional, vinculado ao Ministério da Fazenda, composto por quatro representantes da Secretaria da Receita Federal do Brasil, como representantes da União, dois dos Estados e do Distrito Federal e dois dos Municípios, para tratar dos aspectos tributários; e

b) Fórum Permanente das Microempresas e Empresas de Pequeno Porte, com a participação dos órgãos federais competentes e das entidades vinculadas ao setor, para tratar dos demais aspectos, ressalvado o disposto no inciso III do *caput* deste artigo;

c) Comitê para Gestão da Rede Nacional para a Simplificação do Registro e da Legalização de Empresas e Negócios, vinculado ao Ministério do Desenvolvimento, Indústria e Comércio Exterior, composto por representantes da União, dos Estados e do Distrito Federal, dos Municípios e demais órgãos de apoio e de registro empresarial, na forma definida pelo Poder Executivo, para tratar do processo de registro e de legalização de empresários e de pessoas jurídicas (art. 2.º da LC 123/2006).

# Sociedades empresariais

## 1. CONCEITO

Sociedade empresarial é a pessoa jurídica de direito privado que tem por objetivo social a exploração de atividade econômica.

A sociedade se constitui por meio de um contrato entre duas ou mais pessoas, que se obrigam a combinar esforços e recursos para atingir fins comuns (art. 981 do CC). Portanto, é obrigação de qualquer sócio de sociedade empresária contribuir para a formação do patrimônio social, não se admitindo a entrada de sócio que apenas preste serviço à empresa (art. 1.055, § 2.º, do CC). As sociedades que admitem que os sócios contribuam apenas com prestação de serviços são a Sociedade Simples (pura) e a Cooperativa.

Na sociedade simples, na sociedade limitada, na sociedade em nome coletivo e na sociedade em comandita simples, este contrato tem o nome de contrato social, enquanto na sociedade anônima, na comandita por ações e na cooperativa o contrato tem o nome de estatuto social.

O CC/2002 divide as sociedades em personificadas e não personificadas. As sociedades personificadas são as que possuem personalidade jurídica, que é adquirida pelo registro, e as não personificadas são as que não possuem personalidade jurídica, e, portanto, não são registradas.

Os órgãos capazes de fazer surgir a personalidade jurídica de uma sociedade são: a Junta Comercial, o Cartório de Registro Civil de Pessoas Jurídicas, e a OAB (apenas para as sociedades de advogados).

São personificadas a sociedade simples, a sociedade em nome coletivo, a sociedade em comandita simples, a sociedade limitada, a sociedade anônima, a comandita por ações e a cooperativa.

As sociedades não personificadas são as sociedades comuns e as em conta de participação.

## 2. CARACTERÍSTICAS GERAIS

São características gerais das sociedades empresariais:

a) Origem, por contrato, entre duas ou mais pessoas, com exceção:

Da subsidiária integral (art. 251 da Lei 6.404/1976), que é um tipo de sociedade anônima, cujo capital social está totalmente nas mãos de uma pessoa jurídica brasileira;

Da sociedade anônima, que pode permanecer por até um ano com apenas um acionista (art. 206 da Lei 6.404/1976);

De qualquer sociedade contratual, que pode permanecer por até 180 dias com apenas um sócio (art. 1.033, IV, do CC);

b) Nascimento com o registro do contrato social ou do estatuto social, o que diferencia as sociedades em contratuais e institucionais, respectivamente;

c) Extinção: dissolução, expiração do prazo de duração, iniciativa dos sócios, ato de autoridade etc.;

d) Pessoa jurídica com personalidade distinta da dos sócios, com titularidade negocial e processual e responsabilidade dos sócios, quando existir, sempre subsidiária em relação à sociedade (art. 1.024 do CC);

e) Representação por pessoa designada no contrato social ou estatuto social;

f) Natureza: sociedade de pessoas ou sociedade de capital. Na sociedade de pessoas, a presença da *affectio societatis*, que é o vínculo de confiança e de cooperação permanente para o fim social, de tal modo que os sócios podem rejeitar o ingresso de alguém estranho na sociedade (sociedade em nome coletivo, sociedade em comandita simples e sociedade limitada). Por outro lado, na sociedade de capital existe a livre circulação dos sócios (sociedade anônima, sociedade em comandita por ações e sociedade limitada);

g) Proibição da sociedade entre cônjuges, casados sob o regime de comunhão universal ou separação obrigatória de bens (art. 977 do CC);

h) Pode ser estrangeira ou brasileira, dependendo de onde está a sede, no exterior ou no Brasil, respectivamente. A sociedade estrangeira, para se estabelecer no Brasil, depende de autorização do representante do Poder Executivo federal, cujo ato autorizante tem validade por 12 meses, prazo esse em que deverá haver a constituição da empresa autorizada (arts. 1.124 e 1.134 do CC). O mesmo vale para as sociedades dependentes de autorização, de uma forma geral, como as instituições financeiras, as mineradoras, as seguradoras etc.;

i) Nome empresarial: regido pelos princípios da veracidade, da novidade e da exclusividade (art. 1.155 e ss. do CC). O princípio da veracidade indica que o nome deve expressar o ramo de atividade, bem como a responsabilidade dos sócios. O princípio da novidade indica que só pode ser escolhido um nome empresarial diverso dos já registrados na Junta Comercial. O princípio da exclusividade, por sua vez, esclarece que quem primeiro registrou possui a exclusividade do uso do nome. O nome empresarial pode se apresentar por meio de firma (razão social) ou denominação, sendo que na primeira o nome é composto pelos nomes dos sócios que respondem ilimitadamente pela sociedade (sociedade em nome coletivo, sociedade em comandita simples, sociedade limitada, sociedade em comandita por ações), e, na segunda, o nome é inventado, expressando a responsabilidade limitada de seus sócios, contendo sempre que possível o ramo de atividade (sociedade limitada, sociedade anônima, sociedade em comandita por ações).

> **note BEM**
> O nome empresarial é inalienável, mas o adquirente do estabelecimento, por ato entre vivos, pode, se o contrato permitir, usar o nome do alienante, precedido do seu próprio nome, com a qualificação de sucessor (art. 1.164 do CC).

## 3. ESPÉCIES SOCIETÁRIAS

As sociedades diferenciam-se, basicamente, pela forma de responsabilidade dos seus sócios, respondendo ou não com seus bens particulares, subsidiariamente, pelas obrigações sociais assumidas e pelo modo de formação de seu nome. As sociedades, de acordo com as responsabilidades dos sócios, podem ser ilimitadas, limitadas ou mistas. Nas sociedades ilimitadas todos os sócios respondem com seus bens particulares. Nas sociedades limitadas, de regra, os sócios não respondem com seus bens particulares. Nas sociedades mistas, alguns sócios respondem com seus bens particulares e outros não.

De acordo com o regime de constituição, as sociedades podem ser regidas ou pelo Código Civil ou pela Lei 6.404/1976. No primeiro caso, estamos diante das sociedades contratuais, que são as sociedades simples, as sociedades em nome coletivo, as sociedades em comandita simples e a sociedade limitada. No caso da Lei 6.404/1976, temos as sociedades institucionais, que são as sociedades anônimas e as sociedades em comandita por ações. Não se pode esquecer que as cooperativas que são regidas pelo Código Civil, e pela Lei 5.764/71, são sociedades institucionais.

## 3.1 Sociedades não personificadas

### 3.1.1 Sociedade comum (irregular ou de fato)

É a sociedade não personificada, que não possui contrato social ou este não é registrado na Junta Comercial ou no Registro Civil das Pessoas Jurídicas. Por não ter registro, não tem personalidade jurídica nem nome empresarial. Esse tipo de sociedade não pode obter o benefício da recuperação de empresas, mas pode sofrer falência embora não possa requerer a falência de um devedor (art. 1.º, 48 e 97 da Lei 11.101/2005).

A sociedade comum pode ocorrer por uma opção dos sócios em não registrar sua atividade, ou pode ser usada como regramento para as sociedades que ainda não foram registradas, com exceção da sociedade anônima em organização, que é regida pela própria lei que regula as sociedades anônimas (art. 986 do CC).

A responsabilidade dos sócios é solidária e ilimitada pelas dívidas sociais.

Apesar de não existir personalidade jurídica e, portanto, não haver a proteção patrimonial dos sócios, o legislador afirmou que os bens dos sócios colocados à disposição da sociedade, bem como as respectivas dívidas, constituem um patrimônio especial (art. 988 do CC). Isso significa que, apesar da ausência da personalidade jurídica, o patrimônio dos sócios não pode ser atingido diretamente, e sim após esgotados os bens do patrimônio especial.

O patrimônio especial é titularizado por todos os sócios e resultará num benefício de ordem para os sócios na cobrança das dívidas sociais, exceto para aquele sócio que contratou pela sociedade (art. 990 do CC). Nesse sentido o Enunciado 210 do CJF: "O patrimônio especial a que se refere o art. 988 é aquele afetado ao exercício da atividade, garantidor de terceiro, e de titularidade dos sócios em comum, em face da ausência de personalidade jurídica".

### 3.1.2 Sociedade em conta de participação

É a sociedade não personificada em virtude de não possuir registro nem na Junta Comercial, nem no Cartório de Registro Civil de Pessoas Jurídicas e nem na OAB, mas que existe por meio de um contrato de uso interno entre os sócios, em virtude dessa ausência de registro não se pode falar em nome empresarial da sociedade. Este contrato pode até ter sido registrado no Cartório de Títulos e Documentos, e mesmo assim não haverá personalidade jurídica para a sociedade (art. 991 do CC).

A liquidação da sociedade é regida pelas regras da prestação de contas (art. 996 do CC). No caso de falência do sócio ostensivo, o participante será tratado como credor quirografário, e, se ocorrer a falência do sócio participante, a relação dele com o sócio ostensivo será tratada como um contrato bilateral (art. 994 do CC).

## 3.2 Sociedades personificadas

### 3.2.1 Sociedade simples

As sociedades simples são a forma societária adotada para as atividades não empresariais, como nas sociedades entre profissionais liberais ou intelectuais e nas cooperativas. As sociedades simples podem adotar a forma pura, ou alguma das formas societárias a seguir expostas: em nome coletivo, cooperativa, comandita simples e, até mesmo, limitada.

Se adotarem a forma pura, as regras utilizadas serão as do art. 997 e ss. do CC, mas, se adotarem as demais formas societárias do Código Civil, serão, então, reguladas pelas regras específicas daquelas sociedades e, subsidiariamente (e no que não for contraditório), adotarão as regras das sociedades simples.

Exatamente por servirem de regras subsidiárias é que indicaremos seus artigos em outros tipos societários.

Quanto às sociedades simples, é importante ressaltar que as cláusulas obrigatórias de seu contrato social aparecem no art. 997 do CC: "I – nome, nacionalidade, estado civil, profissão e residência dos sócios, se pessoas naturais, e a firma ou a denominação, nacionalidade e sede dos sócios, se jurídicas; II – denominação, objeto, sede e prazo da sociedade; III – capital da sociedade, expresso em moeda corrente, podendo compreender qualquer espécie de bens, suscetíveis de avaliação pecuniária; IV – a quota de cada sócio no capital social, e o modo de realizá-la; V – as prestações a que se obriga o sócio, cuja contribuição consista em serviços; VI – as pessoas naturais incumbidas da administração da sociedade, e seus poderes e atribuições; VII – a participação de cada sócio nos lucros e nas perdas; VIII – se os sócios respondem, ou não, subsidiariamente, pelas obrigações sociais".

Ressalte-se que a alteração de qualquer dessas cláusulas precisa da concordância unânime dos sócios (art. 999 do CC); para as cláusulas facultativas, normalmente só é necessária a maioria absoluta dos sócios.

Outra peculiaridade é que, na sociedade simples, admite-se sócio que apenas preste serviços, mas mesmo assim não participará da formação do capital social, não terá uma quota determinada, participando dos lucros da empresa pela proporção média das quotas, mas sem previsão de participação nas perdas societárias (art. 1.007 e 1023 do CC).

Outra questão importante é que os sócios que contribuíram com dinheiro ou com bens responderão pelas perdas societárias na proporção de suas cotas, e não solidariamente, como poderia se imaginar, a não ser que no contrato exista a expressa menção da responsabilidade solidária (art. 1.023 do CC).

Se o sócio contribuir apenas com prestação de serviços, deve se dedicar exclusivamente à atividade realizada pela sociedade, sob pena de ser excluído da sociedade (art. 1.006 do CC).

### 3.2.2 Sociedade em nome coletivo

É uma sociedade personificada, pois é registrada ou na Junta Comercial (sociedade empresária) ou no Cartório de Registro Civil de Pessoas Jurídicas (sociedade simples).

A sociedade em nome coletivo é regida pelos arts. 1.039 a 1.044 do CC e, subsidiariamente, pelas regras das sociedades simples.

É uma sociedade de pessoas na qual todos os sócios, que só podem ser pessoas físicas, respondem ilimitadamente e solidariamente pelas dívidas da sociedade. Entretanto, por ser uma sociedade registrada (personificada), o patrimônio dos sócios somente pode ser atingido depois de esgotados os bens da empresa (art. 1.024 do CC).

Em virtude da responsabilização patrimonial dos sócios, o incapaz não pode ser sócio, já que o legislador quis proteger o seu patrimônio, quando recebesse a autorização judicial para continuar a atividade empresarial (art. 974 do CC).

O nome da sociedade será registrado por meio de firma ou razão social, composta pelo nome pessoal de um ou mais sócios (& Cia.). Exemplo: Vieira, Oliveira & Cia. (arts. 1.039 a 1.044 do CC).

A administração é exercida por todos os sócios.

### 3.2.3 Sociedade em comandita simples

É uma sociedade personificada, pois é registrada ou na Junta Comercial (sociedade empresária) ou no Cartório de Registro Civil de Pessoas Jurídicas (sociedade simples).

A sociedade em comandita simples é regida pelos arts. 1.045 a 1.051 do CC, e, subsidiariamente, pelas regras da sociedade em nome coletivo e, portanto, as regras da sociedade simples, no que for compatível a este tipo societário (art. 1.046 do CC).

É a sociedade de pessoas composta pelos sócios comanditados (pessoas físicas), que entram com o capital e o trabalho, assumem a gerência da empresa e respondem ilimitadamente pelas obrigações sociais, e pelos sócios comanditários (pessoas físicas ou jurídicas), que respondem apenas pela integralização das quotas adquiridas, portanto, no limite de suas quotas.

Para que exista a sociedade em comandita simples é necessária sempre a existência das duas categorias de sócios, já que a ausência por mais de 180 dias de uma das categorias de sócio resultará em dissolução da sociedade (art. 1.051 do CC).

O incapaz só pode ser sócio comanditário, por ter proteção patrimonial.

O nome será registrado por firma ou razão social, composto apenas pelos nomes de sócios comanditados (art. 1.046 do CC).

O patrimônio dos sócios comanditados apenas será atingido depois de executados os bens da sociedade (art. 1.024 do CC), em virtude da existência de personalidade jurídica.

### 3.2.4 Sociedade limitada

a) Fonte jurídica para resolução de conflitos

A sociedade limitada é uma sociedade contratual regida de forma complementar pelo Código Civil nos arts. 1.052 a 1.087. Entretanto, nas omissões do texto próprio para a sociedade limitada, aplicam-se subsidiariamente as regras das sociedades simples e, se o contrato expressamente prever, a Lei das Sociedades Anônimas, supletivamente (art. 1.053 do CC).

b) Natureza jurídica

A sociedade limitada não é, em abstrato, nem de pessoas nem de capital. Será de uma ou de outra forma, de acordo com o previsto no contrato social.

Será de pessoas quando o contrato social contemplar cláusulas de controle para a entrada de terceiros estranhos à sociedade, como no caso de condicionar a cessão de quotas sociais à anuência dos demais cotistas, a impenhorabilidade das quotas, o impedimento da sucessão dos herdeiros por morte de sócio etc. Se nada for estabelecido sobre esses assuntos, a sociedade será de capital.

A sociedade limitada pode ser empresarial ou simples, dependendo da atividade exercida e, consequentemente, de onde ela foi registrada, se na Junta Comercial ou no Cartório de Registro Civil de Pessoas Jurídicas.

c) Affectio societatis

A *affectio societatis* é o vínculo entre os sócios que representa uma confiança mútua e a vontade de cooperação para a realização da atividade empresarial, combinando esforços e mantendo o dever de lealdade.

Para Vera Helena de Mello Franco e Marcelo Bertoldi, quando o sócio rompe a *affectio societatis*, ele deve ser expulso da sociedade. Para Fábio Ulhoa Coelho e Sergio Campinho, a quebra da *affectio societatis* é motivo para a dissolução parcial da sociedade. Enunciado 67 do CJF: "A quebra da *affectio societatis* não é causa para a exclusão do sócio minoritário, mas apenas para a dissolução (parcial) da sociedade".

d) Nome empresarial

A sociedade limitada pode utilizar como nome empresarial a firma ou a denominação. No caso da utilização da firma social, basta a utilização do nome de um ou mais sócios seguido da terminação limitada ou sua abreviatura. No caso da utilização da denominação, deve constar o nome inventado pelos sócios, seguido do ramo de atividade e da terminação limitada ou sua abreviatura (art. 1.158 do CC). É conveniente lembrar que o nome empresarial não pode ser objeto de alienação de forma isolada (art. 1.164 do CC).

> **note BEM**
>
> A falta da terminação "limitada" gera a responsabilidade solidária e ilimitada dos administradores que se utilizarem do nome sem esta terminação (art. 1.158 do CC). Salienta, ainda, o parágrafo único do art. 1.164: "O adquirente de estabelecimento, por ato entre vivos, pode, se o contrato o permitir, usar o nome do alienante, precedido do seu próprio, com a qualificação de sucessor".

e) Capital social

O capital social é um bem intangível composto pela somatória dos recursos trazidos pelos sócios à empresa, expressos em moeda nacional. Se tais recursos forem bens, será necessária uma avaliação dos sócios ou de terceiros, para que os valores possam compor o capital social da empresa. Nesse caso, os sócios permanecem responsáveis solidariamente pela avaliação realizada por até cinco anos após a data de sua realização (art. 1.055 do CC).

Lembrando que, pelo Código Civil, é proibido o ingresso de sócio que não contribua com recursos, mas apenas com trabalho, de tal modo que a figura do sócio de indústria foi abolida do atual ordenamento (art. 1.055, § 2.º, do CC).

Em relação à cessão de quotas, se o contrato social for omisso, um sócio pode livremente ceder suas quotas a outro sócio independentemente da concordância dos demais, mas, se quiser cedê-las para terceiros estranhos à sociedade, isso somente será possível se não ocorrer a oposição dos sócios que representem mais de um quarto do capital social (art. 1057 do CC). A cessão só produzirá efeitos perante a sociedade e terceiros após a averbação do contrato social.

f) Responsabilidade

A responsabilidade da sociedade é ilimitada por todas as obrigações assumidas, mas os sócios respondem de forma limitada e subsidiária pelas obrigações sociais.

A regra geral da responsabilidade na sociedade limitada diz que cada sócio responde pela integralização do capital subscrito e, solidariamente, pelo capital não integralizado (art. 1.052 do CC). Ou seja, no exemplo acima, o sócio A responde por colocar na empresa as 70 moedas, enquanto o sócio B responde por colocar na empresa 30 moedas; além disso, no que tange às quotas não integralizadas, os sócios A e B respondem solidariamente até o valor do que falta a integralizar, ou seja, 20 moedas.

Enquanto os sócios não registrarem o ato constitutivo de sociedade empresária da qual fazem parte, o regramento que deverá ser utilizado é o da sociedade comum (arts. 986 a 990 do CC).

A responsabilidade dos sócios ocorrerá de forma subsidiária nas seguintes situações:

Quando os sócios deliberarem de forma contrária à lei ou ao contrato social (art. 1.080 do CC). Nesse sentido o Enunciado 229 do CJF: "A responsabilidade ilimitada dos sócios pelas deliberações infringentes da lei ou do contrato torna desnecessária a desconsideração da personalidade jurídica, por não constituir a autonomia patrimonial da pessoa jurídica escudo para a responsabilização pessoal e direta";

Na proteção ao empregado, pela Justiça do Trabalho;

Quando os sócios fraudarem os credores;

g) Desconsideração da personalidade jurídica

Em caráter de exceção, quando a sociedade não tiver patrimônio suficiente e dependendo da teoria adotada, como veremos a seguir, os sócios responderão ilimitadamente para saldar as obrigações assumidas, ou seja, com seu patrimônio pessoal. Para que isso ocorra será necessária a desconsideração da personalidade jurídica.

Na desconsideração da personalidade jurídica ocorre um afastamento da personalidade jurídica da empresa para se alcançar o patrimônio do sócio, a partir de requerimento do interessado e por decisão judicial.

A desconsideração da personalidade jurídica pode ocorrer baseada na teoria maior, nomenclatura usada por Fabio Ulhoa Coelho (*Curso de direito empresarial*, p. 47), ou na teoria menor. Para a *teoria maior*, a desconsideração só pode ocorrer se houver abuso da personalidade jurídica, caracterizada pelo desvio de finalidade ou pela confusão patrimonial. Para a *teoria menor*, a desconsideração pode ocorrer pela simples insolvência da personalidade jurídica. A justificativa da utilização da teoria menor é que existem credores não negociais, como os trabalhadores e os consumidores, que não podem assumir o risco do negócio nem tomar garantias quando firmam seus contratos com as empresas.

O Código Civil adota a *teoria maior*, ao prever no seu art. 50: "Em caso de *abuso da personalidade jurídica*, caracterizado pelo *desvio de finalidade*, ou pela *confusão patrimonial*, pode o juiz decidir, a requerimento da parte, ou do Ministério Público quando lhe couber intervir no processo, que os efeitos de certas e determinadas relações de obrigações sejam estendidos aos bens particulares dos administradores ou sócios da pessoa jurídica" (grifos nossos).

O Código de Defesa do Consumidor, no seu art. 28, *caput*, adota a *teoria maior*, quando define: "O juiz poderá desconsiderar a personalidade jurídica da sociedade quando, em detrimento do consumidor, houver *abuso de direito*, excesso de poder, infração da lei, fato ou ato ilícito ou violação dos estatutos ou contrato social. A desconsideração também será efetivada quando houver falência, estado de insolvência, encerramento ou inatividade da pessoa jurídica provocados por má administração". Entretanto, percebe-se claramente a utilização da *teoria menor* no art. 28, § 5.º, do CDC: "Também poderá ser desconsiderada a pessoa jurídica sempre que sua personalidade for, de alguma forma, *obstáculo ao ressarcimento de prejuízos* causados aos consumidores".

Segundo a Min. Nancy Andrighi, "a teoria maior da desconsideração, regra geral no sistema jurídico brasileiro, não pode ser aplicada com a mera demonstração de estar a pessoa jurídica insolvente para o cumprimento de suas obrigações. Exige-se, aqui, para além da prova de insolvência, ou a demonstração de desvio de finalidade (teoria subjetiva da desconsideração), ou a demonstração de confusão patrimonial (teoria objetiva da desconsideração). A teoria menor da desconsideração, acolhida em nosso ordenamento jurídico excepcionalmente no Direito do Consumidor e no Direito Ambiental, incide com a mera prova de insolvência da pessoa jurídica para o pagamento de suas obrigações, independentemente da existência de desvio de finalidade ou de confusão patrimonial. Para a teoria menor, o risco empresarial normal às atividades econômicas não pode ser suportado pelo terceiro que contratou com a pessoa jurídica, mas pelos sócios e/ou administradores desta, ainda que estes demonstrem conduta administrativa proba, isto é, mesmo que não exista qualquer prova capaz de identificar conduta culposa ou dolosa por parte dos sócios e/ou administradores da pessoa jurídica. A aplicação da teoria menor da desconsideração às relações de consumo está calcada na exegese autônoma do § 5.º do art. 28 do CDC, porquanto a incidência desse dispositivo não se subordina à demonstração dos requisitos previstos no *caput* do artigo indicado, mas apenas à prova de causar, a mera existência da pessoa jurídica, obstáculo ao ressarcimento de prejuízos causados aos consumidores" (REsp 279.273/SP, j. 04.12.2003, DJ 29.03.2004).

h) Controle da sociedade

Na sociedade limitada, o poder de mando da empresa é definido primeiro por quem possui o maior número de quotas. Se houver empate em relação ao número de quotas, a definição será dada pelo número de sócios, e, se o empate ainda prevalecer, então apenas uma decisão judicial resolverá a questão (art. 1.010 do CC).

i) Administrador

A sociedade pode ser administrada por um administrador sócio ou não sócio, desde que ocorra expressa autorização no contrato social ou em ato separado (art. 1.018 do CC). Nessa qualidade, se o administrador não sócio praticar ato de gestão contrariando expressamente decisão tomada em reunião de sócios, cuja ata foi arquivada na Junta Comercial, agirá com excesso de poderes, e essa circunstância poderá ser oposta a terceiros (arts. 1.013, § 2.º, 1.015 e 1.016 do CC).

O excesso de poderes praticado pelo administrador pode ser oposto a terceiro, se este tinha como saber do excesso praticado. Tal conhecimento pode ocorrer quando a operação realizada pelo administrador era estranha ao ramo de atividade da sociedade, ou ainda quando a limitação foi averbada na Junta Comercial. (art. 1.015, parágrafo único, do CC). Esse ato realizado pelo administrador é chamado de ato *ultra vires*. De acordo com o Enunciado 219 do CJF, "está positivada a teoria *ultra vires* no direito brasileiro, com as seguintes ressalvas: (a) o ato *ultra vires* não produz efeito apenas em relação à sociedade; (b) sem embargo, a sociedade poderá, por meio de seu órgão deliberativo, ratificá-lo; (c) o Código Civil amenizou o rigor da teoria *ultra vires*, admitindo os poderes implícitos dos administradores para realizar negócios acessórios ou conexos ao objeto social, os quais não constituem operações evidentemente estranhas aos negócios da sociedade; (d) não se aplica o art. 1.015 às sociedades por ações, em virtude da existência de regra especial de responsabilidade dos administradores (art. 158, II, Lei 6.404/76)" (III Jornada de Direito Civil).

É imprescindível que o administrador, sócio ou não sócio, seja identificado no contrato ou em ato separado devidamente registrado na Junta Comercial, a fim de que terceiros saibam quem representa a empresa e quais atos esta pessoa pode realizar (art. 1.012 do CC).

Se o contrato social for omisso quanto à função do administrador, ela será exercida por cada um dos sócios separadamente. Tal prerrogativa, entretanto, não atinge os sócios que vierem a ingressar na sociedade posteriormente (art. 1.013 do CC).

Os poderes concedidos ao administrador sócio são irrevogáveis, quando previstos no contrato social, a não ser por justa causa, enquanto os poderes concedidos a um administrador não sócio são revogáveis a qualquer tempo. É importante ressaltar que, se os poderes concedidos a um administrador sócio estiverem previstos em documento separado do contrato social, estes poderes também são revogáveis (art. 1.019, parágrafo único, do CC).

O administrador responde:

Solidariamente com a sociedade pelos atos que praticar, antes de requerer a averbação do documento que o nomeia na Junta Comercial (art. 1.012 do CC);

Por perdas e danos perante a sociedade, se agir contrariando a vontade da maioria dos sócios, ou simplesmente desempenhar suas funções com culpa (arts. 1.013, § 2.º, e 1.016 do CC).

j) Assembleias

As decisões de uma sociedade limitada são tomadas por assembleias ou reuniões. A terminologia "reunião" será utilizada quando a sociedade for composta por até 10 sócios, enquanto o termo "assembleia" será utilizado quando a sociedade for composta por mais de 10 sócios (art. 1.072, § 1.º, do CC).

A assembleia deve ser convocada pelos administradores, mas, diante de sua inércia por mais de 60 dias, qualquer sócio poderá fazer a convocação, ou ainda os sócios titulares de pelo menos 20% do capital social se o administrador permanecer inerte por oito dias diante do pedido de convocação (art. 1.073 do CC).

Para que a convocação ocorra, é necessário que sejam respeitadas as seguintes solenidades:

– Três publicações em jornal de grande circulação e no Diário Oficial;

– A primeira publicação deve respeitar a antecedência mínima de oito dias da data da assembleia (art. 1.152, § 3.º, do CC);

– É necessário o quórum de instalação da assembleia de no mínimo 3/4 do capital social (arts. 1.071, V, e 1.076 do CC).

Se todos os sócios estiverem presentes na assembleia ou houver uma declaração por escrito sobre a ciência de todos eles a respeito da assembleia, as publicações serão dispensadas (art. 1.072, § 2.º, do CC).

Se, na data fixada, não estiver presente o quórum mínimo de sócios, será necessária uma segunda convocação, que seguirá as solenidades anteriormente descritas, com a diferença de que o período de antecedência a ser respeitado para a primeira publicação será de cinco dias. Nesta segunda convocação não há quórum de instalação.

Para fixação:

| ASSEMBLEIAS | 1.ª CONVOCAÇÃO | 2.ª CONVOCAÇÃO |
|---|---|---|
| EDITAIS | três publicações no Diário Oficial e jornal de grande circulação | três publicações no Diário Oficial e jornal de grande circulação |
| ANTERIORIDADE | 1.ª publicação deve sair com oito dias de antecedência da data da assembleia | 1.ª publicação deve sair com cinco dias de antecedência da data da assembleia |
| QUÓRUM | 3/4 do capital social | não há |

l) Conselho Fiscal

O Conselho Fiscal é um órgão facultativo que depende de previsão no contrato social. São atribuições do Conselho Fiscal:

• Examinar os livros e papeis da sociedade, ao menos de três em três meses;

• Lavrar o livro de atas e pareceres;

• Denunciar erros, fraudes ou crimes que descobrirem;

• Convocar a assembleia dos sócios por motivos graves e urgentes (art. 1.069 do CC).

m) Quórum qualificado

As decisões da sociedade limitada devem ser tomadas mediante assembleias por maioria de votos. Entretanto, algumas decisões só podem ser tomadas de forma unânime.

São elas:

• Designação de administrador não sócio se o capital social não estiver integralizado (art. 1.061 do CC);

• Dissolução de sociedade com prazo determinado.

É necessária a concordância de 3/4 do capital social (arts. 1.071, V e VI, e 1.076, I, do CC) para:

• Modificação do contrato social;

• Aprovação de incorporação, fusão e dissolução.

É necessária a concordância de 2/3 do capital social (art. 1.061 do CC) para:

• Destituição de sócio-administrador designado pelo contrato social;

• Designação de administrador não sócio se o capital social estiver totalmente integralizado.

É necessária a concordância da maioria absoluta do capital social, ou seja, de mais da metade do capital social (arts. 1.071, II, III, IV e VIII, e 1.076, II, do CC) para:

• Designação de sócio-administrador realizada em ato separado;

• Remuneração de administradores;

• Exclusão de sócio por justa causa.

É necessária a concordância da maioria simples do capital social, ou seja, de mais da metade dos sócios presentes na assembleia (arts. 1.071, I e VII, e 1.076, III, do CC) para:

• Aprovação da prestação de contas dos administradores;

Demais assuntos.

n) Dissolução

A dissolução da sociedade pode ser total ou parcial. Ocorre *dissolução total* por:

• Vontade dos sócios;

• Decurso do prazo determinado;

• Falência;

• Inexequibilidade do objeto social (art. 1.034, II, do CC), ou seja, impossibilidade de executar o objeto social, seja porque não há mais dinheiro para explorar aquele ramo de atividade, seja porque não há mais interesse de mercado para aquela atividade;

• Unipessoalidade por mais de 180 dias (art. 1.033, IV, do CC), ou seja, até é possível que todo o capital social fique nas mãos de uma única pessoa, mas esta centralização não pode permanecer por mais de 180 dias;

• Causas determinadas pelo contrato.

Ocorre *dissolução parcial* ou resolução da sociedade em relação a um dos sócios por:

• Vontade dos sócios;

• Morte dos sócios, quando se impede a sucessão dos herdeiros, apenas ressarcindo-os pelas quotas do *de cujus* (art. 1.028 do CC). O Enunciado 221 do CJF dispõe: "Diante da possibilidade de o contrato social permitir o ingresso na sociedade do sucessor de sócio falecido, ou de os sócios acordarem com os herdeiros a substituição de sócio falecido, sem liquidação da quota em ambos os casos, é lícita a participação de menor em sociedade limitada, estando o capital integralizado, em virtude da inexistência de vedação no Código Civil";

• Retirada dos sócios.

Exclusão de sócio minoritário

A exclusão de sócio pode ocorrer:

• No caso do sócio que não integraliza suas quotas, e que, por causa disso, é chamado de sócio remisso – neste caso, a sociedade deve notificá-lo, e se, após 30 dias da notificação, o sócio continuar devendo, será ele então constituído em mora; a partir daí, a maioria dos demais sócios poderá decidir por cobrá-lo judicialmente, reduzir sua quota ao valor que já foi integralizado ou, ainda, excluí-lo, devolvendo ao sócio excluído o que ele tiver disponibilizado à sociedade, deduzidas as despesas (arts. 1.004 e 1.058 do CC);

• No caso do sócio que praticar falta grave que coloque em risco a continuidade da empresa – para que ocorra a exclusão por justa causa, é preciso a concordância da maioria dos sócios, representativa de mais da metade do capital social, além da previsão da exclusão por justa causa, anteriormente à ocorrência do fato, no contrato social. Por fim, é imprescindível que seja dada a oportunidade de defesa ao sócio por meio da convocação de uma reunião ou assembleia especialmente convocada para este fim (art. 1.085 do CC);

• No caso de exclusão judicial, pela prática de falta grave ou ainda em razão de incapacidade superveniente – neste caso, a maioria dos demais sócios deverá promover a ação judicial pleiteando a exclusão do sócio (art. 1.030 do CC).

A retirada, exclusão ou morte do sócio não o exime, ou a seus herdeiros, da responsabilidade pelas obrigações contraídas anteriormente, de tal modo que sua responsabilidade é mantida por dois anos contados da averbação do contrato social (art. 1.032 do CC).

Toda vez que houver a saída de um sócio, seja por falecimento, retirada ou exclusão, as quotas serão ressarcidas a partir do valor patrimonial, que será apurado mediante balanço especial (art. 1.031 do CC).

Além disso, a sociedade pode ser dissolvida judicialmente, a requerimento de qualquer sócio, quando a constituição da sociedade for anulada ou diante da inexequibilidade da empresa (art. 1.034 do CC).

### 3.2.5 Sociedade anônima ou companhia

a) Características gerais

• Sociedade empresarial (art. 982, parágrafo único, do CC);

• Sociedade de capital (impessoalidade);

• Mínimo de dois acionistas (exceções: subsidiária integral, em que todo o capital social da S.A. está centralizado nas mãos de uma pessoa jurídica brasileira, cuja aquisição foi documentada por escritura pública – art. 251 da Lei 6.404/1976; e qualquer S.A., por até um exercício – art. 206 da Lei 6.404/1976);

• Capital dividido em ações;

• Ações livremente negociáveis, podendo até mesmo ser penhoradas;

• Pode ser aberta ou fechada, conforme se permita ou não a negociação em bolsa de valores ou em mercado de balcão;

• Adota como nome a denominação seguida por S.A. – Sociedade Anônima ou Cia. – Companhia (art. 3.º da Lei 6.404/1976);

• Responsabilidade dos acionistas: limitada à integralização das ações subscritas (art. 1.º da Lei 6.404/1976).

b) Constituição da S.A.

A S.A. pode se constituir por meio de subscrição pública ou subscrição particular.

A subscrição particular ou constituição simultânea ocorrerá quando todo o capital necessário já tiver sido obtido pelos próprios fundadores; neste caso, será necessário reunir os fundadores numa assembleia de fundadores, e a ata desta assembleia deverá ser devidamente registrada na Junta Comercial ou ainda em escritura pública (art. 88 da LSA).

A subscrição pública ou constituição sucessiva ocorrerá quando, para completar o montante do capital social, for necessária a captação de investimentos externos. Nesta situação, em primeiro lugar, é necessário um prévio registro de emissão na CVM (Comissão de Valores Mobiliários), que fará um estudo de viabilidade financeira do futuro empreendimento. Uma vez que a CVM tenha aprovado o projeto, a S.A. em formação deverá buscar a intermediação de uma instituição financeira para que suas ações sejam negociadas na bolsa de valores. As pessoas que se interessarem por essas ações saberão o que estão adquirindo, uma vez que as ações trarão o nome escolhido para a S.A., seguido da terminologia "em organização" (arts. 82 a 87 da LSA).

Outra questão relevante é que, para pleitear da CVM o estudo de viabilidade financeira, será necessário o depósito de 10% do capital social (art. 80, II, da LSA). Porém, se a S.A. em questão for uma instituição financeira, o depósito deverá ser de 50% do capital social.

Para fixar:

| Constituição Simultânea ou Subscrição Particular | Constituição Sucessiva ou Subscrição Pública |
|---|---|
| 1. Assembleia de constituição | 1. Prévio registro dado pela CVM |
| 2. Ata da assembleia de constituição | 2. Intermediação de instituição financeira |
| | 3. Assembleia de constituição |
| | 4. Ata da assembleia de constituição |

c) Títulos emitidos pela S.A.

Os títulos emitidos pela S.A. são ações – unidades correspondentes a parte do capital social – que conferem a seus titulares um complexo de direitos e deveres.

O valor das ações pode ser atribuído da seguinte forma:

• Valor nominal: é o resultado da divisão do valor do capital social pelo número de ações. Este valor pode estar ou não expresso na ação, de tal modo que podem existir ações com ou sem valor nominal;

• Valor de negociação: é o preço pago pela ação no mercado, quando de sua alienação, definido por uma série de fatores políticos e econômicos;

• Valor patrimonial: é o valor representativo da participação do acionista no patrimônio líquido da companhia, calculado com a divisão do patrimônio líquido pelo número de ações. Tal valor é devido ao acionista em caso de liquidação ou reembolso, tendo-se acesso a este valor por meio de um balanço especialmente realizado para tal finalidade.

d) Classificação das ações

As ações podem ser classificadas quanto à natureza e à forma de circulação. Com relação à natureza ou à espécie ou aos direitos que conferem a seus titulares, as ações podem ser (art. 15 da LSA):

• Ordinárias ou comuns, que conferem os direitos reservados ao acionista comum, além de conceder a seus titulares o direito de voto (art. 16 da LSA);

• Preferenciais, que conferem privilégios econômicos ou políticos a seus titulares. Os privilégios econômicos consistem na prioridade na distribuição de dividendos e na prioridade no reembolso do capital investido; além disso, no estatuto da S.A. estará definido como será a distribuição dos dividendos, que podem ser mínimos, fixos ou diferenciais: os dividendos mínimos são aqueles distribuídos a partir de um valor mínimo de recebimento, mas que não impedem que o acionista receba mais, se a S.A. tiver um lucro maior em um exercício; os dividendos fixos são aqueles distribuídos a partir de um valor fixo de recebimento, e, mesmo que a S.A. tenha um lucro maior em determinado exercício, o acionista preferencial não receberá mais; os dividendos diferenciais são aqueles distribuídos numa proporção diferente e superior a pelo menos 10% do que será distribuído para quem possui uma ação ordinária (art. 17 da LSA). Por outro lado, os privilégios políticos consistem na possibilidade de eleger um ou mais membros dos órgãos de administração (art. 18 da LSA), ou, ainda, na atribuição do direito de veto, em matérias especificadas pela Assembleia Geral, ao ente desestatizante nas companhias que foram objeto de privatização (art. 17, § 7.º, da LSA). Em virtude da concessão desses privilégios, as ações preferenciais podem ou não conferir o direito de voto (art. 111 da LSA). Das ações emitidas, no máximo 50% podem ser preferenciais sem direito a voto.

• De gozo ou fruição, que são as ações emitidas para amortizar dívidas da empresa. Uma vez devolvidas para o mercado, as ações concederão os mesmos direitos originalmente estabelecido no Estatuto (preferenciais ou ordinárias).

Com relação à forma de circulação, as ações podem ser:

• Nominativas, que declaram o nome do proprietário. São transferidas por termo lavrado no Livro de Registro de Ações Nominativas (arts. 20 e 31 da LSA);

• Escriturais, que são as mantidas em contas de depósito em nome do seu titular.

> **note BEM**
> Não podem ser emitidas ações ao portador nem nominativas endossáveis, por determinação da Lei 8.021/1990.

e) Acionistas

Os acionistas podem ser classificados da seguinte forma:

• Ordinários ou comuns, que possuem direitos e deveres comuns a todos os acionistas (dividendos, bonificações, fiscalização etc.);

• Controladores, que são as pessoas físicas ou jurídicas (incorporação por ações, subsidiária integral) que detêm, permanentemente, a maioria dos votos e o poder de eleger a maioria dos administradores, e exatamente por isso respondem por abusos praticados (arts. 116, 116-A e 117 da LSA);

• Dissidentes, que são os acionistas que não concordam com algumas deliberações que possam resultar em alteração do estatuto social. O acionista dissidente tem direito de se retirar da sociedade (direito de retirada ou recesso) mediante reembolso do valor patrimonial das ações, o que significa que o cálculo será feito a partir da divisão do patrimônio líquido obtido no último balanço aprovado pela Assembleia Geral. Entretanto, se o valor estiver desatualizado, ou seja, se o balanço tiver mais de 60 dias sem atualização, apenas serão pagos 80% do valor patrimonial, até que a S.A. providencie a atualização do balanço, no máximo em 120 dias (arts. 45 e 137 da LSA);

• Minoritários, aqueles que não participam do controle da companhia por desinteresse ou insuficiência de votos.

f) Direitos essenciais do acionista

São considerados direitos comuns a todos os acionistas (art. 109 da LSA):

• Participar dos lucros sociais (dividendos);

• Participar do acervo da companhia em caso de liquidação;

• Fiscalizar a gestão dos negócios sociais;

• Preferência para subscrição de ações;

• Direito de retirada, pelo acionista dissidente.

g) Direito de voto

Já vimos que o direito de voto não é direito de todo acionista. São os acionistas titulares das ações ordinárias e alguns titulares de ações preferenciais com direito a voto que poderão realmente participar das decisões da S.A.

É proibido ao acionista que possui o direito de voto votar com a finalidade de causar dano à companhia ou a outros acionistas, de obter para si ou para outrem vantagem a que não tem direito, prejudicando a companhia ou outros acionistas (art. 115 da LSA). Também é proibido votar na Assembleia de aprovação do laudo de avaliação do bem com o qual contribuiu para a formação do capital social e de aprovação das próprias contas, se foi membro do Conselho de Administração (art. 115, § 1.º, da LSA). O acionista que votar nessas situações responderá pelos danos causados pelo exercício abusivo do direito de voto, e a deliberação pode ser anulada, se resultou da participação do acionista com interesse conflitante com o da Companhia (art. 115, §§ 3.º e 4.º, da LSA).

Cada acionista com direito de votar possui um voto nas deliberações da Assembleia. É, portanto, proibido o voto plural, que consiste na atribuição de mais de um voto a uma determinada ação (art. 110, § 2.º, da LSA).

Entretanto, é possível a concessão do voto múltiplo. A faculdade da utilização do voto múltiplo deve ser pedida pelos acionistas que representem, no mínimo, um décimo do capital social com direito de voto, em até 48 horas antes da Assembleia Geral. O voto múltiplo significa que será atribuída a cada ação tantos votos quantos forem os membros do Conselho de Administração, permitindo que o acionista cumule seus votos em um candidato ou os distribua entre vários (art. 141 da LSA).

Para fixar:

| Voto plural | Voto múltiplo |
|---|---|
| Art. 110, § 2.º, da LSA | Art. 141 da LSA |
| Proibido | Permitido na eleição dos membros do Conselho de Administração. Pode ser pedido por acionistas que representem ao menos 1% do capital votante |
| | Atribui-se a cada ação tantos votos quantos forem os membros do Conselho de Administração. |

h) Dever do acionista

É considerado dever dos acionistas a integralização das ações subscritas (art. 106 da LSA).

i) Valores mobiliários

Os valores mobiliários são títulos de investimento emitidos pela S.A. para obtenção de recursos no mercado de capitais. São eles:

• Debêntures – títulos negociáveis que conferem direito de crédito contra a sociedade, por meio de uma escritura de emissão (como se fosse um empréstimo à S.A.), de acordo com as condições estabelecidas no certificado (art. 52 da LSA). O crédito, aqui, não é eventual, pois no vencimento a debênture deverá ser resgatada pela companhia, com direito de preferência, podendo eventualmente ser convertida em ações;

• Partes beneficiárias – títulos negociáveis, sem valor nominal e estranho ao capital social (arts. 46 e 47 da LSA), consistindo na participação dos lucros anuais em até 10%. O direito de crédito, nesse sentido, é eventual, na medida em que só é pago nos exercícios em que houver lucros. Não conferem direitos privativos de acionistas, salvo o de fiscalização. É importante ressaltar que é proibida a emissão onerosa das partes beneficiárias pela companhia aberta;

• Bônus de subscrição – títulos negociáveis que conferem direito de subscrição de ações do capital social, emitidas até o limite de aumento do capital autorizado no estatuto (art. 75 da LSA). Podem ter a finalidade de facilitar a venda de ações ou debêntures, contribuindo para uma melhor programação do aumento de capital.

j) Órgãos da sociedade anônima

São órgãos da S.A. a Assembleia Geral, o Conselho de Administração, a Diretoria e o Conselho de Fiscalização.

A Assembleia Geral constitui o poder supremo da companhia, consistente na reunião dos acionistas, com ou sem direito a voto. Para as sociedades anônimas de capital fechado, a convocação deve ser publicada no Diário Oficial e em jornal de grande circulação até oito dias antes de sua realização. Se for sociedade de capital aberto, a convocação, por meio do Diário Oficial e de jornal de grande circulação, deve ocorrer com 15 dias de antecedência. A instalação da Assembleia só poderá ocorrer se estiverem presentes acionistas que representem 1/4 do capital votante (arts. 121 a 130 da LSA).

Assembleia Geral pode ser ordinária ou extraordinária. A Assembleia Geral Ordinária será instalada nos primeiros quatro meses seguintes ao término do exercício social, para discutir assuntos de rotina, tomar as contas de administradores, deliberar sobre a destinação dos lucros etc. (arts. 132 a 134 da LSA), enquanto a Assembleia Geral Extraordinária pode ser instalada a qualquer tempo para a discussão de assuntos não rotineiros, como, por exemplo, a reforma do estatuto social (art. 135 da LSA).

Para comparar e fixar:

| ASSEMBLEIA GERAL LTDA | ASSEMBLEIA GERAL S.A. |
| --- | --- |
| 3 publicações no Diário Oficial e jornal de grande circulação | 3 publicações no Diário Oficial e jornal de grande circulação |
| 1.ª publicação com 8 dias de antecedência; na 2.ª convocação a antecedência será de 5 dias | 1.ª publicação com 15 dias de antecedência na S.A. aberta e 8 dias na fechada. Na 2.ª convocação, a antecedência será de 8 dias na aberta e 5 dias na fechada |
| Quorum: ¾ do capital social, na 1.ª convocação | Quorum: ¼ do capital votante, na 1.ª convocação |

O Conselho de Administração é o órgão facultativo de deliberação colegiado que fixa a orientação geral dos negócios, ou seja, quem define a pauta da assembleia, quem "filtra" as decisões que serão votadas na Assembleia. É composto por, no mínimo, três conselheiros, com mandato nunca superior a três anos, eleitos pela Assembleia Geral. É também a esta Assembleia Geral que ele deve prestar contas. É responsável pela eleição e destituição de diretores, fixando-lhes atribuições. É obrigatório nas companhias abertas, nas de capital autorizado e nas sociedades de economia mista (arts. 138 a 142 da LSA).

A Diretoria é o órgão de representação legal da S.A. e de execução das deliberações da Assembleia Geral e do Conselho de Administração. É composta por, no mínimo, dois diretores eleitos pelo Conselho de Administração para um mandato não superior a três anos (art. 143 da LSA), conforme previsto no estatuto.

O Conselho Fiscal, por sua vez, é o órgão colegiado (mínimo de três e máximo de cinco membros) destinado ao controle dos órgãos de administração, com a finalidade de proteger os interesses da companhia e de todos os acionistas. É obrigatório, ainda que seu funcionamento seja facultativo (arts. 161 a 163 da LSA). Se seu funcionamento for facultativo, a convocação do Conselho Fiscal dependerá da Assembleia Geral.

k) Dissolução da S.A.

A dissolução da S.A. pode ser parcial ou total. A dissolução parcial ocorre, unicamente, na hipótese de reembolso de acionista dissidente. A morte de acionista não gera qualquer consequência quanto à existência da S.A. e a exclusão de sócio é impossível.

A dissolução total pode ocorrer nas seguintes situações:

• Pelo término do prazo de duração;

• Por decisão judicial (falência) ou por decisão de autoridade administrativa competente;

• Na cisão total;

• Na incorporação, com relação à empresa incorporada;

• Na fusão, com relação às duas empresas fundidas.

À dissolução segue-se a liquidação, que será judicial sempre que aquela o for e quando requerida por qualquer acionista ou representante do Ministério Público se a liquidação amigável não for processada a contento.

### 3.2.6 Sociedade em comandita por ações

É a sociedade na qual se aplicam todas as normas relativas às sociedades anônimas, com as exceções previstas nos arts. 280 a 284 da LSA, sendo que o acionista diretor responde ilimitadamente pelas obrigações da sociedade. Tem como nome empresarial a firma com o nome do acionista diretor ou a denominação, ambas seguidas da expressão "comandita por ações".

A Assembleia Geral não tem poder para mudar o objeto social nem aumentar ou reduzir o capital social sem a autorização dos acionistas diretores, além de não possuir Conselho de Administração.

# Modificações nas estruturas das sociedades  5

## 1. TRANSFORMAÇÃO

A transformação é a operação pela qual a sociedade passa de um tipo para outro, independentemente de dissolução e liquidação (art. 220 da LSA e arts. 1.113 a 1.115 do CC). Exige aprovação unânime de todos os sócios ou acionistas, inclusive dos sem direito a voto, salvo se houver a retirada do acionista dissidente

Como, por exemplo, a sociedade limitada quer se transformar numa sociedade por ações.

Também é possível a transformação de um empresário individual em uma sociedade empresária (art. 968, § 3.º, do CC). Da mesma forma é possível que uma sociedade empresária se transforme em empresário individual (art. 1.033, parágrafo único, do CC).

## 2. INCORPORAÇÃO

A incorporação é a operação pela qual uma ou mais sociedades são absorvidas por outra, que as sucede em todos os direitos e obrigações, ou seja, uma empresa adquire a outra, assumindo seu passivo e ativo (art. 227 da LSA e arts. 1.116 a 1.118 do CC).

O credor constituído antes da incorporação tem 60 dias para requerer judicialmente a anulação da negociação, se as empresas envolvidas forem sociedades anônimas (art. 232 da LSA) e 90 dias se as empresas envolvidas forem as reguladas pelo CC (art. 1.122 do CC).

## 3. FUSÃO

A fusão é a operação pela qual se unem duas ou mais sociedades para formar uma nova, que as sucederá nas obrigações e direitos (art. 228 da LSA e arts. 1.119 a 1.121 do CC).

O credor constituído antes da fusão tem 60 dias para requerer judicialmente a anulação da negociação, se as empresas envolvidas forem sociedades anônimas (art. 232 da LSA) e 90 dias se as empresas envolvidas forem as reguladas pelo CC (art. 1.122 do CC).

## 4. CISÃO

A cisão é a operação pela qual a companhia transfere parcela de seu patrimônio para uma ou mais sociedades, constituídas para esse fim ou já existentes, extinguindo-se, assim, a companhia cindida, se a cisão for total, ou dividindo-se o seu capital, se a cisão for parcial (art. 229 da LSA).

O credor constituído antes da cisão tem 90 dias para requerer judicialmente a anulação da negociação, se as empresas envolvidas forem sociedades anônimas ou reguladas pelo CC (art. 1.122 do CC e art. 233 da LSA).

# Grupos de sociedades e defesa da concorrência

## 1. SOCIEDADES FILIADAS OU COLIGADAS

Para o Código Civil, as sociedades são consideradas coligadas ou filiadas quando existe entre elas a participação de 10% do capital social ou mais, sem que ocorra o controle societário (art. 1.099 do CC). Para a Lei 6.404/1976, são coligadas as sociedades nas quais a investidora tenha influência significativa. E há influência significativa quando a investidora detém ou exerce o poder de participar nas decisões das políticas financeira ou operacional da investida, sem controlá-la. Presume-se a influência significativa quando a investidora for titular de 20% ou mais do capital votante da investida, sem controlá-la (art. 243, §§ 1.º, 4.º e 5.º, da LSA).

Regra geral, não existe solidariedade entre as empresas participantes de um grupo econômico, de acordo com o art. 266 da LSA: "As relações entre as sociedades, a estrutura administrativa do grupo e a coordenação ou subordinação dos administradores das *sociedades filiadas* serão estabelecidas na convenção do grupo, mas cada sociedade conservará personalidade e patrimônios distintos". Entretanto, em algumas situações é possível a responsabilização solidária ou subsidiária, como:

a) *sanção à infração à ordem econômica, de acordo com o art. 17 da Lei 8.884/1994*: "Serão solidariamente responsáveis as empresas ou entidades integrantes de grupo econômico, de fato ou de direito, que praticarem infração da ordem econômica";

b) *obrigações previdenciárias, de acordo com o art. 30, IX, da Lei 8.212/1991*: "As empresas que integram grupo econômico de qualquer natureza respondem entre si, solidariamente, pelas obrigações decorrentes desta Lei";

c) *relações de consumo, de acordo com o art. 28, § 4.º, do CDC*: "As sociedades coligadas só responderão por culpa".

## 2. SOCIEDADES CONTROLADAS

É controlada aquela sociedade na qual a controladora, diretamente ou através de outras controladas, é titular de direitos de sócio que lhe assegurem, de modo permanente, preponderância nas deliberações sociais e o poder de eleger a maioria dos administradores. Também pode ser chamada de incorporação por ações (art. 243, § 2.º, da LSA e art. 1.098 do CC).

Regra geral, não existe solidariedade entre as empresas participantes do grupo econômico, de acordo com o art. 266 da LSA: "As relações entre as sociedades, a estrutura administrativa do grupo e a coordenação ou subordinação dos administradores das sociedades filiadas serão estabelecidas na convenção do grupo, mas cada sociedade conservará personalidade e patrimônios distintos". Entretanto, em algumas situações é possível a responsabilização solidária ou subsidiária:

a) *sanção à infração à ordem econômica, de acordo com o art. 17 da Lei 8.884/1994*: "Serão solidariamente responsáveis as empresas ou entidades integrantes de grupo econômico, de fato ou de direito, que praticarem infração da ordem econômica";

b) *obrigações previdenciárias, de acordo com o art. 30, IX, da Lei 8.212/1991*: "As empresas que integram grupo econômico de qualquer natureza respondem entre si, solidariamente, pelas obrigações decorrentes desta Lei";

c) *obrigações trabalhistas, de acordo com o art. 2.º, § 2.º, da CLT*: "Sempre que uma ou mais empresas, tendo, embora, cada uma delas, personalidade jurídica própria, estiverem sob a direção, controle ou administração de outra, constituindo grupo industrial, comercial ou de qualquer outra atividade econômica, serão, para os efeitos da relação de emprego, solidariamente responsáveis a empresa principal e cada uma das subordinadas";

d) *relações de consumo, de acordo com o art. 28, § 2.º, do CDC*: "As sociedades integrantes dos grupos societários e as sociedades controladas, são subsidiariamente responsáveis pelas obrigações decorrentes deste Código".

## 3. CONSÓRCIO

O consórcio entre sociedades ocorre quando duas ou mais sociedades combinam seus esforços e recursos para o desenvolvimento de um determinado empreendimento, sem existir solidariedade entre essas sociedades. O consórcio, por sua vez, não possui personalidade jurídica (art. 278 da LSA).

Regra geral, as empresas consorciadas somente se obrigam nas condições previstas no respectivo contrato, respondendo cada uma por suas obrigações, sem presunção de solidariedade (art. 278, § 1.º, da LSA). Entretanto, é possível a responsabilização solidária das empresas consorciadas, nas seguintes situações:

a) *obrigações com consumidores, de acordo com o art. 28, § 3.º, do CDC*: "As sociedades consorciadas são solidariamente responsáveis pelas obrigações decorrentes deste Código";

b) *obrigações trabalhistas, de acordo com o art. 2.º, § 2.º, da CLT*: "Sempre que uma ou mais empresas, tendo, embora, cada uma delas, personalidade jurídica própria, estiverem sob a direção, controle ou administração de outra, constituindo grupo industrial, comercial ou de qualquer outra atividade econômica, serão, para os efeitos da relação de emprego, solidariamente responsáveis a empresa principal e cada uma das subordinadas";

c) *licitações, de acordo com o art. 33, V, da Lei 8.666/1993*: "Quando permitida na licitação a participação de empresas em consórcio, observar-se-ão as seguintes normas: (...) V – responsabilidade solidária dos integrantes pelos atos praticados em consórcio, tanto na fase de licitação quanto na de execução do contrato".

## 4. DEFESA DA CONCORRÊNCIA

Quando se fala na modificação da estrutura das sociedades ou simplesmente da constituição de grupos de sociedades, existe a preocupação de que as novas empresas se tornem de tal modo fortes que possam impedir a livre concorrência do mercado.

Para preservar a livre concorrência, indicada constitucionalmente como um dos princípios da ordem econômica no art. 170, IV, da CF/88, foi criado um órgão responsável pela prevenção e a repressão às infrações contra a ordem econômica, o CADE – Conselho Administrativo de Defesa Econômica –, autarquia federal vinculada ao Ministério da Justiça (art. 3.º da Lei 8.884/1994).

Serão consideradas infrações contra a ordem econômica: a) limitar, falsear ou prejudicar a livre concorrência ou a livre iniciativa; b) dominar mercado, que será presumido quando a empresa ou grupo de empresas controlarem 20% do mercado relevante; c) aumentar arbitrariamente os lucros; d) exercer de forma abusiva posição dominante (art. 20 da Lei 8.884/1994).

É importante ressaltar que a decisão do plenário do CADE, seja de aplicação de multa ou de imposição de obrigação de fazer ou não fazer, constitui um título extrajudicial, cuja execução será de competência da Justiça Federal (arts. 60 e 64 da Lei 8.884/1994).

# Títulos de crédito

## 1. LEGISLAÇÃO

O Título VIII do Livro I ("Do direito das obrigações") da Parte Especial do Código Civil trata dos títulos de crédito. Apesar dessa inclusão, esses dispositivos apenas serão utilizados quando não houver um tratamento diverso na legislação especial. Essa é a interpretação do art. 903 do CC.

Além do Código Civil, as principais leis para o nosso estudo serão: Dec. 57.663/1966, para letra de câmbio e nota promissória; Lei 5.474/1968, para duplicata; Lei 7.357/1985, para cheque.

Portanto, o Código Civil não revogou as disposições da legislação especial, e será utilizado apenas quando não contrariar tal legislação.

## 2. CONCEITO

O Código Civil, reiterando o conceito de Vivante, define título de crédito como o documento necessário para o exercício do direito literal e autônomo nele contido (art. 887 do CC).

Do citado conceito podemos verificar os seguintes princípios ou características essenciais dos títulos de crédito:

• Cartularidade, que significa que, para os títulos de crédito em geral, é indispensável a posse do documento original para o exercício do direito ao crédito. Outra ideia relacionada à cartularidade é o princípio da incorporação, pelo qual o direito de crédito só existe com a apresentação do respectivo documento. É consequência desse princípio que a posse do título de crédito pelo devedor presume a quitação da obrigação consignada no título.

Entretanto, com a criação dos títulos de crédito eletrônicos, como no caso das duplicatas virtuais, a execução ocorrerá com a apresentação do protesto por indicações, de que trataremos adiante, e com o respectivo comprovante de entrega da mercadoria (art. 15, § 2.º, da Lei 5.474/1968). Também constitui exceção da aplicação deste princípio a possibilidade da emissão da triplicata, quando a duplicata enviada para o aceite não for devolvida pelo devedor (art. 13, § 1.º, da Lei 5.474/1968);

• Literalidade, que significa que num título de crédito só pode ser cobrado o que se encontra expressamente nele consignado;

• Autonomia, que significa que a obrigação representada por um título de crédito é um direito novo, totalmente desvinculado do negócio que o gerou. São decorrentes da autonomia a abstração e a independência das relações jurídicas.

A abstração significa que, quando o título circula, ele se desliga da relação original, no caso da duplicata, essa desvinculação só ocorreria na circulação da duplicata aceita, pois do contrário não poderia vincular o devedor, ainda mais diante da emissão de uma duplicata fria (ou seja, sem que tenha por origem uma nota fiscal ou fatura de compra e vendo ou de prestação de serviços). É importante ressaltar que, quando o título de crédito perde a força executiva, também perde a autonomia, de tal modo que o credor terá que demonstrar o motivo para a cobrança do título (STJ, AgRg no AgIn 549924/MG, rel. Min. Nancy Andrighi, *DJ* 05.04.2004, p. 260). Não possui autonomia a nota promissória vinculada a um contrato (que será estudada a seguir no item pertinente). Quanto à independência das relações jurídicas, significa que o vício que porventura tenha atingido uma das relações não será transmitido às demais relações. Ou seja, se uma delas for nula ou anulável, eivada de vício jurídico, não comprometerá a validade e a eficácia das demais obrigações constantes do mesmo título. Da mesma forma, o direito do credor de um título de crédito independe da titularidade de seu antecessor. Processualmente, essa independência é expressa pela inoponibilidade das exceções pessoais a terceiros de boa-fé (art. 17 do Dec. 57.663/1966).

## 3. CLASSIFICAÇÃO DOS TÍTULOS DE CRÉDITO

### 3.1 Quanto ao modelo

Segundo essa classificação, será observado se os títulos de crédito seguem ou não um padrão específico. Neste sentido, podem ser:

• Modelo livre – são aqueles que não precisam estar em conformidade com um padrão previamente estabelecido na norma. São exemplos de títulos com modelo livre a nota promissória e a letra de câmbio;

• Modelo vinculado – são aqueles que devem seguir um padrão previamente fixado no ordenamento, de tal modo que a produção dos efeitos típicos dos títulos de crédito está vinculada a esse padrão. São exemplos de títulos com modelo vinculado: o cheque e a duplicata.

## 3.2 Quanto à estrutura

Com relação à estrutura, os títulos podem ser:

• Ordem de pagamento, que tem origem a partir de três figuras intervenientes diferenciadas: aquele que dá a ordem, aquele que a paga e aquele que a recebe. São os casos da letra de câmbio, do cheque e da duplicata mercantil;

• Promessa de pagamento, que tem origem a partir de duas figuras intervenientes: aquele que a paga e aquele que a recebe. É o caso da nota promissória.

## 3.3 Quanto às hipóteses de emissão

Os títulos de crédito, no que dizem respeito à sua origem, podem ser:

• Causais, que são os títulos que só podem ser emitidos mediante a existência de uma origem específica, definida por lei, para criação do título. É o caso da duplicata mercantil;

• Não causais ou abstratos, que são os títulos que podem ser criados a partir de qualquer causa. São os casos do cheque e da nota promissória.

## 3.4 Quanto à circulação

Quanto à circulação, o título pode ser ao portador ou nominativo.

No título ao portador, não há a identificação do credor, e será transmitido pela simples tradição.

**note BEM**

A Lei 8.021/1990 proibiu a emissão de títulos ao portador, bem como o Código Civil, que, no seu art. 907, determinou que o título ao portador emitido sem autorização de lei especial é nulo. A exceção é a permissão de cheque ao portador, com valor igual ou inferior a R$ 100,00 (art. 69 da Lei 9.069/1995).

No título nominativo, existe a identificação do credor, e é exatamente por isso que a transmissão ocorre pela tradição e presença de um outro ato solene que permita a transferência.

Esses atos solenes de transmissão podem ser o endosso ou a cessão civil de crédito. Para que ocorra a transmissão por endosso, é necessária a assinatura do endossante no verso do título, sem nenhuma inscrição, ou, ainda, a assinatura do endossante seguida da cláusula à ordem. A cessão civil de crédito, por outro lado, se dá pela assinatura do cedente no verso do título, seguida da cláusula não à ordem.

Tal distinção é importante, pois, no endosso, o endossante, além de transmitir o título, também garante de forma solidária o título de crédito. Por outro lado, na cessão civil de crédito, o cedente apenas é responsável pela transmissão do título e pela veracidade do título, e não pela solvência do devedor (arts. 295 e 296 do CC).

Para comparar e fixar:

| Cessão civil de crédito | Endosso |
|---|---|
| O cedente só transmite o título de crédito | O endossante transmite e garante o título de crédito |
| Não à ordem | À ordem |

## 4. ENDOSSO

Endosso é a forma de transmissão dos títulos de crédito. O proprietário do título faz o endosso lançando sua assinatura no dorso ou no verso do documento. Trata-se de negócio jurídico unilateral, cuja eficácia se verifica com a saída do título das mãos do endossante e a posse pelo adquirente.

O endosso pode se apresentar das seguintes formas:

• Endosso em branco/incompleto, no qual se verifica a assinatura do endossante, mas não há a identificação do beneficiário, que seria chamado de endossatário. Entretanto, como o endosso em branco transforma o título em "ao portador", prevalece a mesma proibição, anteriormente mencionada, da Lei 8.021/1990;

• Endosso em preto/completo, no qual se verifica a assinatura do endossante seguida da identificação do beneficiário ou endossatário.

> **note BEM**
> Em virtude da cobrança de CPMF, que surgiu a partir da Lei 9.311/1996, o endosso no cheque só podia ser realizado uma única vez. Essa proibição, entretanto, não existe mais.

O endosso realizado após o protesto do título é chamado de endosso tardio, ou póstumo, e produz efeitos de cessão civil de crédito, ou seja, serve apenas para transmitir o título de crédito (art. 20 do Dec. 57.663/1966).

É importante ressaltar que o endosso não pode ser parcial, apenas total.

Outra modalidade de endosso é o endosso impróprio, que não serve para transmitir a titularidade do título, podendo se apresentar sob duas formas:

• Endosso-mandato, no qual o endossante outorga poderes ao endossatário-mandatário para que este realize a cobrança, e, uma vez que a cobrança seja realizada, o mandatário deverá restituir o valor recebido ao endossante. Para que se configure o endosso-mandato, é necessária a inserção de cláusulas como "por procuração" ou, ainda, "valor a cobrar", ou qualquer outra que contenha o mesmo sentido (art. 18 do Dec. 57.663/1966). A relevância do endosso-mandato aparece principalmente em relação aos bancos, que, ao receberem o título dessa forma, não respondem perante o devedor pelo protesto indevido, a não ser que fique comprovada a sua culpa.

Pode ser observado no *Informativo* 309/2007 do STJ: "Nas instâncias ordinárias, o banco recorrente foi condenado à indenização dos danos morais causados pelo indevido envio de duplicata a protesto. Diante disso, a Turma aduziu que, em casos de endosso-mandato, a responsabilidade do mandatário que recebe a cártula com o fito de efetuar a cobrança e a remete a protesto surge quando há a identificação concreta de seu agir culposo, visto não ser possível lhe atribuir a ilicitude pelo estrito cumprimento das obrigações relativas à exigibilidade do pagamento. Firmou, todavia, que, no caso, há a responsabilidade do banco réu, pois o pagamento da duplicata fez-se perante aquela própria instituição bancária. Anotou que não acolhida pelo acórdão estadual recorrido a alegação de que é a sacadora, mediante comando eletrônico, quem dá a ordem da cobrança, além de se afigurar irrelevante tal postulação, posto que a imperfeição do sistema é fato alheio ao direito da sacada, cabendo ação regressiva do banco contra a sacadora" (REsp 297.430/MG, rel. Min. Aldir Passarinho Jr., j. 06.02.2007);

• Endosso-caução, no qual o título é utilizado como uma garantia de uma obrigação assumida pelo endossante. Para que se configure o endosso-caução é necessária a inserção, no verso do título, da cláusula "valor em garantia", ou qualquer outra que traga o mesmo sentido.

## 5. AVAL

É uma garantia de pagamento do título dada por terceiro, típica do direito cambiário (arts. 897 e 898 do CC). O avalista gera para si a obrigação pelo avalizado, comprometendo-se a satisfazê-la de forma solidária com o devedor principal.

O aval, como instituto típico de garantia de títulos de crédito, não pode ser confundido com a fiança, que é uma garantia acessória de um outro contrato. Se, por um lado, o aval é uma obrigação autônoma, a fiança sempre será acessória. Além disso, o aval é constituído pela simples assinatura do avalista, enquanto a fiança depende de cláusulas contratuais específicas. E, por fim, a responsabilidade do avalista é sempre solidária, enquanto a responsabilidade do fiador é subsidiária, salvo disposição expressa em contrário, no sentido de existir a solidariedade entre o fiador e o afiançado.

Resumo:

| Aval | Fiança |
|---|---|
| Garante títulos de crédito | Garante contratos |
| Basta a assinatura do avalista | Precisa de cláusulas específicas ou de um contrato específico |
| Responsabilidade solidária | Responsabilidade subsidiária, salvo se houver previsão expressa de solidariedade |
| Precisa da vênia conjugal, salvo se os cônjuges forem casados no regime de separação total de bens | Precisa da vênia conjugal, salvo se os cônjuges forem casados no regime de separação total de bens |

Não importa ao instituto do aval se ele é realizado antes ou depois do vencimento do título. Em ambos os casos, seus efeitos serão os mesmos (art. 900 do CC).

O avalista responde solidariamente pelo pagamento do título perante todos os credores do avalizado e, uma vez realizado o pagamento, poderá voltar-se contra todos os demais devedores.

O aval pode ser em preto ou em branco, conforme identificado ou não o avalizado.

Se o avalista for casado sob qualquer regime de bens que não o de separação absoluta, é necessária a concordância do cônjuge para a constituição do aval (arts. 1.642, IV, e 1.647, III, do CC).

Para saber se o aval pode ser total ou parcial, precisamos verificar se existe menção na legislação especial ou se, diante da omissão, usaremos o Código Civil. Para a letra de câmbio e a nota promissória, o art. 30 do Dec. 57.663/1966 descreve: "O pagamento de uma letra pode ser no todo ou em parte garantido por aval". Portanto, para a letra de câmbio e para a nota promissória, o aval pode ser total ou parcial. No caso do cheque, temos o art. 29 da Lei 7.357/1985, que prescreve: "O pagamento do cheque pode ser garantido, no todo ou em parte, por aval prestado por terceiro (...)". Para o cheque, portanto, o aval pode ser total ou parcial.

Mas, para os demais títulos, a legislação especial nada menciona; daí por que aplicaremos o Código Civil, que, no parágrafo único do art. 897, determina ser "vedado o aval parcial". Para esses títulos, o aval só pode ser total.

Para comparar e fixar:

| Aval | Endosso |
|---|---|
| Garante o título de crédito | Transmite e garante o título de crédito |
| Feito antes ou depois do vencimento: serve para garantir o título de crédito | Antes do vencimento: transmite e garante o título de crédito<br>Após o vencimento: apenas transmite o título de crédito |
| Pode ser total ou parcial (para letra de câmbio, nota promissória e cheque) | Só pode ser total |
| Precisa de vênia conjugal, salvo se o avalista for casado no regime de separação total de bens | Basta assinatura do endossante |

Súmula 26 do STJ: "O avalista do título de crédito vinculado a contrato de mútuo também responde pelas obrigações pactuadas, quando no contrato figurar como devedor solidário".

## 6. APRESENTAÇÃO

A apresentação é o ato de submeter uma ordem de pagamento ao reconhecimento do devedor principal, com a finalidade de obter o pagamento.

## 7. ACEITE

O aceite é o ato pelo qual o devedor principal, que não assinou o título no ato da emissão, reconhece que deve, mediante a assinatura no título, passando a ser considerado aceitante. Não há sentido em falar do aceite no cheque e na nota promissória, pois nesses títulos a assinatura já faz parte da emissão do título (art. 21 e ss. do Dec. 57.663/1966).

O aceite pode ser total ou parcial. Sua falta ou recusa é provada pelo protesto.

O devedor principal não é obrigado a aceitar o título, mas, se a recusa do aceite ocorrer na letra de câmbio, haverá o vencimento antecipado da obrigação. Na duplicata tal efeito não é produzido, e apenas será indispensável o protesto para supri-lo.

## 8. PROTESTO

O protesto é a apresentação pública do título ao devedor para aceite ou pagamento. É tirado apenas contra o devedor principal ou originário, devendo por ele ser avisados os outros coobrigados.

O protesto indevido ou abusivo pode ser sustado por meio de ação cautelar inominada de sustação de protesto, com a caução ou o depósito da quantia reclamada. Entretanto, se o protesto já ocorreu, deve-se pleitear o seu cancelamento (Lei 6.690/1979), que pode ocorrer por defeito do protesto, por defeito do título reconhecido por sentença ou pelo pagamento do título protestado com a anuência do credor.

O protesto é obrigatório para suprir o aceite nos títulos em que o aceite é obrigatório, no pedido de falência por impontualidade e na execução contra os codevedores.

O prazo para protestar a letra de câmbio por falta de aceite é o prazo fixado para a apresentação da letra, se o vencimento é certo, o prazo para o protesto é até a data do vencimento. O prazo para o protesto por falta de pagamento da letra de câmbio e da nota promissória é de 1 dia útil seguinte ao vencimento (art. 28 do Decreto 2.044/1908).

**note BEM**

Existe divergência quanto a este prazo. Para Fábio Ulhoa Coelho, Fran Martins o prazo é de 2 dias úteis (art. 44 do Decreto 57.663/66), mas para Waldirio Bulgarelli, Luiz Emygdio da Rosa Junior, Rubens Requião, o prazo é de 1 dia útil (art. 28 do Decreto 2044/1908).

No cheque o prazo para protesto é o prazo de apresentação, ou seja, 30 dias da emissão para praças iguais ou 60 dias da emissão para praças diferentes (art. 48 da Lei 7.357/85). Na duplicata o prazo é de 30 dias do vencimento do título (art. 13 da Lei 5.474/68). Esses prazos não impedem o protesto posterior, mas produz o efeito de impedir a ação contra os devedores indiretos. Outro efeito é que o endosso feito após estes prazos perde os efeitos do endosso típico e produz efeitos de cessão civil de crédito, ou seja, deixando de servir para garantir o título de crédito.

Quanto à interrupção do prazo prescricional, é relevante indicar que, embora a Súmula 153 do STF defina que o protesto cambiário não interrompe a prescrição, o Código Civil, no seu art. 202, III, inova ao estabelecer que o protesto cambial é causa de interrupção da prescrição.

## 9. AÇÃO CAMBIAL

A ação cambial é a execução de um título de crédito, por meio da qual o credor tentará receber seu crédito de qualquer devedor cambial.

O prazo prescricional para o ajuizamento da ação cambial é definido da seguinte forma:

• *Credor*: em três anos, a contar do vencimento, para o exercício do direito de crédito contra o devedor principal e seu avalista;

• *Credor*: em um ano, a contar do protesto, para o exercício do direito de crédito contra o endossante e seu avalista;

• *Quem pagou*: em seis meses, a contar do pagamento ou do ajuizamento da ação cambial, para o exercício do direito de regresso por qualquer dos coobrigados – salvo na duplicata mercantil, em que o prazo para a ação regressiva é de um ano (art. 18 da Lei 5.474/1968 e art. 70 do Dec. 57.663/1966).

Em relação à *ação regressiva*, é importante ressaltar que, apesar de todos os envolvidos serem solidariamente responsáveis, as regras dessa solidariedade nos títulos de crédito são peculiares. O devedor principal, quando realizar o pagamento, não tem o direito de ingressar com a ação regressiva contra aos demais. Além disso, os coobrigados podem ingressar com a ação regressiva contra o devedor principal e contra os coobrigados que foram constituídos anteriormente, mas não contra os que foram constituídos posteriormente.

## 10. LETRA DE CÂMBIO

*Legislação*: Dec. 2.044/1908; Dec. 57.663/1966 – Lei Uniforme.

A letra de câmbio é uma ordem de pagamento que o sacador (aquele que emite o título de crédito) dirige ao sacado, para que este pague a importância consignada a um terceiro, denominado tomador/sacador (art. 1.º do Dec. 2.044/1908).

São figuras intervenientes na letra de câmbio:

• *Sacador* – aquele que dá a ordem de pagamento, que emite a letra de câmbio; se não for o próprio credor, será considerado um coobrigado;

• *Sacado* – o destinatário da ordem, aquele que deve realizar o pagamento ordenado;

• *Tomador* – o beneficiário da ordem de pagamento, o credor da quantia mencionada no título, podendo ser um terceiro ou o próprio sacador.

O sacado não está obrigado a aceitar a letra de câmbio. Porém, recusando-a, provoca o vencimento antecipado do título, possibilitando ao tomador sua cobrança imediata ao sacador por meio do protesto.

Em se tratando de letra de câmbio à vista, o prazo de apresentação é de um ano, a contar da emissão do título.

São requisitos essenciais da letra de câmbio: a) denominação letra de câmbio; b) quantia que deve ser paga; c) nome do tomador; d) data e lugar do saque; e) época do vencimento; f) assinatura do sacador.

## 11. NOTA PROMISSÓRIA

*Legislação*: Dec. 2.044/1908; Dec. 57.663/1966 – Lei Uniforme.

A nota promissória é uma promessa de pagamento que uma pessoa (sacador) faz a outra (sacado). A legislação aplicada à nota promissória é a mesma aplicada à letra de câmbio.

São figuras intervenientes na nota promissória:

• *Sacador*, que é o emitente e quem se compromete a pagar a quantia determinada. É o devedor principal do título;

• *Sacado*, que é o beneficiário do título, o credor.

São requisitos essenciais da nota promissória: a) expressão nota promissória; b) promessa incondicional de pagar quantia determinada; c) nome do beneficiário da promessa; d) assinatura do emitente; e) data e local do saque ou da emissão; f) data e local do pagamento.

Por se tratar de uma promessa de pagamento que depende da assinatura do devedor para ser emitida, não há falar em aceite ou vencimento antecipado por recusa de aceite.

Se a nota promissória tiver vencimento a certo termo da vista, o prazo de apresentação será de um ano.

A nota promissória vinculada a um contrato, desde que conste expressamente da cártula da nota promissória, é um título causal ou não abstrato, perdendo a autonomia, já que o terceiro, ao receber essa nota promissória, saberá da vinculação ao contrato – esse é o entendimento de Luiz Emygdio F. da Rosa Jr. (*Títulos de crédito*, p. 508). Como regra geral, a nota promissória mantém a força executiva, por exemplo, quando vinculada a um contrato de mútuo bancário (AgRg no REsp 777.912/RS, rel. Min. Nancy Andrighi, *DJ* 28.11.2005, p. 289), a não ser que o contrato a que se vincula seja ilíquido, como é o caso do contrato de abertura de conta corrente (STJ, EDiv em REsp 262.623/RS, rel. Nancy Andrighi, *DJ* 02.04.2001, p. 182).

Súmula 258 do STJ: "A nota promissória vinculada a contrato de abertura de crédito não goza de autonomia em razão da iliquidez do título que a originou".

## 12. CHEQUE

*Legislação*: Lei 7.357/1985.

O cheque é uma ordem de pagamento à vista, sacada contra um banco e com base em suficiente provisão de fundos depositados pelo sacador em mãos do sacado ou em conta corrente (art. 4.º). A Súmula 370 do STJ inova ao afirmar que "caracteriza dano moral a apresentação antecipada de cheque pré-datado".

Pode ser passado em favor próprio ou de terceiro.

É um título de modelo vinculado, cuja emissão somente pode ser feita em documento padronizado (art. 1.º da Lei do Cheque). Possui independência, pois não se vincula a nenhum outro documento para sua existência. Como regra, o cheque será nominativo, mas o art. 69 da Lei 9.069/1995 permite que o cheque no valor de até R$ 100,00 seja emitido ao portador, podendo, nesse caso, ser transmitido pela simples tradição. No caso do cheque nominativo, a transmissão será pela tradição e pelo endosso (art. 17 da Lei do Cheque).

São figuras intervenientes do cheque:

- *Sacador*, que é o devedor principal do cheque, ou seja, quem o emite;
- *Sacado*, que é o banco;
- *Beneficiário*, que é o credor do cheque.

São requisitos essenciais do cheque: a) denominação *cheque* no próprio título; b) ordem incondicional de pagar quantia determinada; c) identificação do banco sacado; d) local do pagamento; e) data e local de emissão; f) assinatura do sacador ou mandatário com poderes especiais, bem como sua identificação (RG, CPF).

São modalidades de cheque:

a) *cheque cruzado*: é o cheque que apresenta traços transversais e, em virtude disso, será pago mediante depósito em conta corrente (art. 44 da Lei do Cheque);

b) *cheque visado*: é o cheque em que o banco sacado declara a suficiência de fundos;

c) *cheque administrativo*: é o cheque do próprio banco sacado, para a liquidação por ele mesmo.

O prazo de apresentação é de 30 dias, contados da emissão, para a mesma praça, e 60 dias, contados da emissão, para praças diferentes (art. 33 da Lei do Cheque).

Se não observar o prazo de apresentação, o portador perde o direito de crédito (decadência) contra os coobrigados (endossantes e respectivos avalistas). Perde-o também com relação ao emitente se durante o prazo de apresentação havia fundos e estes deixaram de existir, após o prazo, por fato não imputável ao correntista (art. 47 da Lei do Cheque).

O prazo prescricional do cheque é de seis meses, contados do prazo de apresentação (art. 59 da Lei do Cheque). O mesmo prazo será aplicado para a execução contra o endossante e seus avalistas – para tanto o cheque deve ser apresentado em tempo hábil e a recusa do pagamento deve ser comprovada pelo protesto ou por declaração do sacado, escrita e datada sobre o cheque.

Após a prescrição da ação executiva, o credor pode cobrar o cheque por meio de ação de cobrança e pela ação monitória (Súmula 299 do STJ). Além disso, é possível a utilização da ação de enriquecimento ilícito no prazo de dois anos contados da prescrição da ação executiva (art. 61 da Lei do Cheque).

O pagamento do cheque pode ser sustado ou revogado. A sustação produz efeito imediato, podendo ser emitida pelo sacador (emitente) ou pelo portador legitimado (tomador-beneficiário), por relevantes razões de direito (furto, roubo, extravio ou apropriação indébita), e a revogação (contraordem) somente depois de expirado o prazo de apresentação, sendo que uma exclui a outra (arts. 35 e 36 da Lei do Cheque).

O sacado pode recusar-se a pagar a ordem quando houver falta de fundos do emitente, falsidade comprovada, ilegitimidade do portador ou falta de requisitos essenciais.

A emissão de cheque sem provisão de fundos é crime tipificado no Código Penal, nos termos do art. 171, § 2.º.

## 13. DUPLICATA MERCANTIL

*Legislação*: Lei 5.474/1968.

A duplicata é um título de crédito causal que tem origem em uma compra e venda mercantil ou em uma prestação de serviço. É sempre antecedida de uma fatura comercial (nota fiscal). O STJ já se manifestou pela nulidade da duplicata emitida a partir de um contrato de *leasing*, como pode ser observado no *Informativo* 18/1999: "A Turma conheceu em parte do recurso para determinar a sustação ou cancelamento dos protestos das duplicatas enviadas a cartório, por entender que o negócio de *leasing* não admite a emissão de duplicata, ainda que avençada, razão pela qual não pode tal título ser levado a protesto" (REsp 202.068/SP, rel. Min. Ruy Rosado, j. 11.05.1999).

Desta fatura, o vendedor poderá extrair a duplicata (art. 2.º da Lei da Duplicata), que deverá ser apresentada ao devedor dentro de 30 dias de sua emissão, e este deverá devolvê-la nos próximos 10 dias, com sua assinatura de aceite ou declaração escrita esclarecendo por que não a aceita (art. 7.º da Lei da Duplicata).

São figuras intervenientes da duplicata:

• *Sacador*, que é o emitente do título, o empresário, o credor da duplicata;

• *Sacado*, que é o devedor da duplicata.

São requisitos essenciais da duplicata: a) denominação *duplicata*; b) data de sua emissão e número de ordem; c) número de fatura da qual foi extraída; d) data do vencimento ou declaração de ser à vista; e) nome e domicílio do credor e do devedor; f) importância a ser paga; g) local do pagamento; h) declaração da concordância do devedor assinada (aceite); i) a cláusula à ordem.

A duplicata é título de modelo vinculado, devendo ser lançada em impresso próprio do vendedor. A duplicata é título de aceite obrigatório, independente da vontade do comprador. Por isso, o credor deve remeter a duplicata para que o devedor a aceite (art. 6.º da Lei da Duplicata). A falta de aceite do sacado na duplicata, sem justo motivo, e por ele inadimplida, pode ser protestada e deve ser acompanhada do comprovante de entrega das mercadorias ou da prestação de serviços para que possa ser executada. A recusa só é admitida pelo sacado quando:

a) não receber a mercadoria ou esta vier avariada, não sendo, neste caso, o transporte de responsabilidade do sacado;

b) houver vícios, diferenças na qualidade ou na quantidade da mercadoria, divergência no preço ou prazos ajustados, entre outros.

Para promover a execução da duplicata aceita, é necessário apresentar, além da nota fiscal de compra e venda ou prestação de serviços, a comprovação da entrega da mercadoria ou da prestação de serviços, mas, para promover a execução da duplicata não aceita, é preciso apresentar a duplicata, a nota fiscal, o comprovante de entrega de mercadorias ou da prestação do serviço e o instrumento de protesto. Entretanto, se a execução é proposta contra endossante, avalista, ou seja, qualquer pessoa que não o devedor principal, não é necessária a apresentação do comprovante de entrega das mercadorias, nem da nota fiscal. Neste sentido, o STJ se posicionou, no *Informativo 75/2000*, no sentido de que a cobrança de duplicata não aceita e protestada só torna necessária a comprovação da entrega e recebimento da mercadoria em relação ao sacado, devedor do vendedor, e não quanto ao sacador, endossantes e respectivos avalistas. O endossatário de duplicata sem aceite, desacompanhada de prova de entrega da mercadoria, não pode executá-la contra o sacado, mas pode fazê-lo contra o endossante e o avalista. Precedente citado: REsp 168.288/SP, *DJ* 24.05.1999 (REsp 250.568/MS, rel. Min. Antônio de Pádua Ribeiro, j. 19.10.2000).

Vide também a Súmula 248 do STJ: "Comprovada a prestação dos serviços, a duplicata não aceita, mas protestada, é título hábil para instruir pedido de falência".

A duplicata pode ser protestada por falta de aceite, de devolução ou de pagamento. A falta de devolução do título pelo devedor (retenção) permite que o credor emita a *triplicata* e realize o protesto por indicações (art. 13 da Lei da Duplicata). O portador da duplicata que não efetuar o protesto no prazo de 30 dias a partir do vencimento perde o direito de crédito contra os coobrigados (endossantes e avalistas).

Quanto ao prazo prescricional da execução da duplicata mercantil, determina o art. 18 da Lei da Duplicata que será de três anos contados do vencimento do título, se a execução for contra o sacado e seus avalistas. Será de um ano, contado do protesto, o prazo para a ação contra os endossantes e os seus avalistas, e igualmente de um ano, a contar do pagamento, para a ação regressiva em face dos coobrigados.

Se a duplicata não corresponder à efetiva compra e venda mercantil, não produzirá os efeitos cambiais e será considerada duplicata fria ou simulada, constituindo crime tipificado no CP, art. 172.

## 14. CONHECIMENTO DE DEPÓSITO

É título emitido por uma empresa de armazéns gerais entregue ao depositante, que com ele fica habilitado a negociar a mercadoria depositada junto ao emitente, passando a circular o título em vez da mercadoria por ele apresentada.

## 15. CÉDULA DE CRÉDITO BANCÁRIO

A cédula de crédito bancária é uma promessa de pagamento emitida em favor de uma instituição financeira, a partir de qualquer transação financeira (art. 26 e ss. da Lei 10.931/2004).

É um título executivo extrajudicial, e, se tiver como origem um contrato de abertura de crédito, pode ser executado a partir do valor integral do limite, seguido de um extrato ou uma planilha para comprovar o saldo devedor.

# Contratos mercantis

Para regulamentar os contratos mercantis, utilizam-se as regras gerais dos contratos dispostas pelo direito civil, conforme o princípio da unificação.

Nesse sentido, aplicam-se as cláusulas *pacta sunt servanda* e *rebus sic stantibus*. Com a combinação de ambas, temos que o contrato faz lei entre as partes, mas existe uma limitação na sua aplicação, ou seja, desde que o contrato não traga desequilíbrio à situação econômica das partes.

A desconstituição de um contrato pode ocorrer ou por invalidação ou por sua dissolução. A invalidação, que se expressará na anulação ou na nulidade do contrato, será verificada quando ocorrer um vício na realização do contrato ou anteriormente a ele, como, por exemplo, a capacidade das partes, a validade da manifestação de vontade, os vícios do negócio jurídico.

Por outro lado, as causas de dissolução ocorrem após a realização do contrato, seja porque ele não foi cumprido (resolução), seja por vontade das partes (resilição).

Além disso, é importante ressaltar que os contratos podem ser consensuais ou reais. Os contratos consensuais são aqueles que se dão por perfeitos com o acordo de vontades, enquanto os reais serão considerados perfeitos com a entrega da coisa. Passemos então a tratar das espécies de contratos mercantis.

## 1. COMPRA E VENDA MERCANTIL

É o contrato consensual, isto é, que se dá por perfeito com o acordo entre as partes sobre o preço e a entrega da mercadoria (art. 482 do CC), por meio do qual o vendedor se obriga a transferir o domínio de certo objeto para o comprador, que lhe pagará determinado preço em dinheiro.

O contrato de compra e venda possui as seguintes características:

- Tem por objeto coisas móveis, imóveis ou semoventes;

• O comprador deve revender a coisa comprada ou locá-la, visando o lucro;

• O comprador, pelo menos, deve ser empresário.

Quando se fala em preço, este tanto significa o valor do bem adquirido como as despesas, que algumas vezes podem ficar a cargo do comprador. Com relação às despesas, nos contratos de transporte principal não pago, é possível a presença das cláusulas (incoterms) determinadas pela Câmara de Comércio Internacional. Entre elas, selecionamos algumas:

• FCA (*free carrier*), que significa que caberão ao vendedor todas as despesas até a entrega das mercadorias na empresa transportadora indicada pelo comprador;

• FAS (*free alongside ship*), que significa que caberão ao vendedor as despesas do transporte até determinado porto indicado pelo comprador e, a partir dali, as demais despesas correrão por conta do comprador;

• FOB (*free on board*), que significa que caberão ao vendedor as despesas do transporte até determinado navio indicado pelo comprador e, a partir dali, as demais despesas correrão por conta do comprador.

## 2. LOCAÇÃO COMERCIAL

É o contrato consensual pelo qual o locador se obriga a dar ao locatário o uso de uma coisa por determinado tempo e preço.

Em se tratando de locação comercial, é possível obter a renovação compulsória da locação, desde que o inquilino exerça tal direito, por meio da ação renovatória (arts. 51 e 52 da Lei 8.245/1991). O direito assegurado nesses artigos poderá ser exercido pelos cessionários ou sucessores da locação; no caso de sublocação total do imóvel, o direito à renovação somente poderá ser exercido pelo sublocatário (art. 51, § 1.º).

No caso de ação renovatória, promovida pelo sublocatário, e estando presentes os demais requisitos legais para a renovação compulsória, a ação deverá ser julgada procedente, pois o autor sucede a antiga locatária, nos contratos relativos à exploração do estabelecimento.

## 3. MANDATO MERCANTIL

É o contrato consensual pelo qual uma pessoa (mandatário) pratica atos comerciais (por ordem expressa) em nome e por conta de outra pessoa (mandante) a título oneroso.

## 4. COMISSÃO MERCANTIL

É o contrato consensual pelo qual um empresário (comissário) realiza negócios mercantis em nome próprio, mas por conta de outra pessoa (comitente).

Por agir em nome próprio, o comissário assume a responsabilidade perante terceiros, arcando com sua insolvência – o que o diferencia do mandato mercantil –, e para tanto recebe uma comissão. Entretanto, é possível a presença da cláusula *del credere*, que determina que o risco relativo à insolvência de terceiro será dividido entre o comissário e o contratado, trazendo para ambos a solidariedade na solvência do contratado (arts. 695 a 704 do CC).

## 5. REPRESENTAÇÃO COMERCIAL AUTÔNOMA

Segundo o art. 1.º da Lei 4.886/1965: "Exerce a representação comercial autônoma a pessoa jurídica ou a pessoa física, sem relação de emprego, que desempenha, em caráter não eventual por conta de uma ou mais pessoas, a mediação para a realização de negócios mercantis, agenciando propostas ou pedidos, para transmiti-los aos representados, praticando ou não atos relacionados com a execução dos negócios". Assim sendo, o contrato de representação é o contrato pelo qual uma pessoa (representante) obtém pedidos de compra e venda de mercadorias fabricadas ou comercializadas por outra pessoa (representado) dentro de uma região delimitada.

A atividade do representante é uma atividade autônoma – de tal modo, não há vínculo empregatício entre representado e representante.

O representante atua em região delimitada, que deve ser identificada no contrato. No caso de omissão do contrato de representação, presume-se a exclusividade territorial, de tal modo que o representado só pode negociar seus produtos naquela região se o fizer por intermédio do representante (art. 31 da Lei 4.886/1965).

As principais obrigações do representante são:

a) observar as instruções e as quotas de produtividade fixadas pelo representado (art. 29 da Lei 4.886/1965);

b) prestar contas ao representado;

c) não prejudicar, por dolo ou culpa, os interesses que lhe são confiados;

d) não facilitar o exercício da profissão por quem estiver impedido ou proibido de exercê-la;

e) não facilitar negócios ilícitos ou que prejudiquem a Fazenda Pública;

f) sempre apresentar a carteira profissional (art. 19 da Lei 4.886/1965);

g) respeitar a cláusula de exclusividade, se existente (arts. 31 e 41 da Lei 4.886/1965).

As principais obrigações do representado são:

a) pagar a comissão pactuada ao representante (arts. 32 e 33 da Lei 4.886/1965);

b) respeitar a exclusividade quanto à área delimitada no contrato (art. 31 da Lei 4.886/1965).

Quanto à exclusividade de representação, ou seja, aquela em que o representante só pode representar determinada empresa, deve estar expressa no contrato para que produza efeitos. Se não houver cláusula contratual determinando a exclusividade de representação, pode o representante exercer outras representações em ramos de atividade diferentes (parágrafo único do art. 31 e art. 41 da Lei 4.886/1965).

A exclusividade na zona de atuação ou territorial é cláusula implícita do contrato, mas o contrato pode limitar ou expressamente retirar a exclusividade territorial. Diante da omissão contratual, presume-se a exclusividade territorial. (art. 31 da Lei 4.886/1965).

Uma das partes pode rescindir o contrato quando a outra der causa a isso.

Constituem motivos justos para rescisão do contrato de representação comercial, pelo representado: a) a desídia do representante no cumprimento das obrigações decorrentes do contrato; b) a prática de atos que importem em descrédito comercial do representado; c) a falta de cumprimento de quaisquer obrigações inerentes ao contrato de representação comercial; d) a condenação definitiva por crime considerado infamante; e) força maior. (art. 35 da Lei 4.886/1965)

Constituem motivos justos para rescisão do contrato de representação comercial, pelo representante: a) a redução de esfera de atividade do representante em desacordo com as cláusulas do contrato; b) a quebra, direta ou indireta, da exclusividade, se prevista no contrato; c) a fixação abusiva de preços em relação à zona do representante, com o exclusivo escopo de impossibilitar-lhe ação regular; d) o não pagamento de sua retribuição na época devida; e) força maior (art. 36 da Lei 4.886/1965). Neste caso, o representante terá direito a uma indenização de 1/12 da somatória das comissões recebidas, se o contrato for por prazo indeterminado. Porém, se o contrato foi firmado por prazo determinado, o valor da indenização será o resultado da multiplicação da metade do número de meses contratados pela média mensal das comissões recebidas.

## 6. CONCESSÃO MERCANTIL

É o contrato pelo qual o concessionário se obriga a comercializar, com ou sem exclusividade, os produtos fabricados pelo concedente. Apenas foi regulamentada a concessão mercantil de veículos automotores terrestres (Lei 6.729/1979). Para outras mercadorias que não os veículos automotores terrestres, será utilizado o contrato de distribuição.

O objeto do contrato de concessão mercantil é composto pela comercialização de veículos automotores, prestação de assistência técnica, além do uso da marca do concedente como identificação (art. 3.º da Lei 6.729/1979).

## 7. ARRENDAMENTO MERCANTIL (LEASING)

É o contrato pelo qual uma pessoa jurídica (arrendadora) arrenda a uma pessoa física ou jurídica (arrendatária), por tempo determinado, um bem comprado pela primeira, de acordo com as indicações da segunda, cabendo à arrendatária a opção de adquirir o bem arrendado ao final do contrato, mediante valor residual garantido (VRG) e previamente fixado. É exatamente por isso que o arrendamento mercantil é um misto de financiamento com opção de contrato e locação (Lei 6.099/1974 e Resolução do Banco Central 2.309/1996).

Além disso, é possível a figura do *leasing back*, *leasing* de retorno no qual a arrendadora adquire da própria arrendatária o bem objeto do arrendamento.

O arrendamento mercantil pode ainda ser financeiro ou operacional. No operacional as contraprestações a serem pagas pela arrendatária contemplam o curso de arrendamento do bem e os serviços inerentes à sua colocação à disposição da arrendatária, não podendo o total dos pagamentos a serem feitos, a título de arrendamento, ultrapassar 90% do custo do bem (art. 6.º da Resolução Bacen 2.309/1996, alterado pela Resolução Bacen 2.465/1998). Por outro lado, no arrendamento mercantil financeiro, as contraprestações e demais pagamentos previstos no contrato devem ser suficientes para que a arrendadora recupere o custo do bem arrendado, durante o prazo contratual da operação, e ainda obtenha retorno sobre os recursos investidos (Resolução Bacen 2.309/1996).

Ressalte-se a Súmula 369 do STJ: "No contrato de arrendamento mercantil (*leasing*), ainda que haja cláusula resolutiva expressa, é necessária a notificação prévia do arrendatário para constituí-lo em mora".

## 8. CONTRATOS BANCÁRIOS

São contratos nos quais uma das partes é banco ou uma instituição financeira.

As principais modalidades de contratos bancários típicos são:

• Mútuo bancário – contrato pelo qual a instituição financeira empresta determinada quantia em dinheiro ao mutuário, que se obriga a restituir o valor emprestado com os juros e os demais encargos contratados;

• Desconto bancário – contrato pelo qual a instituição financeira antecipa o valor de um crédito contra terceiro ao cliente e, em virtude disso, desconta determinada taxa de juros;

• Abertura de crédito – contrato pelo qual a instituição financeira disponibiliza ao correntista determinada quantia em dinheiro para que ele possa, se quiser, utilizá-la.

Das operações passivas, a mais importante é o depósito bancário. Nele o cliente entrega determinada quantia em dinheiro à instituição financeira, para que esta a guarde e a restitua quando for pleiteado.

## 9. ALIENAÇÃO FIDUCIÁRIA EM GARANTIA

É o contrato acessório, normalmente atrelado ao contrato de mútuo, no qual o mutuário-fiduciante aliena a propriedade de um bem ao mutuante-fiduciário. O fiduciário terá apenas a propriedade resolúvel e a posse indireta do bem em questão, enquanto o fiduciante terá a posse direta do bem (Dec.-lei 911/1969).

Quando o fiduciante não pagar as parcelas correspondentes ao mútuo, o fiduciário poderá ingressar com ação de busca e apreensão, podendo inclusive pleitear a concessão de liminar sem a oitiva do fiduciante. Uma vez que a liminar seja concedida, o fiduciante será citado para em 15 dias apresentar sua contestação, e, após este prazo, o juiz deverá sentenciar de plano em cinco dias. Dessa sentença caberá apelação, que será recebida apenas no efeito devolutivo. É importante ressaltar que, após a concessão da liminar, o fiduciário pode vender de pronto o bem alienado, uma vez que a futura sentença lhe dará a plena propriedade do bem. Se a venda do bem não for suficiente para saldar a dívida, o credor pode ingressar com ação monitória, para compor o saldo devedor.

Ressalte-se a Súmula 384 do STJ: "Cabe ação monitória para haver saldo remanescente oriundo de venda extrajudicial de bem alienado fiduciariamente em garantia".

## 10. FRANQUIA (FRANCHISING)

Trata-se do contrato no qual o franqueador cede ao franqueado o direito de uso da marca ou patente, da tecnologia empregada, da distribuição, com ou sem exclusividade, de produtos ou serviços e da organização empresarial (art. 2.º da Lei 8.955/1994).

Na franquia prevalece a regra da transparência das negociações, e por isso o franqueador é obrigado a fornecer aos interessados a Circular de Oferta de Franquia, que deve ser entregue em no máximo 10 dias antes da assinatura do contrato principal e que conterá todas as informações essenciais do contrato de franquia. A ausência dessa Circular pode acarretar a nulidade do negócio a ser realizado no futuro, com a possibilidade de pedido de reparação de danos por parte do franqueado (art. 4.º da Lei 8.955/1994).

## 11. FATURIZAÇÃO (FACTORING) OU FOMENTO MERCANTIL

É o contrato pelo qual o faturizador adquire direitos decorrentes do faturamento (compra e venda de mercadorias ou prestações de serviços) do faturizado por meio da cessão de créditos, ou seja, o faturizador adquire o faturamento do faturizado, sendo que, em ambos os casos, o faturizado responde pela existência da dívida e não pela garantia da obrigação.

Uma *factoring* pode se apresentar sob duas modalidades distintas:

• *Conventional factoring*, pela qual o faturizador paga à vista a cessão dos créditos do faturizado, descontando do valor pago os juros de antecipação de recursos proporcionalmente ao tempo que faltar para o seu vencimento (deságio). Esse desconto se justifica, pois o faturizador está assumindo o risco do negócio;

• *Maturity factoring*, pela qual o faturizador apenas pagará o preço da cessão de créditos ao faturizado após ter recebido o pagamento dos créditos pelos devedores. Nesse caso, a remuneração do faturizador é a comissão, uma vez que não há juros pelo adiantamento dos pagamentos, não assumindo, portanto, o risco de inadimplência (Resolução Bacen 2.144/1995).

# Falências e recuperação da empresa (Lei 11.101/2005) — 9

## 1. CONCEITO

O processo falimentar tem a finalidade de liquidar o passivo (dívidas) a partir da realização (venda) do patrimônio da empresa. Nesse processo são reunidos todos os credores, que serão pagos seguindo a ordem predeterminada no ordenamento, de acordo com a categoria de crédito a que pertencem.

O procedimento da recuperação empresarial tem o escopo de contribuir para que a empresa que passa por uma crise econômico-financeira tenha condições de superá-la. A intenção do legislador foi preservar não só a empresa em recuperação, mas também a relação empregatícia e toda a cadeia de fornecedores que dela dependa. Para tanto, é indispensável que a empresa demonstre os requisitos estabelecidos no ordenamento, bem como a proposta de pagamento de suas obrigações devidamente aprovada pelos credores.

## 2. SUJEITO PASSIVO

Será atingido pela falência e pela recuperação de empresas o devedor que exerce atividade empresarial. A partir dessa definição, não serão atingidos por esse procedimento: a cooperativa, nem os profissionais intelectuais e profissionais liberais, já que tais atividades não são consideradas empresariais pelo legislador (art. 966 do CC). Também estão excluídas a empresa pública e a sociedade de economia mista (art. 2.º da Lei 11.101/2005).

Algumas atividades são excluídas parcialmente dos institutos da Lei 11.101/2005, uma vez que as leis especiais relativas à sua liquidação permanecem em vigor, ou seja, quando ficam devendo no mercado, em vez de sofrerem falência, passarão por um procedimento de intervenção que resultará num relatório sugerindo a liquidação extrajudicial ou a falência, dependendo de a empresa ter ou não patrimônio suficiente para saldar as dívidas, respectivamente. É o caso das seguintes empresas:

a) Instituições financeiras, sociedades arrendadoras e administradoras de consórcio, que sofrem intervenção e liquidação extrajudicial sob a responsabilidade do Banco Central (Lei 6.024/1974, Lei 5.768/1971, Res. Bacen 2.309/1996);

b) Companhias de seguros, sociedades de previdência privada aberta e as de capitalização, que sofrem intervenção e liquidação extrajudicial sob a responsabilidade da SUSEP – Superintendência de Seguros Privados (Lei 10.190/2001, Dec.-lei 73/1966 e Dec.-lei 261/1967);

c) Operadoras de plano de assistência médica, que sofrem liquidação extrajudicial sob a responsabilidade da ANS – Agência Nacional de Saúde (Lei 9.656/1998).

## 3. COMPETÊNCIA E PREVENÇÃO

O juízo competente é o do local do principal estabelecimento econômico do devedor, e a prevenção será definida pela primeira distribuição válida (arts. 3.º e 6.º, § 8.º, da Lei 11.101/2005).

> **note BEM**
> Comparando: no processo civil o juízo competente será o da sede da empresa (art. 100, IV, *a*, do CPC), enquanto a prevenção será definida pelo primeiro despacho, na mesma comarca, ou pela primeira citação válida, em comarcas diferentes (arts. 106 e 219 do CPC).

## 4. CRÉDITOS EXCLUÍDOS

Uma vez declarada a falência, todas as ações em andamento são atraídas para o juízo universal. Entretanto, não serão exigíveis do devedor as obrigações a título gratuito e as despesas que os credores fizeram para tomar parte na recuperação judicial, salvo as custas judiciais decorrentes do litígio (art. 5.º da Lei 11.101/2005).

As ações que demandarem quantia ilíquida, as ações trabalhistas e as de natureza fiscal terão prosseguimento e não serão atraídas ao juízo universal. (art. 6.º, §§ 1.º, 2.º e 7.º, da Lei 11.101/2005).

## 5. SUSPENSÃO DAS AÇÕES E DOS PRAZOS PRESCRICIONAIS

Com a decretação da falência ou o deferimento da recuperação judicial, ocorrerá a suspensão do prazo prescricional. Na recuperação judicial, a suspensão não poderá exceder 180 dias, quando será restabelecida a contagem do prazo independentemente do pronunciamento judicial (art. 6.º, *caput* e § 4.º, da Lei 11.101/2005). Entretanto as execuções de natureza fiscal não são suspensas (art. 6.º, § 7.º, da Lei 11.101/2005).

## 6. ADMINISTRADOR JUDICIAL

A figura do síndico foi substituída pelo administrador judicial, que deve ser um profissional idôneo, preferencialmente advogado, economista, administrador de empresas, contador, ou uma pessoa jurídica especializada (art. 21 da Lei 11.101/2005). Os honorários do administrador serão fixados pelo juiz – entretanto, a remuneração não poderá exceder 5% do valor devido aos credores na recuperação judicial ou do valor da venda dos bens na falência (art. 24 da Lei 11.101/2005). As atribuições do administrador são:

a) na falência e na recuperação judicial: enviar a correspondência aos credores, prestar informações, elaborar a relação dos credores e consolidar a respectiva classificação, convocar a assembleia geral de credores e contratar profissionais especializados, mediante autorização judicial, para auxiliá-lo na continuação da atividade empresarial;

b) na recuperação judicial: fiscalizar as atividades do devedor e o cumprimento do plano de recuperação, requerer a falência no caso de descumprimento da recuperação, apresentar relatório sobre a execução do pedido de recuperação;

c) na falência: examinar a escrituração do devedor, representar a massa falida, receber e abrir a correspondência do devedor, apresentar relatórios sobre a responsabilidade civil e penal do devedor (40 dias após o termo de compromisso), arrecadar os bens e os documentos, avaliar os bens, ou contratar avaliadores especiais, requerer a venda antecipada de bens, prestar contas, requerer todas as diligências que forem necessárias.

> **note BEM**
> Para que o administrador possa transigir sobre obrigações e conceder abatimentos será necessário autorização judicial, depois de ouvidos o Comitê de Credores (órgão que veremos a seguir) e o devedor.

## 7. ASSEMBLEIA DE CREDORES

A assembleia de credores é o órgão que delibera sobre as questões de interesse dos credores. É composta por titulares de créditos derivados da legislação trabalhista ou de acidente de trabalho, por titulares de créditos com garantias reais e por titulares de créditos quirografários ou de privilégios especiais. Nas deliberações sobre o plano de recuperação judicial, as propostas serão aprovadas pela concordância dos credores que representem mais da metade do valor total dos créditos presentes à assembleia geral, com exceção da classe dos créditos trabalhistas que decidem pela maioria simples dos credores presentes, independentemente do valor de seu crédito (arts. 41, 42 e 45 da Lei 11.101/2005). A assembleia geral será convocada pelo juiz ou pelos credores que representem 25% dos créditos de determinada categoria. A convocação ocorrerá com antecedência mínima de 15 dias e será publicada em Diário Oficial e jornal de grande circulação. O quórum para instalação da assembleia é da maioria dos créditos de cada categoria, computados pelo valor e não pelo número de credores (art. 36 da Lei 11.101/2005).

As atribuições da assembleia geral de credores são:

a) na recuperação judicial: aprovar, rejeitar ou modificar o plano de recuperação judicial apresentado pelo devedor; constituir o Comitê de Credores, bem como escolher seus membros e sua substituição; deliberar sobre o pedido de desistência do devedor, nos termos do § 4.º do art. 52 da Lei 11.101/2005; indicar o nome do gestor judicial, quando do afastamento do devedor; além de tratar de qualquer outra matéria que possa afetar os interesses dos credores;

b) na falência: constituir o Comitê de Credores, bem como escolher seus membros e sua substituição; adotar outras modalidades de realização do ativo, na forma do art. 145 da Lei 11.101/2005; além de deliberar sobre qualquer outra matéria que possa afetar os interesses dos credores (art. 35 da Lei 11.101/2005).

## 8. COMITÊ DE CREDORES

O Comitê de Credores é um órgão facultativo, composto de no máximo três representantes: um representante da classe dos trabalhadores, um representante da classe dos credores de direitos reais e de privilégios especiais e um representante dos credores quirografários e de privilégios gerais. Apesar dessa indicação para a composição do comitê, ele pode funcionar mesmo com número inferior (art. 26 da Lei 11.101/2005).

As atribuições do comitê de credores são:

a) na recuperação judicial e na falência: fiscalizar as atividades do administrador e examinar suas contas, comunicar ao juiz se houver violação dos direitos dos credores, requerer ao juiz a convocação da assembleia geral;

b) na recuperação judicial: fiscalizar a administração do devedor, fiscalizar a execução do plano de recuperação, buscar a autorização do juiz, no caso de afastamento do devedor, para a alienação de bens, para a constituição de ônus reais e para atos de endividamento para a continuação do negócio.

Se não houver o comitê, as respectivas atribuições serão assumidas pelo administrador (art. 28 da Lei 11.101/2005).

# Recuperação judicial (Lei 11.101/2005)

## 1. APLICAÇÃO DA LEI

A atual legislação é aplicada para todas as recuperações que foram requeridas após a vigência do atual ordenamento. Entretanto, para as concordatas requeridas sob a aplicação da lei anterior (Dec.-lei 7.661/1945), o procedimento seguirá de acordo com aquele diploma até o seu término, podendo o devedor, se preencher os requisitos a seguir indicados, e com a concordância dos credores, pleitear a conversão da concordata em recuperação judicial.

## 2. CONCEITO

A recuperação judicial tem por objetivo viabilizar a superação da situação de crise econômico-financeira do devedor, a fim de permitir a manutenção da fonte produtora, do emprego dos trabalhadores e dos interesses dos credores, promovendo, assim, a preservação da empresa, sua função social e o estímulo à atividade econômica (art. 47 da Lei 11.101/2005).

## 3. REQUISITOS

São requisitos do devedor para a obtenção de recuperação judicial:

• Exercer atividade empresária de forma regular há mais de dois anos;

• Não ter sofrido falência, mas, se tiver ocorrido, que possua declaração da extinção das obrigações (art. 158 da Lei 11.101/2005);

• Não ter obtido a concessão da recuperação judicial nos últimos cinco anos;

• Não ter obtido a concessão da recuperação judicial com fundamento no plano especial, nos últimos oito anos (arts. 70 e 71 da Lei 11.101/2005);

• Não ter sido condenado em crime falimentar (art. 48 da Lei 11.101/2005).

## 4. CRÉDITOS NÃO SUJEITOS À RECUPERAÇÃO JUDICIAL

Os seguintes credores/créditos não estão sujeitos à recuperação judicial:

• O credor titular da posição de proprietário fiduciário de bens móveis ou imóveis;

• O arrendador mercantil;

• O proprietário ou promitente vendedor de imóvel cujos respectivos contratos contenham cláusula de irrevogabilidade ou irretratabilidade, inclusive em incorporações imobiliárias;

• O proprietário em contrato de venda com reserva de domínio;

• O crédito decorrente de adiantamento a contrato de câmbio para exportação (arts. 49, § 3.º, e 86, II, da Lei 11.101/2005).

## 5. MEIOS DE RECUPERAÇÃO JUDICIAL

O devedor pode apresentar qualquer proposta, desde que os credores concordem com ela. São meios de recuperação judicial:

• Concessão de prazos e condições especiais para pagamento das obrigações;

• Cisão, fusão, incorporação, transformação, cessão de quotas ou ações;

• Alteração do controle societário;

• Substituição total ou parcial dos administradores ou modificação dos seus órgãos administrativos;

• Aumento de capital social;

• Trespasse ou arrendamento do estabelecimento;

• Redução salarial, compensação de horários e redução de jornada, mediante acordo ou convenção coletiva;

• Dação em pagamento ou novação das dívidas;

• Venda parcial de bens;

• Emissão de valores mobiliários;

• Usufruto, entre outros (art. 50 da Lei 11.101/2005).

Apesar de o art. 50 apenas exemplificar as possíveis propostas que podem ser utilizadas pelo devedor, existem algumas limitações que devem ser respeitadas pelo plano de recuperação. São elas:

• Não é possível a previsão de pagamento no prazo superior a um ano para os créditos trabalhistas e os provenientes de acidentes de trabalho;

• Não é possível a previsão de pagamento no prazo superior a 30 dias para os créditos trabalhistas com valor de até cinco salários mínimos vencidos nos três meses anteriores ao pedido de recuperação judicial (art. 54 da Lei 11.101/2005).

## 6. EFEITOS

Todos os créditos existentes à data do pedido de recuperação judicial estão sujeitos a ela, mesmo aqueles que não estejam vencidos (art. 49 da Lei 11.101/2005).

Mesmo com a homologação do plano de recuperação judicial, o devedor permanecerá na administração dos bens da empresa; contudo, após a distribuição do referido pedido, o devedor não poderá alienar ou onerar bens ou direitos, a não ser que o juiz reconheça a utilidade da negociação e depois da manifestação do comitê de credores (art. 66 da Lei 11.101/2005).

Outra consequência importante é que os créditos decorrentes de obrigações contraídas pelo devedor durante a recuperação judicial serão considerados extraconcursais em caso de falência, ou seja, serão pagos antes dos créditos concursais (créditos que deram origem à falência – exemplo, créditos trabalhistas, quirografários etc.). Além disso, os créditos quirografários sujeitos à recuperação judicial pertencentes a fornecedores de bens ou serviços que continuarem a provê-los normalmente após o pedido de recuperação judicial terão privilégio geral de recebimento em caso de decretação de falência, no limite do valor dos bens ou serviços fornecidos durante o período de recuperação (art. 67 da Lei 11.101/2005).

**cuidado**    O plano de recuperação judicial constitui novação dos créditos anteriores ao pedido (art. 59 da Lei 11.101/2005).

## 7. PLANO ESPECIAL

O plano especial de recuperação judicial é destinado a microempresas e empresas de pequeno porte (art. 70 da Lei 11.101/2005).

Os créditos abrangidos pelo plano especial são apenas os quirografários e podem ser parcelados em até 36 parcelas mensais, corrigidas monetariamente e acrescidas de juros de 12% ao ano, sendo que a primeira parcela deverá ser paga no máximo em 180 dias contados da distribuição do pedido de recuperação judicial.

O pedido de recuperação com base no plano especial não acarreta a suspensão do curso da prescrição e nem das ações e execuções por créditos não abrangidos pelo plano (art. 71 da Lei 11.101/2005).

O plano especial pode ser deferido pelo juiz sem que ocorra a necessidade de convocar a assembleia geral de credores (art. 72 da Lei 11.101/2005).

## 8. PROCEDIMENTO DA RECUPERAÇÃO JUDICIAL

O devedor deverá ingressar com o pedido de recuperação judicial por meio de uma petição contendo a exposição da sua situação patrimonial, com as demonstrações contábeis dos últimos três anos, a relação nominal dos credores com os respectivos vencimentos, a relação de empregados com suas respectivas funções e salários, a relação das ações judiciais em andamento, em que figure como parte, certidões de protestos, a relação de bens dos sócios controladores e dos administradores, extratos bancários, certidões de regularidade da atividade e dos cartórios de protestos (art. 51 da Lei 11.101/2005).

Após a verificação dos documentos, o juiz deferirá o plano de recuperação judicial e nomeará o administrador judicial, ordenará a suspensão de todas as ações e execuções contra o devedor com exceção das ações que demandarem quantia ilíquida, as ações trabalhistas e as de natureza fiscal, determinará ao devedor a apresentação de contas demonstrativas mensais, determinará a intimação do Ministério Público e a comunicação às Fazendas públicas dos Estados e municípios em que o devedor tiver estabelecimento.

O devedor terá um prazo de 60 dias, contados do deferimento do processamento da recuperação judicial, para apresentar o plano de recuperação, bem como a avaliação completa do ativo e do passivo (art. 53 da Lei 11.101/2005).

A partir daí o juiz ordenará a expedição de edital contendo o resumo do pedido do devedor e da decisão que defere o processamento da recuperação, a relação dos credores, bem como a respectiva classificação e valores, abrindo-se o prazo para habilitação ou oposição em relação aos dados do edital (art. 52 da Lei 11.101/2005).

Após a publicação da relação de credores, qualquer credor pode se opor ao plano de recuperação judicial no prazo de 30 dias. Diante da objeção de credor, o juiz convocará a assembleia geral de credores para deliberar sobre o plano (arts. 55 e 56 da Lei 11.101/2005).

Contra a decisão que conceder a recuperação cabe agravo (art. 59, § 2.º, da Lei 11.101/2005).

## 9. CONVOLAÇÃO DA RECUPERAÇÃO JUDICIAL EM FALÊNCIA

O juiz pode converter a recuperação judicial em falência pelas seguintes razões:

• Por deliberação da assembleia geral de credores;

• Pela não apresentação do plano de recuperação no prazo de 60 dias, contados da publicação da decisão que deferiu o processamento do plano de recuperação judicial;

• Quando houver sido rejeitado o plano de recuperação judicial pela assembleia dos credores;

• Por descumprimento de qualquer obrigação assumida no plano de recuperação (art. 73 da Lei 11.101/2005).

Na convolação da recuperação judicial em falência todos os atos de administração, endividamento, oneração ou alienação realizados no curso da recuperação judicial são considerados válidos para a falência (art. 74 da Lei 11.101/2005).

Da mesma forma, todos os créditos habilitados na recuperação judicial considerar-se-ão habilitados no juízo universal (art. 80 da Lei 11.101/2005).

# Recuperação extrajudicial (Lei 11.101/2005)

Se o devedor preencher os mesmos requisitos exigidos para a recuperação judicial, ele poderá propor a recuperação extrajudicial (arts. 48 e 161 da Lei 11.101/2005).

O plano de recuperação extrajudicial não atingirá as obrigações de natureza trabalhista, de acidente de trabalho, nem as tributárias. O plano também não pode contemplar o pagamento antecipado das dívidas nem tratamento desfavorável a alguns credores.

Uma vez concluído o plano, ele deve ser submetido a homologação judicial, que não será possível se já estiver em andamento a recuperação judicial ou, ainda, se nos últimos dois anos já houve a homologação de um outro plano de recuperação extrajudicial (art. 161, § 3.º, da Lei 11.101/2005).

A homologação do plano de recuperação extrajudicial não acarretará a suspensão de direitos, ações ou execuções, nem impedirá a decretação da falência a pedido dos credores não subordinados ao plano.

Da sentença que homologa a recuperação extrajudicial cabe apelação, que será recebida apenas no efeito devolutivo (art. 164 da Lei 11.101/2005).

# Falência (Lei 11.101/2005)

A falência, com o afastamento do devedor, tem a finalidade de preservar e otimizar a utilização produtiva dos bens e recursos produtivos da empresa (art. 75 da Lei 11.101/2005). Uma vez decretada a falência, ocorrerá a antecipação dos vencimentos das dívidas do devedor e dos sócios responsáveis de forma ilimitada e solidária.

A responsabilidade dos sócios prescreve em dois anos após o trânsito em julgado da sentença de encerramento da falência (art. 82, § 1.º, da Lei 11.101/2005).

## 1. CAUSAS DA FALÊNCIA

A falência pode ser requerida em virtude da impontualidade ou dos atos de falência.

A impontualidade ocorre quando o devedor não paga no vencimento a obrigação líquida materializada num título executivo protestado, desde que o valor ultrapasse 40 salários mínimos. A lei permite o litisconsórcio ativo para a formação do valor mínimo necessário para o pedido de falência (art. 94, § 1.º, da Lei 11.101/2005).

Além disso, a impontualidade ocorre se o executado por quantia certa não pagar, nem depositar, nem nomear bens à penhora dentro do prazo legal. Tal situação será demonstrada pela apresentação de certidão expedida pelo juízo em que a execução é processada.

Os atos de falência ocorrem se o devedor:
- Liquidar bens antecipadamente;
- Vender bens com a utilização de meios fraudulentos;
- Usar de mecanismos com o objetivo de retardar pagamentos;

- Transferir o estabelecimento comercial, sem a concordância dos credores e sem ficar com bens suficientes para saldar as dívidas;

- Ausentar-se do estabelecimento, ou tentar se ocultar, sem deixar representante habilitado e com recursos suficientes para pagar os credores;

- Deixar de cumprir o que foi estabelecido na recuperação judicial (art. 94 da Lei 11.101/2005).

A falência requerida com fundamento na impontualidade de um título executivo extrajudicial não será decretada se o devedor provar: a falsidade do título, a prescrição, a nulidade da obrigação ou do título, pagamento da dívida, vício no protesto, cessação das atividades empresariais há mais de dois anos antes da falência, qualquer fato que suspenda ou extinga a obrigação (art. 96 da Lei 11.101/2005).

## 2. LEGITIMIDADE ATIVA

Possuem legitimidade para requerer a falência:

- O próprio devedor;
- O cônjuge sobrevivente;
- O cotista ou acionista do devedor;
- Qualquer credor regularmente registrado na Junta Comercial (art. 97 da Lei 11.101/2005).

## 3. HABILITAÇÃO DOS CREDORES

Uma vez publicado o edital, os credores terão 15 dias para se habilitar. Após a habilitação, no prazo de 45 dias, o administrador deverá publicar um novo edital, que conterá a relação dos credores. Os credores terão 10 dias para impugnar os créditos relacionados. A impugnação poderá ser feita por qualquer credor, pelo Comitê de Credores ou até mesmo pelo Ministério Público.

A impugnação será autuada em separado, e da decisão que resolve a impugnação cabe o recurso de agravo (arts. 7.º, 13 e 17 da Lei 11.101/2005).

Após o prazo definido pelo art. 7.º, § 1.º, da Lei 11.101/2005, a habilitação ainda pode ocorrer, mas será considerada retardatária. O credor habilitado retardatariamente não terá direito a voto nas deliberações da assembleia geral (art. 10 da Lei 11.101/2005) e perderá o direito a rateios eventualmente realizados.

Resolvidas a habilitação dos credores e suas respectivas impugnações, será publicada a lista de classificação, no prazo de cinco dias, contados da sentença que julgou as impugnações (art. 18, parágrafo único, da Lei 11.101/2005).

## 4. PROCEDIMENTO

Requerida a falência, o devedor será citado para apresentar sua contestação em 10 dias, e, se a motivação for a impontualidade, o devedor poderá depositar a quantia devida acrescida de correção monetária, juros e honorários advocatícios (art. 98 da Lei 11.101/2005).

A sentença que decretar a falência entre outras determinações:

• Fixará o termo legal da falência, que é um período de no máximo 90 dias anteriores ao pedido de falência, ou ao pedido de recuperação judicial, ou ao primeiro protesto por falta de pagamento;

• Ordenará que o falido apresente, em cinco dias, a relação dos credores;

• Explicitará o prazo para a habilitação dos credores;

• Ordenará a suspensão de todas as ações ou execuções contra o falido;

• Nomeará o administrador judicial;

• Determinará, quando entender conveniente, a convocação da assembleia geral de credores, a fim de constituir o Comitê de Credores (art. 99 da Lei 11.101/2005).

Da decisão que decreta a falência cabe o agravo, e da decisão que declara a improcedência do pedido de falência cabe apelação (art. 100 da Lei 11.101/2005).

## 5. CLASSIFICAÇÃO DOS CRÉDITOS

A falência divide os créditos em dois grandes grupos: os créditos concursais e os créditos extraconcursais. Os créditos concursais são aqueles que deram origem ao processo falimentar, enquanto os extraconcursais surgiram com a declaração da falência, ou seja, são gastos provenientes da declaração da falência.

São considerados créditos extraconcursais e serão pagos antes dos créditos concursais:

• A remuneração devida ao administrador judicial e seus auxiliares;

• As verbas trabalhistas e de acidentes de trabalho que tenham surgido após a decretação da falência;

• As quantias fornecidas à massa pelos credores;

• As despesas com arrecadação, administração e realização do ativo, bem como as custas do processo de falência;

• As custas judiciais relativas às ações e execuções nas quais a massa falida tenha sido vencida;

• As obrigações resultantes de atos jurídicos praticados durante a recuperação judicial (art. 84 da Lei 11.101/2005).

São os seguintes os créditos concursais, obedecendo à seguinte ordem:

• Créditos trabalhistas limitados a 150 salários mínimos e créditos surgidos de acidentes de trabalho;

• Créditos com garantia real até o limite do valor do bem gravado;

• Créditos tributários, exceto as multas tributárias;

• Créditos com privilégios especiais;

• Créditos com privilégio geral;

• Créditos quirografários, inclusive os créditos trabalhistas que excederem o limite de 150 salários mínimos;

• Multas contratuais, penas pecuniárias, incluindo as multas tributárias;

• Créditos subordinados (art. 83 da Lei 11.101/2005).

## 6. REALIZAÇÃO DO ATIVO E ENCERRAMENTO DA FALÊNCIA

Após a arrecadação dos bens ocorrerá a realização do ativo. Os bens serão vendidos da melhor forma possível, respeitando a seguinte ordem:

• Alienação do estabelecimento comercial como um todo;

• Alienação das unidades produtivas da empresa de forma isolada;

• Alienação dos bens agrupados por unidade produtiva;

• Alienação dos bens individualizados (art. 140 da Lei 11.101/2005).

A alienação ocorrerá pelo maior valor oferecido, ainda que seja inferior ao valor da avaliação (art. 142, § 2.º da Lei 11.101/2005).

Com o término da realização do ativo, o administrador providenciará um relatório descrevendo os valores eventualmente recebidos (art. 148 da Lei 11.101/2005).

Os credores serão pagos de acordo com a classificação de seus créditos, e, se houver saldo remanescente, será devolvido ao falido.

Realizado o ativo e distribuído o resultado da negociação entre os credores, o administrador prestará suas contas no prazo de 30 dias, que serão julgadas pelo juiz por sentença (art. 154 da Lei 11.101/2005). Após o julgamento das contas, o administrador apresentará o relatório final, no prazo de 10 dias, indicando a realização do ativo, a distribuição do resultado da negociação e as responsabilidades que o falido ainda terá (art. 155 da Lei 11.101/2005).

Com a apresentação do relatório final o juiz encerrará a falência (art. 156 da Lei 11.101/2005).

## 7. OS EFEITOS DA FALÊNCIA PARA A PESSOA DO FALIDO

A partir da decretação da falência, o falido não pode exercer qualquer atividade empresarial, até que seja habilitado novamente pelo juízo da falência, podendo apenas fiscalizar a administração da falência (arts. 102 e 103 da Lei 11.101/2005).

O falido terá os seguintes deveres:

• Prestar informações ao administrador;

• Apresentar os livros obrigatórios, bem como todos os papeis e documentos ao administrador judicial;

• Não se ausentar do local onde se processa a falência sem motivo justo e comunicação expressa ao juiz;

• Comparecer a todos os atos da falência, nos quais for indispensável a sua presença (art. 104 da Lei 11.101/2005).

## 8. OS EFEITOS DA FALÊNCIA SOBRE AS OBRIGAÇÕES DO DEVEDOR

Com a decretação da falência, ficam suspensos o exercício do direito de retenção sobre os bens que serão objeto de arrecadação, bem como o exercício do direito de retirada por parte do sócio da sociedade falida (art. 116 da Lei 11.101/2005).

Por outro lado, os contratos bilaterais não serão resolvidos pela falência, uma vez que o administrador pode optar por continuá-los (art. 117 da Lei 11.101/2005).

## 9. INEFICÁCIA E REVOGAÇÃO DOS ATOS PRATICADOS ANTES DA FALÊNCIA

São ineficazes em relação à massa falida, independentemente do conhecimento do terceiro a respeito da situação financeira do devedor, ou mesmo da intenção do devedor em fraudar credores:

• O pagamento de dívidas não vencidas, realizadas dentro do termo legal;

• O pagamento de dívidas vencidas, realizadas dentro do termo legal, de forma diversa da prevista pelo contrato;

• A constituição de direito real de garantia dentro do termo legal;

• A prática de atos a título gratuito, praticados nos dois anos que antecedem a decretação da falência;

• A renúncia a herança ou a legado, praticada nos dois anos que antecedem a decretação da falência;

• O trespasse, sem o consentimento dos credores e sem que o devedor possua bens suficientes para saldar as dívidas.

A ineficácia poderá ser declarada de ofício pelo juiz, alegada pelas partes, ou mesmo pleiteada em ação própria (art. 129 da Lei 11.101/2005).

São revogáveis, por outro lado, os atos praticados com a intenção de prejudicar credores, provando-se o conluio com terceiro e o efetivo prejuízo para a massa falida (art. 130 da Lei 11.101/2005).

A revogação ocorrerá por meio da ação revocatória, que pode ser proposta pelo administrador judicial, por qualquer credor e pelo Ministério Público, em até três anos contados da decretação da falência (art. 132 da Lei 11.101/2005).

Uma vez declarada procedente a ação revocatória, os bens que foram negociados serão devolvidos para a massa. No andamento da ação revocatória, o juiz, a pedido do autor, pode determinar o sequestro dos bens do devedor que estejam em poder de terceiros. Da sentença que declarar procedente a revocatória cabe o recurso de apelação (arts. 135 e 137 da Lei 11.101/2005).

## 10. PEDIDO DE RESTITUIÇÃO

O pedido de restituição é cabível toda vez que um bem pertencente a terceiro for arrecadado pela massa, como, por exemplo, a restituição de coisa vendida a crédito e entregue ao devedor nos 15 dias anteriores ao requerimento da falência (art. 85 da Lei 11.101/2005).

O pedido de restituição, contendo a descrição da coisa juntamente com os documentos comprobatórios, deve ser autuado em separado. A partir do recebimento, o juiz determinará a intimação dos credores, do Comitê e do administrador judicial para se manifestarem em cinco dias. Da sentença que julgar o pedido de restituição caberá apelação sem efeito suspensivo (arts. 87 e 90 da Lei 11.101/2005).

O bem objeto do pedido de restituição fica indisponível até o transito em julgado da decisão.

# Procedimento e processo

## 1. CONCEITOS

A palavra processo vem do latim *pro cedere*, que significa "caminhar para frente". Podemos dizer que o processo possui dois aspectos: um aspecto formal (a sucessão ordenada de atos processuais, que nós chamamos de procedimento) e um aspecto subjetivo (a relação existente entre as partes e o juiz).

Procedimento: é o aspecto formal do processo, isto é, a sucessão ordenada de atos processuais.

## 2. FORMA

De regra, a palavra escrita é por excelência a forma utilizada no processo. Entretanto, alguns atos podem ser falados (mas também serão reduzidos a termo, como vemos nas audiências).

A oralidade é regida pelos seguintes princípios:

a) princípio da imediação – os atos são praticados na presença do juiz, preferencialmente;

b) princípio da identidade física do juiz – segundo o qual é imprescindível que o juiz que participou do processo também profira a sentença, salvo nos casos previstos na lei;

c) princípio da concentração – preferencialmente, os atos são praticados num só momento, de forma concentrada (por exemplo, uma audiência de instrução, debates e julgamento);

d) princípio da irrecorribilidade das decisões interlocutórias – tal princípio não se aplica ao processo civil, pois, nesse caso, aplicar-se-á o agravo. Apenas as decisões de mero expediente são irrecorríveis.

## 3. ESPÉCIES DE PROCESSO

Dependendo da finalidade que o autor busca do órgão jurisdicional, o processo pode ser de conhecimento, de execução ou cautelar.

No processo de conhecimento, o autor busca a certeza sobre uma determinada relação jurídica, a constituição ou desconstituição de uma relação jurídica ou, ainda, a condenação do réu.

No processo de execução, o autor busca a satisfação de um título que a lei elevou à condição de título executivo extrajudicial (lembrando que não existe mais execução de título judicial, já que a execução de um processo de conhecimento é realizada por meio do cumprimento de sentença, no qual o juiz fixa no corpo da sentença o prazo para que o réu cumpra o consignado no título judicial).

No processo cautelar, o objetivo do autor é assegurar a efetividade de um outro processo, das provas ou das pessoas envolvidas (por esse motivo, é sempre incidental ou preparatório do processo de execução ou do processo de conhecimento).

## 4. PROCESSO DE CONHECIMENTO

O processo de conhecimento pode seguir pelo procedimento comum ou especial. O procedimento especial está previsto no art. 890 e ss. do CPC e também em leis especiais (como na ação renovatória). É chamado de procedimento especial, pois contém peculiaridades quanto à redação da inicial e quanto ao encadeamento de atos processuais.

O procedimento comum pode ser ordinário ou sumário. O procedimento sumário será usado nas causas com valor de até 60 salários mínimos (art. 275, I, do CPC), ressalvadas as ações relativas ao estado e à capacidade das pessoas (art. 275, parágrafo único, do CPC) ou nas hipóteses materiais do art. 275, II, do CPC.

Será usado o procedimento ordinário de forma residual, ou seja, quando não encontrarmos a hipótese prevista nos procedimentos especiais ou no procedimento sumário.

# Procedimento sumário

14

É um tipo de procedimento comum, mas, ao contrário do ordinário, é mais rápido, de tal modo que sua estrutura se reduz à petição inicial, audiência de conciliação, audiência de instrução e sentença.

No rito sumário fica vedada a intervenção de terceiros, com exceção da assistência, do recurso de terceiros interessados e da denunciação a lide em casos de seguro (art. 280 do CPC).

As causas que poderão ser apreciadas pelo rito sumário, de acordo com o art. 275, são as seguintes:

a) Em razão do valor da causa, as que não excederem a 60 salários mínimos, com exceção das ações de estado e de capacidade da pessoa;

b) Independentemente do valor da causa, nas seguintes matérias:

• Em relação ao arrendamento rural e parceria agrícola;

• No ressarcimento de despesas condominiais;

• No ressarcimento de danos em prédio urbano ou rústico;

• No ressarcimento de danos causados em acidente de veículo terrestre;

• No ressarcimento de seguros causados em acidente de veículo terrestre, ressalvadas as causas do processo de execução;

• Cobrança de honorários profissionais (exceto de advogados);

• Causas previstas em leis especiais, tais como acidente de trabalho (Lei 6.367/1973), representação comercial (Lei 4.886/1965) etc.

## 1. PETIÇÃO INICIAL

A petição inicial deve ser redigida de acordo com os requisitos do art. 282 do CPC (requisitos de qualquer petição inicial) e com as peculiaridades do rito sumário.

## 1.1 Endereçamento

O juízo competente, será definido aplicando-se as regras de competência:

1.º) verificar se a Justiça brasileira é competente (arts. 88 e 89 do CPC);

2.º) verificar se há a competência de Tribunal ou órgão jurisdicional atípico (Senado Federal – art. 52, I e II, da CF; Câmara dos Deputados – art. 51, I, da CF; Assembleia Legislativa do Estado para julgar o governador);

3.º) verificar se é Justiça especial (eleitoral, militar ou trabalhista) ou comum;

4.º) se for comum, verificar se é federal (art. 109 da CF) ou estadual (residual);

5.º) definir a comarca e o foro (ver se é caso de vara especializada, como a da Fazenda Pública, a dos Registros Públicos, a da Infância e da Juventude; se não, usar as regras do CPC).

No direito empresarial não haverá endereçamento para a Justiça especial (Justiça Militar, Eleitoral e do Trabalho). Haverá apenas endereçamento para a Justiça comum (estadual ou federal).

O endereçamento será feito para a Justiça Federal quando a ação envolver interesse da União (administração direta ou indireta). No direito empresarial, encontraremos tal competência principalmente nos seguintes casos:

a) ação de nulidade de marca (pela presença obrigatória do INPI – autarquia federal);

b) ação de nulidade de patente (pela presença obrigatória do INPI – autarquia federal);

c) mandado de segurança contra ato do presidente da Junta Comercial (pela submissão ao DNRC – autarquia federal).

A Justiça Estadual tem competência residual, ou seja, não sendo competente a Justiça Federal (ou as justiças especiais), será competente a Justiça Estadual.

> **cuidado**
> No Exame da Ordem dos Advogados do Brasil e em outros concursos públicos, não abrevie o endereçamento. O endereçamento de forma completa torna a peça esteticamente mais adequada.

Para juiz estadual:

> EXCELENTÍSSIMO SENHOR DOUTOR JUIZ DE DIREITO DA____ VARA CÍVEL DA COMARCA DE____ DO ESTADO DE____

Para juiz federal:

> EXCELENTÍSSIMO SENHOR DOUTOR JUIZ FEDERAL DA____ VARA CÍVEL DA SEÇÃO JUDICIÁRIA DE____ DO ESTADO DE____

## 1.2 Preâmbulo

Nesse momento, devemos colocar a qualificação das partes, a ação e o procedimento adotado, a referência ao juiz e o artigo de lei no qual se funda nossa ação.

O advogado deve iniciar o preâmbulo com algumas linhas após o endereçamento, deixando espaço para a deliberação do juiz. O parágrafo do preâmbulo deve ser iniciado no centro da folha. No Exame da Ordem dos Advogados do Brasil e em outros concursos públicos, não crie dados não fornecidos no problema, sob pena de identificação da peça, e possível não correção de sua prova.

> FULANO DE TAL, nacionalidade, estado civil, profissão, endereço, portador do documento de identidade Registro Geral (RG)____, inscrito no Cadastro de Pessoas Físicas (CPF) sob o n.____, por seu advogado infra-assinado (doc. 1), vem respeitosamente à presença de Vossa Excelência propor a presente AÇÃO DE____, pelo procedimento____, com fundamento no art.____, em face de CICRANO, nacionalidade, estado civil, profissão, endereço, portador do documento de identidade Registro Geral (RG)____, inscrito no Cadastro de Pessoas Físicas (CPF) sob o n.____, pelas razões de fato e de direito a seguir expostas.

Se alguma das partes for pessoa jurídica, não esquecer da representação legal. Por exemplo: se for sociedade limitada, qualificar a sociedade e, em seguida, afirmar que é representada pelo seu administrador. Se for sociedade por ações, qualificar a sociedade e, em seguida, afirmar que é representada pelo seu diretor.

> SOCIEDADE X LTDA., com sede na rua____, inscrito no Cadastro Nacional de Pessoas Jurídicas (CNPJ) sob o n.____, representada por seu administrador____, por seu advogado infra-assinado (doc. 1), vem respeitosamente à presença de Vossa Excelência propor a presente AÇÃO DE____, pelo procedimento____, com fundamento no art.____, em face de CICRANO, nacionalidade, estado civil, profissão, endereço, portador do documento de identidade Registro Geral (RG)____, inscrito no Cadastro de Pessoas Físicas (CPF) sob o n.____, pelas razões de fato e de direito a seguir expostas.

## 1.3 Fatos

No Exame da OAB e em concursos públicos, o candidato deve parafrasear o problema, usando parágrafos curtos, sem inventar nem acrescentar nenhum dado. Denominando as partes envolvidas como Autor e Réu.

## 1.4 Fundamentação jurídica

Nesse momento da peça, o advogado deve argumentar como o juiz deve analisar a situação posta diante de si, a partir da indicação das normas constitucionais e infraconstitucionais ao caso concreto.

A argumentação seria corroborada com a citação doutrinária e jurisprudencial, se fosse possível a consulta.

## 1.5 Pedido

No pedido, o candidato deve deduzir os requerimentos processuais e os pedidos relacionados ao direito violado.

> Ante o exposto, requer:
>
> a) concessão de tutela antecipada no sentido de____ [Se houvesse pedido de tutela antecipada, nas hipóteses do art. 273 do CPC];
>
> b) a procedência do pedido do autor, no sentido de____ [Explicar exatamente o que pretende];
>
> c) a citação do réu para comparecer à audiência de conciliação e, se quiser, apresentar sua defesa;
>
> d) a condenação ao ônus da sucumbência;
>
> e) a produção de provas por todas as formas em direito admitidas, especialmente a prova testemunhal, depoimento pessoal etc. (na inicial do rito sumário, o autor deve especificar as provas que pretende produzir, não apenas tratando o tema de forma genérica, como usado no rito ordinário);

f) que as intimações sejam endereçadas à rua ____, nos termos do art. 39, I, do CPC (não esquecer de colocar o endereço do advogado para receber intimações – isso pode ser feito no pedido ou ao final da peça, mas sempre sem conter informações inventadas);

g) a concessão do benefício da justiça gratuita, nos termos da Lei 1.060/1950 (se for o caso).

Dá-se à causa o valor de____ [O valor da causa será explicado no item seguinte].

Nesses termos,

pede deferimento.

Local, data.

ADVOGADO____

OAB/____

## 1.6 Valor da causa

De acordo com o art. 258 do CPC, a toda causa deve ser atribuído um valor. O valor da causa definirá algumas vezes o procedimento, como no caso dos Juizados Especiais, ou mesmo do rito sumário; servirá algumas vezes na fixação dos honorários advocatícios onde não há condenação da parte vencida, além de estabelecer o valor das custas judiciais que devem ser recolhidas pelo autor.

O art. 259 do CPC especifica como será calculado o valor da causa. Além disso, as leis especiais podem estabelecer critérios específicos, como, por exemplo, o art. 58, III, da Lei 8.245/1991, que estabelece que nas causas de despejo o valor da causa será de 12 vezes o valor do aluguel.

Dá-se à causa o valor de _____ (valor por extenso).

Nesses termos,

pede deferimento.

Local, data

ADVOGADO____

OAB/____

Rol de testemunhas:

1)____

2)____

3)____

[No rito sumário as testemunhas devem ser arroladas na inicial, se a prova testemunhal foi pedida]

> Quesitos da prova pericial:
> 1)___
> 2)___
> 3)___
> [No rito sumário, os quesitos devem ser elaborados na inicial, se a prova pericial foi pedida].

## 2. AUDIÊNCIA DE CONCILIAÇÃO

A partir do momento em que o juiz receber a petição inicial, determinará a citação do réu para que compareça à audiência de conciliação.

O réu deverá comparecer à audiência para tentar a conciliação e para produzir sua defesa. Cumpre ressaltar que, se o réu não comparecer, gerará a revelia.

No início da audiência o advogado do réu pode contestar o valor da causa ou o rito adotado, e, se o juiz acolher essas impugnações, determinará a conversão do rito adotado (art. 277, § 4.º). Se não houver tais impugnações e a conciliação for possível, o juiz homologará o acordo.

Se não houver acordo, o juiz receberá a contestação, manifestar-se-á sobre as provas, nomeará peritos, se houver a necessidade de prova pericial, e, por último, designará a audiência de instrução.

## 3. CONTESTAÇÃO

Se não for possível a conciliação, o réu deverá apresentar sua contestação, podendo formular um contrapedido, além de se defender das alegações formuladas pelo autor. A mera possibilidade de o réu elaborar o pedido contraposto torna a ação, que tramita pelo rito sumário, dúplice (ex.: ações possessórias, prestação de contas etc.).

### 3.1 Roteiro de contestação

Primeiramente, o endereçamento deve ser feito nos moldes do que foi explicado para a petição inicial.

É oportuno lembrar que o candidato não deve inventar nenhum dado que não os fornecidos pelo Exame da OAB e concursos públicos, sob pena de identificação da peça.

No preâmbulo, a redação começa pela qualificação do réu, que, na ação movida pelo autor, apresenta sua contestação, pelas razões a seguir expostas.

> EXCELENTÍSSIMO SENHOR DOUTOR JUIZ DE DIREITO DA____ VARA CÍVEL DA COMARCA DE____ DO ESTADO DE____
>
> (espaço de cinco linhas)
>
> FULANO DE TAL, nacionalidade, estado civil, profissão, portador do documento de identidade RG n.____, inscrito no Cadastro de Pessoas Físicas (CPF) sob o n.____, residente e domiciliado na rua____, por seu advogado infra-assinado (doc. 1), respeitosamente se faz presente ante Vossa Excelência, na ação de____, que lhe move CICRANO, já qualificado na inicial, para apresentar sua CONTESTAÇÃO, pelas razões de fato e de direito a seguir expostas.

**cuidado** — Se alguma das partes for pessoa jurídica, não esquecer da representação legal. Por exemplo: se for sociedade limitada, qualificar a sociedade e, em seguida, afirmar que é representada pelo seu administrador. Se for sociedade por ações, qualificar a sociedade e, em seguida, afirmar que é representada pelo seu diretor.

> COMPANHIA X, com sede na rua____, inscrita no Cadastro Nacional de Pessoas Jurídicas (CNPJ) n.____, por seu diretor, por seu advogado infra-assinado (doc. 1), respeitosamente, se faz presente ante Vossa Excelência, na ação de____, que lhe move Cicrano, já qualificado na inicial, para apresentar sua CONTESTAÇÃO, pelas razões de fato e de direito a seguir expostas.

Depois do preâmbulo, o advogado do réu deve fazer um breve relato do que foi trazido na inicial. Em seguida, alegar as preliminares de contestação, se houver, previstas no art. 301 do CPC, quais sejam: inexistência ou nulidade da citação; incompetência absoluta; inépcia da inicial; perempção; litispendência; coisa julgada; conexão; incapacidade da parte; defeito de representação ou de autorização; convenção de arbitragem; carência da ação; falta de caução ou de outra prestação que a lei exige como preliminar.

> PRELIMINAR DE INCOMPETÊCIA ABSOLUTA
>
> No caso em tela, o autor ingressou com a ação em juízo absolutamente incompetente, em virtude de____ [Indicar a fundamentação legal que justifica a incompetência].
>
> Pleiteia-se, portanto, a declaração de incompetência absoluta, com o encaminhamento do processo ao juízo competente.

Após a possível alegação de preliminar, é o momento de o candidato atacar o mérito, relacionando a sua versão dos fatos com os argumentos legais, corroborados com citações doutrinárias e jurisprudenciais. Também nesse momento o candidato pode deduzir as razões que justificam o contrapedido, corroborando-as com doutrina e jurisprudência.

Trata-se de um verdadeiro pedido formulado pelo réu, com fundamento no mesmo fato descrito na inicial. No rito sumário não cabe reconvenção, apenas o contrapedido ou pedido contraposto.

No pedido, o réu deve requerer a improcedência do pedido do autor, a condenação ao ônus da sucumbência e, se for o caso, deduzir o contrapedido, além de especificar as provas que pretende produzir.

---

Ante o exposto, requer:

a) a improcedência do pedido do autor, no sentido de____ [Especificar o que se pretende];

b) que o autor seja condenado a____ [Especificar o contrapedido];

c) a condenação do autor nos ônus da sucumbência;

d) pretende-se provar o alegado por todas as provas em direito admitidas, especialmente depoimento pessoal, prova testemunhal etc. [Não esqueça que no rito sumário as provas devem ser especificadas e não apenas tratadas genericamente como no rito ordinário]

d) endereço para intimação na rua____, nos moldes do art. 39, I, do CPC.

Nesses termos,

pede deferimento.

Local, data

ADVOGADO ____

OAB/___

Rol de testemunhas:

_____

_____

[No rito sumário as testemunhas devem ser arroladas na contestação, se a prova testemunhal foi pedida]

Quesitos da prova pericial:

_____

_____

[No rito sumário, os quesitos devem ser elaborados na contestação, se a prova pericial foi pedida].

## 3.2 Audiência de instrução

A audiência de instrução será marcada no máximo em 30 dias após a audiência de conciliação, podendo ser adiada se for necessária a prova pericial (art. 278, § 2.º, do CPC).

A partir da juntada do laudo pericial, o juiz tentará novamente a conciliação entre as partes, e, não sendo possível, ouvirá primeiro o perito, seguido das partes, e por fim as testemunhas. A audiência encontrará o seu fim com os debates orais, e o juiz poderá proferir a sentença na própria audiência ou nos próximos 10 dias.

# Procedimento ordinário

O procedimento ordinário é considerado o mais completo e será, didaticamente, dividido em quatro fases:

1.ª Fase Postulatória (que compreende a petição inicial, a citação do réu e as defesas do réu);

2.ª Fase Saneadora (que compreende o período no qual o juiz determina as providências preliminares, aprecia as nulidades, realiza a audiência preliminar e profere o "despacho saneador");

3.ª Fase Instrutória (que se destina à atividade probatória iniciada na petição inicial e que tem seu fim na audiência de instrução);

4.ª Fase Decisória (em que o juiz profere a sentença).

## 1. PETIÇÃO INICIAL

A jurisdição é sempre provocada por uma manifestação da parte que ocorre por meio da petição inicial (art. 2.º do CPC). A petição inicial é um ato formal (deve respeitar os requisitos expressamente indicados na lei), que, além de iniciar o processo, delimita a sentença, já que é proibido ao juiz apreciar questões que dependam da iniciativa da parte, bem como proferir uma decisão além do que foi pedido pelo autor (arts. 128 e 460 do CPC).

A petição inicial deve ser redigida de acordo com os requisitos do art. 282 do CPC (requisitos de qualquer petição inicial).

### 1.1 Endereçamento

O juízo competente será definido aplicando-se as regras de competência:

1.º) verificar se a Justiça brasileira é competente (arts. 88 e 89 do CPC);

2.º) verificar se há a competência de Tribunal ou órgão jurisdicional atípico (Senado federal – art. 52, I e II, da CF; Câmara dos Deputados – art. 51, I, da CF; Assembleia Legislativa do Estado para julgar o governador);

3.º) verificar se é Justiça especial (eleitoral, militar ou trabalhista) ou comum;

4.º) se for comum, verificar se é federal (art. 109 da CF) ou estadual (residual);

5.º) definir a comarca e o foro (ver se é caso de varas especializadas, como a da Fazenda Pública, a dos Registros Públicos, a da Infância e da Juventude; se não, usar as regras do CPC).

No direito empresarial não haverá endereçamento para a Justiça especial (Justiça Militar, Eleitoral e do Trabalho). Haverá apenas endereçamento para a Justiça comum (estadual ou federal).

O endereçamento será feito para a Justiça Federal quando a ação envolver interesse da União (administração direta ou indireta). No direito empresarial, encontraremos tal competência principalmente nos seguintes casos:

a) ação de nulidade de marca (pela presença obrigatória do INPI – autarquia federal);

b) ação de nulidade de patente (pela presença obrigatória do INPI – autarquia federal);

c) mandado de segurança contra ato do presidente da Junta Comercial (pela submissão ao DNRC – autarquia federal).

A Justiça Estadual tem competência residual, ou seja, não sendo competente a Justiça Federal (ou as justiças especiais), será competente a Justiça Estadual.

> **cuidado**
> No Exame da Ordem dos Advogados do Brasil e em outros concursos públicos, não abrevie o endereçamento. O endereçamento de forma completa torna a peça esteticamente mais adequada.

Para juiz estadual:

EXCELENTÍSSIMO SENHOR DOUTOR JUIZ DE DIREITO DA____ VARA CÍVEL DA COMARCA DE____ DO ESTADO DE____

Para juiz federal:

> EXCELENTÍSSIMO SENHOR DOUTOR JUIZ FEDERAL DA____ VARA CÍVEL DA SEÇÃO JUDICIÁRIA DE____ DO ESTADO DE ____

## 1.2 Preâmbulo

Nesse momento, devemos colocar a qualificação das partes, a ação e o procedimento adotado, a referência ao juiz e o artigo de lei no qual se funda nossa ação.

O advogado deve iniciar o preâmbulo com algumas linhas após o endereçamento, deixando espaço para a deliberação do juiz. O parágrafo do preâmbulo deve ser iniciado no centro da folha. No Exame da Ordem dos Advogados do Brasil e em outros concursos públicos, não crie dados não fornecidos no problema, sob pena de identificação da peça, e a consequente não correção.

> **FULANO DE TAL,** nacionalidade, estado civil, profissão, endereço, portador do documento de identidade Registro Geral (RG)____, inscrito no Cadastro de Pessoas Físicas (CPF) sob o n.____, por seu advogado infra-assinado (doc. 1), vem respeitosamente à presença de Vossa Excelência propor a presente AÇÃO DE____, pelo procedimento____, com fundamento no art.____, em face de CICRANO, nacionalidade, estado civil, profissão, endereço, portador do documento de identidade Registro Geral (RG)____, inscrito no Cadastro de Pessoas Físicas (CPF) sob o n.____, pelas razões de fato e de direito a seguir expostas.

Se alguma das partes for pessoa jurídica, não esquecer da representação legal. Por exemplo: se for sociedade limitada, qualificar a sociedade e, em seguida, afirmar que é representada pelo seu administrador. Se for sociedade por ações, qualificar a sociedade e, em seguida, afirmar que é representada pelo seu diretor.

> **SOCIEDADE X LTDA.,** com sede na rua____, Cadastro Nacional de Pessoas Jurídicas (CNPJ)____, representada por seu administrador____, por seu advogado infra-assinado (doc. 1), vem respeitosamente à presença de Vossa Excelência propor a presente AÇÃO DE____, pelo procedimento____, com fundamento no art.____, em face de CICRANO, nacionalidade, estado civil, profissão, endereço, portador do documento de identidade Registro Geral (RG)____, inscrito no Cadastro de Pessoas Físicas (CPF) sob o n.____, pelas razões de fato e de direito a seguir expostas.

## 1.3 Fatos

No Exame da OAB e em concursos públicos, o candidato deve parafrasear o problema, usando parágrafos curtos, sem inventar nem acrescentar nenhum dado.

Não obstante, deverá denominar as partes envolvidas como Autor e Réu.

## 1.4 Fundamentação jurídica

Nesse momento da peça, o advogado deve argumentar como o juiz deve analisar a situação posta diante de si, a partir da indicação das normas constitucionais e infraconstitucionais ao caso concreto.

A argumentação seria corroborada com a citação doutrinária e jurisprudencial, se fosse possível a consulta.

## 1.5 Pedido

No pedido, o candidato deve deduzir os requerimentos processuais e os pedidos relacionados ao direito violado.

> Ante o exposto, requer:
>
> a) concessão de tutela antecipada no sentido de____ [se houvesse pedido de tutela antecipada, nas hipóteses do art. 273 do CPC];
>
> b) a procedência do pedido do autor, sentido de____ [explicar exatamente o que pretende];
>
> c) a citação do réu para, se quiser, apresentar sua defesa, sob pena de revelia;
>
> d) a condenação ao ônus da sucumbência;
>
> e) a produção de provas por todas as formas em direito admitidas.
>
> f) que as intimações sejam endereçadas na rua____, nos termos do art. 39, I, do CPC [Não esquecer de colocar o endereço do advogado para receber intimações – isso pode ser feito no pedido ou ao final da peça, mas sempre sem conter informações inventadas];
>
> g) a concessão do benefício da justiça gratuita, nos termos da Lei 1.060/1950 [Se for o caso].
>
> Dá-se à causa o valor de____ [O valor da causa será explicado no item seguinte].
>
> Nesses termos,
>
> pede deferimento.
>
> Local, data.
>
> ADVOGADO ____
>
> OAB/___

## 1.6 Valor da causa

De acordo com o art. 258 do CPC, a toda causa deve ser atribuído um valor. O valor da causa definirá algumas vezes o procedimento, como no caso dos Juizados Especiais, ou mesmo do rito sumário; servirá algumas vezes na fixação dos honorários advocatícios onde não há condenação da parte vencida, além de estabelecer o valor das custas judiciais que devem ser recolhidas pelo autor.

O art. 259 do CPC especifica como será calculado o valor da causa. Além disso, as leis especiais podem estabelecer critérios específicos, como, por exemplo, o art. 58, III, da Lei 8.245/1991, que estabelece que nas causas de despejo o valor da causa será de 12 vezes o valor do aluguel.

> Dá-se à causa o valor de____
> Nesses termos,
> pede deferimento.
> Local, data.
> ADVOGADO____
> OAB/___

## 2. APRECIAÇÃO E ADITAMENTO DO PEDIDO

O juiz deverá apreciar os pedidos de forma restritiva, mas o ordenamento permite que, mesmo que não sejam pleiteados, sejam apreciados. Ex.: o ônus da sucumbência, as prestações vincendas, a correção monetária e os juros de mora (arts. 290 e 293 do CPC).

O pedido formulado pelo autor, como regra, não pode ser alterado sem a concordância do réu (deverá ser devolvido o prazo da contestação), mas, se ainda não ocorreu a citação, é possível ao autor o aditamento do pedido (art. 294 do CPC). Após o saneamento do processo não é possível a alteração do pedido em hipótese alguma (art. 264 do CPC).

## 3. DESPACHO DA PETIÇÃO INICIAL

Assim que o juiz receber a petição inicial, ele poderá proferir uma das seguintes decisões:

• Deferir a inicial, ou seja, receber a petição e determinar a citação do réu (art. 285 do CPC);

• Sanear a inicial, determinando prazo para que o autor a emende (art. 284 do CPC);

• Indeferir a inicial, nos casos determinados pelo art. 295 do CPC;

• Proferir uma sentença de mérito, se a matéria for unicamente de direito e no juízo já houver sido proferida sentença de total improcedência em outros casos idênticos (art. 285-A do CPC).

## 4. CITAÇÃO

A citação é o ato pelo qual o juiz chama a juízo o réu ou o interessado (art. 213 do CPC). A citação é requisito essencial para a existência do processo (art. 214 do CPC), e será exigida em todos os processos e procedimentos. Se o réu comparecer espontaneamente, a citação foi suprida, ainda que o réu compareça para arguir a nulidade, que, se reconhecida, trará como consequência a devolução do prazo para resposta.

A ausência da citação ou a citação defeituosa é matéria de ordem pública, e como tal pode ser declarada de ofício pelo juiz, ou ser alegada a qualquer tempo, inclusive após o trânsito em julgado da sentença.

### 4.1 Efeitos

A citação válida produz os seguintes efeitos (art. 219 do CPC):

• Torna prevento o juízo, para as ações que correm em comarcas diferentes; na mesma comarca, aplica-se o art. 106 do CPC;

• Induz litispendência, sendo que qualquer ação idêntica será extinta, se proposta após este momento;

• Torna a coisa litigiosa, que é importante para que se verifique eventual fraude à execução (art. 593 do CPC);

• Interrompe a prescrição e a decadência, mesmo que o juízo seja incompetente (art. 220 do CPC). É importante ressaltar que o autor não pode ser prejudicado pela demora do serviço judiciário (Súmula 106 do STJ); e, de acordo com o art. 202 do CC, a interrupção só pode se dar uma vez, que ocorrerá com a citação válida e retroagirá à data do despacho do juiz;

• Constitui o devedor em mora, salvo se tiver sido constituído em mora anteriormente (a partir da mora correm os juros moratórios e o devedor assume o risco pela perda da coisa).

## 4.2 Espécies

A citação pode ser direta ou indireta. A citação é direta quando é feita diretamente à pessoa do réu ou a seu representante legal. O absolutamente incapaz é citado na pessoa de seus pais, tutor ou curador; o relativamente incapaz deve ser citado pessoalmente e também o seu representante. O juiz pode nomear um curador especial se o incapaz não tiver representante legal.

No direito empresarial, a pessoa jurídica deve ser citada na pessoa de seu representante legal. Por exemplo, a sociedade limitada deve ser citada na pessoa de seu administrador; a sociedade por ações deve ser citada na pessoa de seu diretor; a massa falida deve ser citada na pessoa do seu administrador judicial etc.

A citação será indireta se feita na pessoa de um procurador com poderes especiais para receber a citação. É o caso do advogado ou do administrador do imóvel, responsável pelo recebimento de alugueres, quando o locador se ausentar do Brasil sem deixar procurador (art. 215 do CPC).

A citação pode ser efetivada pelo correio, por oficial de justiça, por edital e por meio eletrônico (art. 221 do CPC).

A regra é que a citação seja feita pelo correio, mesmo em comarca fora dos limites jurisdicionais do juiz. A citação não será pelo correio se o autor pedir que seja feita de outra forma, pelo insucesso da citação por correio, quando o réu for incapaz, pessoa jurídica de direito público, nas ações de estado, processo de execução, ações monitórias ou quando a região não for atendida pelo serviço postal (arts. 222 e 1.102-B do CPC). O prazo para a contestação na citação por correio começa a correr da juntada do aviso de recebimento aos autos.

A citação será por oficial de justiça na impossibilidade da citação pelo correio. Entretanto, se o réu residir em comarca diferente da circunscrição do oficial de justiça e não se tratar de comarca contígua, a citação só ocorrerá por meio de carta precatória. Se o oficial de justiça procurou o réu por três vezes no endereço indicado e não o encontrou e ainda tiver fundado motivo para acreditar que o réu esteja se ocultando, poderá realizar a citação com hora certa, intimando o ente familiar ou o vizinho, para avisar que em determinado dia e horário voltará para realizar a citação. Neste caso, após a citação o escrivão deverá mandar carta ou telegrama ao réu para comunicar o ocorrido. A contagem do prazo para a contestação começará a correr da juntada do mandado de citação.

A citação será por edital afixado na sede do juízo e publicado no diário oficial e em jornal de grande circulação, quando não foi possível a citação pessoal ou:

• Quando for desconhecido ou incerto o réu, pela afirmação do autor ou por certidão do oficial de justiça, sujeito a avaliação do juiz (ações possessórias – invasão) (art. 231, I, do CPC);

• Quando ignorado, incerto, inacessível o lugar onde se encontre o réu;

• Quando a lei determinar, como na ação de usucapião.

Na citação por edital o prazo da contestação começa a contar depois do prazo fixado pelo juiz na publicação (20 a 60 dias).

A citação pode ser feita por meio eletrônico (Lei 11.419/2006) se houver o credenciamento prévio do endereço eletrônico no Judiciário.

O réu será citado onde se encontrar, mas os arts. 217 e 218 do CPC estabelecem quando não deve ocorrer a citação, por razões de solidariedade e respeito por certos atos da vida ou por demência.

# Defesas do réu

Na defesa, o réu exerce o verdadeiro direito de ação, que pode consistir na impugnação dos fatos alegados pelo autor (contestação), no afastamento do juízo ou do juiz (exceção) e numa ação deduzida contra o autor (reconvenção).

Assim que o réu é citado, ele terá 15 dias para se defender, mas se o réu for a Fazenda ou o Ministério Público, o prazo será contado em quádruplo; se houver mais de um réu com advogados diferentes, o prazo será contado em dobro, bem se for beneficiário da justiça gratuita (arts. 188 e 191 do CPC e Lei 1.060/1950).

A defesa pode se apresentar de 2 modos:

a) Processual, cujo conteúdo apenas se contrapõe ao processo;

b) De mérito, que atinge diretamente o fato alegado pelo autor, ou ainda indica um fato novo que invalida o pedido do autor.

Por outro lado, dependendo da consequência gerada pela defesa, é possível que ela seja:

a) Peremptória, quando as alegações deduzidas, ao serem acolhidas pelo juiz, implicam na extinção do processo, como prescrição, decadência, coisa julgada etc.;

b) Dilatória, que é aquela que pode no máximo atrasar o procedimento, como incompetência e nulidade da citação.

## 1. CONTESTAÇÃO

A contestação é a peça na qual o direito de defesa é exercido por excelência. O réu tem como objetivo na contestação que o juiz não acolha o pedido formulado pelo autor. Nela o réu não pode formular pedido como nas ações dúplices, mas pode deduzir sua defesa de forma ampla.

A defesa processual deve ser arguida nas preliminares, onde o objetivo do réu é impugnar a relação processual em si, buscando a extinção do processo ou apenas a dilação do processo (art. 301 do CPC). Tais alegações serão apreciadas pelo juiz antes do mérito e podem ser conhecidas pelo juiz sem a necessidade de alegação pelas partes, com exceção da convenção de arbitragem (Lei 9.307/1996).

Na contestação o réu deve deduzir todas as matérias possíveis de defesa, mesmo que incompatíveis entre si (principio da eventualidade), impugnando todos os fatos alegados pelo autor, de forma direta ou alegando algum fato novo que impeça, modifique ou extinga o direito do autor.

Se o réu deixar de impugnar algum fato trazido pelo autor, este fato será presumidamente acolhido como verdadeiro pelo juiz (ônus da impugnação específica). Apesar desta obrigação, a defesa pode ser genérica quando for realizada por advogado dativo, curador especial ou pelo Ministério Público (art. 302 do CPC). Além disso, não será aplicada:

• Se não for admissível a confissão (direitos indisponíveis);

• Se a petição inicial não estiver acompanhada do instrumento público que a lei considerar da substância do ato (art. 366 do CPC);

• Se o fato não impugnado estiver em contradição com a defesa considerada em seu conjunto.

Algumas matérias podem ser alegadas pelo réu mesmo após a contestação. É o caso de:

• Direito superveniente;

• Questões de ordem pública, que são todas as previstas no art. 301 do CPC, com exceção do compromisso arbitral (art. 303 do CPC). É importante ressaltar que, se o réu alegar posteriormente questões que ele poderia ter verificado de início, arcará com as custas de retardamento (art. 22 do CPC).

O réu, na contestação, também deve requerer as provas que pretende produzir, ainda que de forma genérica, já que posteriormente será intimado para indicar especificamente as provas pretendidas.

*Roteiro de contestação:*

Primeiramente, o endereçamento deve ser feito nos moldes do que foi explicado para a petição inicial.

No preâmbulo, a redação começa pela qualificação do réu que, na ação movida pelo autor, apresenta sua contestação, pelas razões a seguir expostas.

EXCELENTÍSSIMO SENHOR DOUTOR JUIZ DE DIREITO DA____ VARA CÍVEL DA COMARCA DE____ DO ESTADO DE____
(*espaço de cinco linhas*)
*FULANO DE TAL*, nacionalidade, estado civil, profissão, portador do documento de identidade Registro Geral (RG) n.____, inscrito no Cadastro de Pessoas Físicas (CPF) sob o n.____, residente e domiciliado na rua____, por seu advogado infra-assinado (doc. 1), respeitosamente se faz presente ante Vossa Excelência, na ação de____, que lhe move *CICRANO*, já qualificado na inicial, para apresentar a sua CONTESTAÇÃO, com fundamento no art. 300 e ss. do CPC, pelas razões de fato e de direito a seguir expostas.

**note BEM**

Se alguma das partes for pessoa jurídica, não esquecer da representação legal. Por exemplo: se for sociedade limitada, qualificar a sociedade e, em seguida, afirmar que é representada pelo seu administrador; se for sociedade por ações, qualificar a sociedade e, em seguida, afirmar que é representada pelo seu diretor.

**COMPANHIA X**, com sede na rua____, inscrita no Cadastro Nacional de Pessoas Jurídicas (CNPJ) sob o n.____, por seu diretor, por seu advogado infra-assinado (doc. 1), respeitosamente se faz presente ante Vossa Excelência...

Depois do preâmbulo, o advogado do réu deve fazer um breve relato do que foi trazido na inicial. Em seguida, alegar as preliminares de contestação, se houver, previstas no art. 301 do CPC, que são: inexistência ou nulidade da citação; incompetência absoluta; inépcia da inicial; perempção; litispendência; coisa julgada; conexão; incapacidade da parte, defeito de representação ou de autorização; convenção de arbitragem; carência da ação; falta de caução ou de outra prestação que a lei exigir como preliminar.

PRELIMINAR DE INCOMPETÊCIA ABSOLUTA
No caso em tela, o autor ingressou com a ação em juízo absolutamente incompetente, em virtude de____ [Indicar a fundamentação legal que justifica a incompetência].

Pleiteia-se, portanto, a declaração de incompetência absoluta, com o encaminhamento do processo ao juízo competente.

Após a possível alegação de preliminar, é o momento de o candidato atacar o mérito, relacionando a sua versão dos fatos com os argumentos legais, corroborados com citações doutrinárias e jurisprudenciais.

No pedido, o réu deve requerer a improcedência do pedido do autor, a condenação ao ônus da sucumbência e as provas que pretende produzir.

> Ante o exposto, requer:
> a) a improcedência do pedido do autor, no sentido de____ [Especificar o que se pretende];
> b) a condenação do autor ao ônus da sucumbência;
> c) pretende-se provar o alegado por todas as provas em direito admitidas;
> d) endereço para intimação na rua____, nos moldes do art. 39, I, do CPC.
> Nesses termos,
> pede deferimento.
> Local, data.
> ADVOGADO ____
> OAB/___

## 2. EXCEÇÃO

É a peça que pode ser trazida ao processo pelo autor ou pelo réu para arguir a incompetência relativa do juízo, a suspeição ou o impedimento.

Na exceção por incompetência relativa, o prazo para a arguição pelo réu é de 15 dias a contar da juntada da citação, sob pena de prorrogação da competência (arts. 241 e 297 do CPC). A incompetência relativa se sujeita à preclusão e não pode ser reconhecida de ofício pelo juiz.

Na exceção de impedimento ou suspeição, a arguição pode feita por ambas as partes no prazo de 15 dias a contar do conhecimento do fato (art. 304 do CPC). No caso do impedimento, a questão pode ser conhecida de ofício e não se sujeita à preclusão. Já a suspeição deve ser arguida pela parte, sob pena de preclusão, mas o juiz não está sujeito à preclusão, já que pode de ofício se dar por suspeito – preclusão *pro judicato* (arts. 134, 135, 137 do CPC).

O prazo para exceção também observa a ampliação dos arts. 188 e 191 do CPC.

### 2.1 Procedimento da exceção

Em ambos os casos, a exceção terá sua origem em uma petição escrita, e é possível em qualquer procedimento, uma vez que seu conteúdo pode prejudicar uma das partes em qualquer ação.

Uma vez proposta a exceção de incompetência, o processo ficará suspenso (art. 306 do CPC) até que ocorra a manifestação da parte contrária, a produção de provas e a decisão do juiz a respeito da incompetência.

Se a exceção tiver por conteúdo o impedimento ou a suspeição, será dirigida ao juiz (excepto), que pode reconhecer de pronto o impedimento ou a suspeição, remetendo os autos em seguida ao substituto legal. Entretanto, se o juiz não reconhecer o impedimento ou a suspeição, ele responderá em 10 dias e remeterá os autos ao Tribunal competente, juntamente com as provas que pretende produzir.

Após a sentença, as partes podem alegar o impedimento ou a suspeição no recurso, se só então tomaram conhecimento da circunstância. Mas se a decisão já transitou em julgado, só o impedimento pode ser alegado por meio de ação rescisória (art. 485, II, do CPC).

**cuidado**
Nome das partes na exceção:
excipiente = aquele que alega;
excepto = contra quem é alegada.

## 3. RECONVENÇÃO

É uma verdadeira ação, que o réu-reconvinte propõe contra o autor-reconvindo nos mesmos autos do processo principal, e que tem por objetivo deduzir uma pretensão contra o autor. Tal pretensão poderia ser apresentada numa ação em separado, mas o réu, diante da conexão das ações e por economia processual, ingressa com a reconvenção.

### 3.1 Requisitos

Além dos requisitos próprios de uma ação, existem requisitos específicos da reconvenção, que são:

• Apenas o réu tem legitimidade ativa para ajuizar a reconvenção e apenas o autor tem legitimidade passiva para responder;

• O objeto da reconvenção deve ser conexo ao da ação principal, o que significa a identidade do pedido ou da causa de pedir;

• O juiz que apreciou a ação principal deve ser competente para apreciar a reconvenção;

• O rito da reconvenção deve ser o mesmo da ação principal, que normalmente será o ordinário.

## 3.2 Procedimento

O momento oportuno para apresentar a reconvenção é simultaneamente à contestação (art. 299 do CPC). Se o juiz receber a reconvenção, o autor-reconvindo será intimado, na pessoa de seu advogado, para apresentar sua contestação. Após esse momento, as duas ações correrão juntas e serão apreciadas numa única sentença (art. 318 do CPC).

Por fim, vale ressaltar que, se a reconvenção não prosseguir, isso não provocará nenhum efeito na ação principal e vice-versa (art. 317 do CPC).

## 3.3 Proibições

Os casos em que a reconvenção não é permitida são: processo de execução; procedimento cautelar; ação possessória (natureza dúplice); ação de prestação de contas (natureza dúplice); procedimento sumário (natureza dúplice e porque há preceito legal – art. 280 do CPC); juizados especiais (natureza dúplice e porque há preceito legal – art. 31 da Lei 9.099/1995).

## 4. REVELIA

A revelia ocorre todas as vezes que o réu, ao ser citado, deixa de responder no prazo legal a ação interposta pelo autor, apresenta a contestação fora do prazo, ou, ainda, quando deixa de fazer a impugnação especificada da inicial (art. 302 do CPC). A revelia ou contumácia do réu (inércia) é um fato que por si é diferente de seus efeitos.

As principais consequências da revelia são:

• A falta de intimação do réu para os atos processuais que seguem após a contestação, se o réu não tiver patrono nos autos (art. 322 do CPC);

• A presunção de veracidade dos fatos alegados pelo autor – confissão ficta (art. 319 do CPC).

Apesar da revelia, não se pode afirmar que o pedido do autor será necessariamente procedente, uma vez que o juiz tomará sua decisão a partir da apreciação das provas produzidas pelo autor (STJ, 3.ª Turma, REsp 14.987/CE). No mesmo sentido, o art. 20 da Lei dos Juizados Especiais afirma que a revelia traz a presunção de veracidade dos fatos alegados pelo autor, "salvo se o contrário resultar da convicção do juiz". Além disso, a própria lei não aplica os efeitos da revelia nas seguintes situações:

• Se houver vários réus e um deles contestar a ação (apenas no litisconsórcio unitário);

• Se o litígio versar sobre direitos indisponíveis (não se aceita a confissão ficta, como nas ações sobre o estado e a capacidade das pessoas);

• Na ausência de instrumento público, na petição inicial, que a lei considere indispensável para a prova do ato (art. 320 do CPC).

# Fase saneadora

## 1. PROVIDÊNCIAS PRELIMINARES

Se houver necessidade, o juiz, assim que receber a contestação, ou mesmo na ausência da contestação (revelia), tomará algumas providências. São elas:

• Determinará a especificação das provas que serão produzidas pelas partes – isso porque o autor e o réu normalmente tratam das provas de forma genérica em suas peças (art. 324 do CPC), tendo o prazo cinco dias para a sua especificação;

• Determinará o prazo de 10 dias para que o autor se manifeste a respeito de algum fato novo alegado pelo réu na contestação (arts. 301, 326 e 327 do CPC). A esta peça é dado o nome de réplica.

É neste momento das providências preliminares que o juiz dá vista ao Ministério Público, se for o caso (art. 82 do CPC), além de se manifestar sobre o litisconsórcio e a intervenção de terceiros.

Também é aqui que o juiz mandar sanear o processo, no prazo máximo de 30 dias (art. 327 do CPC).

## 2. JULGAMENTO SEGUNDO O ESTADO DO PROCESSO

Neste momento processual, o juiz tem uma visão mais ampla a respeito do litígio, e, dependendo do estado do processo, pode extingui-lo, julgá-lo antecipadamente ou lhe dar continuidade.

### 2.1 Extinção

O juiz colocará fim ao processo se, a partir do contraditório, ficar evidente um vício insanável – art. 267 do CPC.

## 2.2 Julgamento antecipado

Ocorre nas seguintes hipóteses:

• Quando a questão de mérito for unicamente de direito;

• Quando as questões controvertidas já foram suficientemente provadas, e não houver a necessidade da produção de provas em audiência;

• Quando a revelia produzir o efeito previsto no art. 319 do CPC.

## 2.3 Saneamento

Ocorrerá em virtude da impossibilidade de o juiz extinguir ou antecipar o julgamento, de tal modo que marcará a audiência preliminar, quando a causa versar sobre questões que admitam a transação (art. 331 do CPC). Neste caso, se houver acordo, o juiz o reduzirá a termo, pondo fim ao processo.

Se isso não for possível, ocorrerá o despacho saneador, que consiste no reconhecimento do juiz de que o processo tem condições de prosseguir. Fixará, então, os pontos controvertidos, as provas que serão produzidas e as questões processuais pendentes. Dessa decisão cabe, normalmente, agravo retido.

# Fase instrutória e audiência de instrução 18

Esta fase tem por objetivo a preparação dos elementos necessários para que se forme o convencimento do juiz. Ela tem seu início na fase postulatória, quando ocorre a exposição dos fatos, a fundamentação jurídica (teoria da substanciação) e a juntada de documentos, que vêm com a inicial e a contestação, seguidos da prova pericial e das provas orais que serão produzidas na audiência de instrução.

A audiência de instrução tem início com a abertura da audiência pelo juiz, que ordena ao auxiliar de justiça convoque as partes e advogados para entrarem na sala de audiência (art. 450 do CPC).

Em se tratando de direitos disponíveis, o juiz tentará conciliar as partes. Se não houver acordo, ou se os direitos forem indisponíveis, as pessoas serão ouvidas na seguinte ordem (art. 452 do CPC): esclarecimentos dos peritos e dos assistentes; depoimento pessoal do autor e depois do réu; oitiva das testemunhas do autor e depois das do réu.

Terminada a colheita das provas orais, o juiz dará a palavra aos advogados para suas alegações finais.

As decisões referentes às provas normalmente são recorríveis através de agravo retido.

# Sentença

**19**

A sentença faz parte dos atos do juiz, entre os quais se encontram ainda a decisão interlocutória e o despacho de mero expediente.

A sentença é definida, de acordo com a maior parte da doutrina, de acordo com seu conteúdo, ou seja, se tiver algum conteúdo do art. 267 ou do art. 269 do CPC, o ato decisório será considerado sentença. Entretanto, essa análise, apenas, pode nos induzir em erro, uma vez que por vezes o conteúdo do art. 267 pode ocorrer numa decisão interlocutória, como, por exemplo, no momento em que o juiz declara que um dos litisconsortes é parte ilegítima. Achamos melhor, portanto, analisar o conteúdo dos arts. 267 e 269 do CPC juntamente com o resultado do ato proferido pelo juiz, que será o fim do processo de conhecimento. Após a sentença, o que segue é o cumprimento de sentença, ou seja, a fase executória do título judicial.

O objetivo da sentença é a resolução do conflito, mesmo que algumas vezes seja proferida sem que o juiz tenha apreciado o pedido do autor.

Pelo fato de a sentença representar a aplicação da lei ao caso concreto, ela deve ser clara e precisa:

• Quanto à clareza, a sentença deve ser de fácil compreensão, de tal modo que, se for obscura ou contraditória, caberão à parte os embargos de declaração;

• Quanto à precisão, a sentença deve estar limitada ao pedido formulado pelo autor, não podendo ultrapassar o pedido (*ultra petita*) nem substituir o pedido do autor (*extra petita*). Quando a sentença proferida for *ultra petita* ou *extra petita*, a parte prejudicada poderá recorrer da decisão por meio de apelação. Se, entretanto, o juiz deixar de apreciar algum pedido formulado pelo autor, o recurso cabível serão os embargos de declaração.

A sentença tem os seguintes requisitos:

a) relatório, que é o resumo do que foi realizado até o momento;

b) fundamentação, que também tem o nome de motivação, e é a demonstração das razões que levaram o juiz a decidir daquele modo (arts. 93, IX, da CF e 131 do CPC);

c) dispositivo, que é o comando, onde o juiz acolhe ou rejeita o pedido formulado pelo autor, além de condenar o vencido ao ônus da sucumbência.

Publicada a sentença, começará a correr o prazo para possíveis recursos. Se a sentença, entretanto, foi proferida na própria audiência, é ali também que ocorre a intimação, de tal modo que o prazo recursal será contado a partir da audiência.

Regra geral, a sentença não pode ser modificada pelo juiz após a intimação das partes, a não ser que ocorra um erro material, que o juiz poderá corrigir de ofício ou através de oposição de embargos de declaração (art. 463 do CPC).

# Procedimentos especiais

Os procedimentos especiais estão previstos no Código de Processo Civil a partir do art. 890 e também em leis especiais. São chamados de especiais porque possuem peculiaridades na redação de suas peças e andamento processual diferenciado, em relação ao rito ordinário.

Quando o legislador não mencionar a peculiaridade processual, seguiremos normalmente o rito ordinário. Nessa obra, não é necessário abordar todos os procedimentos especiais, haja vista que muitos não dizem respeito ao direito empresarial (por exemplo, alimentos provisionais, usucapião, inventário etc.).

## 1. CONSIGNAÇÃO EM PAGAMENTO

### 1.1 Cabimento

Caberá essa ação quando o devedor encontrar circunstâncias que impeçam a satisfação de sua obrigação, ou, ainda, quando houver recusa injustificada por parte do credor em receber o pagamento. Poderíamos, por exemplo, pensar nessa ação quando o empresário deseja quitar sua obrigação mas o credor se recusa a dar quitação.

### 1.2 Juiz competente

Poderá ser o do foro de eleição, se houver, ou o do local do pagamento ou o do domicílio do réu. Lembramos que todas essas regras são de competência relativa.

### 1.3 Fundamento legal

Essa ação está prevista nos arts. 890 a 900 do CPC.

### 1.4 Procedimento

Essa ação segue o rito ordinário, com uma peculiaridade: é imprescindível o depósito inicial.

Segundo o art. 896 do CPC, na contestação o réu poderá alegar que não houve recusa ou mora em receber a quantia ou coisa devida, que foi justa a recusa, que o depósito não se efetuou no prazo ou no lugar do pagamento, que o depósito não era integral. Além disso, poderá o réu alegar toda a matéria objeto da contestação, que foi vista em itens anteriores.

Segundo o art. 897 do CPC, não oferecida a contestação, e ocorrentes os efeitos da revelia, o juiz julgará procedente o pedido, declarando extinta a obrigação e condenando o réu nas custas e honorários advocatícios.

Segundo o art. 892 do CPC, tratando-se de prestações periódicas, uma vez consignada a primeira, pode o devedor continuar a consignar, no mesmo processo e sem mais formalidades, as que se forem vencendo, desde que os depósitos sejam efetuados até cinco dias, contados da data do vencimento.

> **cuidado** — Na consignação de alugueres, o prazo para efetivar o depósito não é de cinco dias, como no CPC, mas de 24 horas, como na Lei 8.245/1991, e a não efetivação do depósito implicará na extinção do processo sem julgamento do mérito.

### 1.5 Pedido

Segundo o art. 893 do CPC, o autor, na petição inicial, requererá o depósito da quantia ou da coisa devida, a ser efetivado no prazo de cinco dias contados do deferimento, e a citação do réu para levantar o depósito ou oferecer resposta.

## 2. BUSCA E APREENSÃO (DECRETO-LEI 911/1969)

### 2.1 Cabimento

O contrato de alienação fiduciária já foi tratado acima, na parte correspondente aos contratos mercantis. Portanto, quando o devedor deixar de cumprir as parcelas do mútuo, pode o credor fiduciário ingressar com a ação de busca e apreensão para reaver o bem de sua propriedade e que está na posse do devedor.

### 2.2 Juiz competente

Será o juiz do foro de eleição ou do local do pagamento ou, ainda, do domicílio do devedor. Trata-se de competência relativa.

## 2.3 Fundamento legal
Decreto-lei 911/1969.

## 2.4 Procedimento
O credor fiduciário pleiteará liminarmente a busca e apreensão desde que comprove a mora ou o inadimplemento do devedor. O devedor terá o prazo de 15 dias da execução da liminar para apresentar sua contestação.

Assim que o bem for apreendido e vendido após a sentença, se o valor da venda do bem não for suficiente para satisfazer o mútuo, ainda é possível ao credor fiduciário mover uma ação monitória contra devedor solvente.

Da sentença que confirma a busca e apreensão cabe recurso de apelação apenas no efeito devolutivo.

## 2.5 Pedido
O credor fiduciário pedirá a busca e apreensão liminarmente e a consequente confirmação da liminar, além dos demais pedidos da petição inicial do procedimento ordinário.

## 3. PRESTAÇÃO DE CONTAS

### 3.1 Cabimento
A ação de prestação de contas é cabível sempre que alguém tem o dever de prestar contas pelos atos realizados, o que acontece no direito empresarial entre os sócios, que devem prestar contas de suas retiradas, e também no caso do administrador judicial da falência.

Nas sociedades empresariais, qualquer sócio pode exigir prestação de contas daqueles que estão gerindo ou administrando a sociedade (*RT* 740/254).

### 3.2 Juiz competente
Normalmente o da sede da empresa, se a discussão for a respeito das contas da sociedade.

### 3.3 Fundamento legal
A ação de prestação de contas está prevista nos arts. 914 a 919 do CPC.

### 3.4 Procedimento
O procedimento será dividido em duas fases. Na primeira, o juiz decidirá se o autor tem o direito de obrigar o réu à prestação de contas. Se o juiz

entender que não há essa obrigação, o procedimento se encerra. Se houver a obrigação, na segunda fase será verificada a prestação propriamente dita e se há saldo devedor para qualquer das partes.

Segundo o art. 915 do CPC, aquele que pretende exigir a prestação de contas requererá a citação do réu para, no prazo de cinco dias, apresentá-las ou contestar a ação. Prestadas as contas, terá o autor cinco dias para falar sobre elas. Havendo necessidade de produzir provas, o juiz designará audiência de instrução e julgamento. Caso contrário, proferirá desde logo a sentença.

## 3.5  Pedido

A petição inicial será redigida de acordo com o art. 282 do CPC, com as peculiaridades do art. 915, de tal modo que o réu será citado para, no prazo de cinco dias, apresentar suas contas ou contestar.

## 4. AÇÃO MONITÓRIA

### 4.1. Cabimento

A ação monitória será utilizada quando o credor possui um título que perdeu a força executiva e pretende cobrar o devedor. Será utilizada a ação monitória nos títulos de crédito prescritos, no contrato de abertura de crédito e ainda no saldo devedor da alienação fiduciária (**Súmulas** 247 e 384 do STJ).

### 4.2. Juiz competente

O juízo competente será o do local onde a obrigação deveria ser cumprida.

### 4.3. Fundamento legal

A fundamentação legal da ação monitória são os arts. 1.102-A, 1.102-B, 1.102-C do CPC.

### 4.4. Pedido

O devedor será citado para pagar ou oferecer os embargos monitórios, sob pena do mandado monitório ser convertido em mandado executivo. É importante ressaltar que o autor não pode requerer produção de provas, uma vez que a prova necessária para a propositura da ação monitória é a prova escrita sem força executiva.

Se o réu embargar, o procedimento especial, será convertido em procedimento ordinário.

# Teoria geral dos recursos

21

Partindo-se do princípio de que todos os juízes podem errar em suas decisões, criou-se a possibilidade do reexame dos atos decisórios, de tal modo que a parte vencida tenha a faculdade de recorrer de uma decisão interlocutória ou sentença proferida por um juiz singular.

Apenas a parte que sofreu o prejuízo resultante da sucumbência da ação tem legitimidade para recorrer.

## 1. PRINCÍPIOS DO PROCEDIMENTO RECURSAL

Os recursos têm por princípios:

• Duplo grau de jurisdição: que significa que o ato decisório prolatado pelo juiz singular pode ser revisto por uma instância superior.

• Singularidade: que significa, regra geral, que de cada ato decisório cabe apenas uma espécie de recurso, com exceção da interposição simultânea do recurso especial e extraordinário – arts. 541 e 543 do CPC;

• Taxatividade: que significa que os recursos são enumerados taxativamente pelo art. 496 do CPC, de tal modo que a remessa necessária, o pedido de reconsideração, a correição parcial e a ação rescisória não são recursos;

• Fungibilidade: que significa que, se houver dúvida objetiva entre recursos diferentes, em virtude de contradição existente entre a doutrina e a jurisprudência, é permitido que o tribunal receba o recurso erroneamente interposto no lugar do outro. Se, entretanto, a lei não deixar dúvida em relação ao recurso que deve ser utilizado, a fungibilidade não será permitida, por se tratar de erro grosseiro;

• Proibição da *reformatio in pejus* (reforma em prejuízo): que significa que, tendo a parte interposto recurso, ela não poderá ser mais prejudicada do que o foi na decisão recorrida. O tribunal pode, no máximo, manter a sentença para evitar um julgamento *ultra petita*. Cumpre ressaltar que esse princípio não será respeitado na remessa necessária, quando houver questão de ordem pública ou quando ambas as partes recorrerem.

## 2. JUÍZO DE ADMISSIBILIDADE

O juízo de admissibilidade representa a primeira análise do juiz a respeito de um recurso, verificando apenas se estão presentes os pressupostos de admissibilidade, que são: tempestividade, legitimidade para recorrer, interesse em recorrer, regularidade processual/formal, preparo e inexistência de fato impeditivo ou modificativo do direito do autor.

Regra geral, é o juiz *a quo* quem faz a admissibilidade em caráter provisório, o que significa que o recurso será novamente submetido ao juízo de admissibilidade do tribunal *ad quem*.

### 2.1 Tempestividade

Para que o recurso seja interposto, a lei fixará um prazo, que é considerado peremptório, pois deve ser respeitado sob pena de preclusão. Embora o prazo seja peremptório, é possível a suspensão do processo no caso do art. 180 do CPC. O prazo será contado a partir da intimação do ato a ser impugnado (art. 506 do CPC).

Regra geral, o prazo é o mesmo para ambas as partes, mas será contado em dobro nas seguintes situações (art. 188 do CPC): litisconsórcio, se os advogados forem diferentes; quando a parte for a Fazenda Pública; quando a parte for o Ministério Público; ou quando a parte for beneficiária da justiça gratuita.

Quando não houver prazo estipulado no CPC para o recurso, entende-se como sendo ele de 10 dias.

### 2.2 Legitimidade para recorrer

São consideradas partes legítimas para recorrer as partes do processo, o Ministério Público e o terceiro juridicamente interessado.

### 2.3 Interesse para recorrer

Verifica-se no fato de que a parte sucumbente é que tem a necessidade em recorrer e se utiliza, para tanto, do meio adequado.

### 2.4 Regularidade processual/formal

Significa que os recursos devem ser interpostos por meio de petição direcionada ao juízo que apreciará a admissibilidade, juntamente com as razões e o pedido de nova decisão direcionados ao juízo que analisará o mérito.

## 2.5 Preparo

O preparo consiste no pagamento prévio das custas relativas ao recurso, de tal modo que a falta do preparo gera para o recorrente a pena de deserção, impedindo que o recurso seja conhecido. Se o pagamento prévio não for realizado, haverá a preclusão consumativa do preparo (o ato processual não poderá mais ser feito).

Algumas vezes, entretanto, a própria lei determina as situações em que o preparo será dispensado, como nos casos de agravo retido (arts. 511 e 522 do CPC) e embargos de declaração (art. 536 do CPC).

> **note BEM**
> Se o ato exigir preparo, tal constará expressamente na lei.

Além disso, algumas pessoas gozam de isenção legal (art. 511, § 1.º, do CPC): Ministério Público, Fazenda (federal, estadual e municipal) e beneficiários da justiça gratuita.

O preparo precisa ser realizado no momento da interposição do recurso, o que é chamado pela doutrina de preparo imediato (na Justiça Federal haverá um prazo de cinco dias para o recolhimento do preparo – art. 14, II, da Lei 9.289/1996).

## 2.6 Inexistência de fato impeditivo, modificativo ou extintivo do direito do autor

Tais fatos podem ser expressos:

a) na renúncia: a parte manifesta sua vontade antes da interposição do recurso cabível – art. 502 do CPC;

b) na desistência: a parte manifesta sua vontade após a interposição do recurso cabível e antes do seu julgamento – art. 501 do CPC;

c) na concordância: a parte toma atitudes que indicam sua aceitação – art. 503 do CPC.

## 3. EFEITOS

Os efeitos do recurso são aplicados pelo juízo que aprecia a admissibilidade.

A doutrina tradicional indica a existência de dois efeitos principais: devolutivo e suspensivo.

## 3.1 Efeito devolutivo

Tal efeito está presente em todos os recursos, e consiste na devolução da matéria impugnada ao juízo que apreciará o mérito. Este efeito resultará num pedido de nova decisão feito pela parte, limitando o reexame a ser feito pelo tribunal.

## 3.2 Efeito suspensivo

Tal efeito será aplicado, em princípio, a todos os recursos, a não ser que a lei expressamente o impeça. Se tal efeito é produzido, a decisão recorrida não produzirá efeitos até que o recurso seja decidido.

| Produzem efeito suspensivo | Não produzem efeito suspensivo |
|---|---|
| Apelação | Exceção de apelação (520 do CPC) |
| Embargos de declaração | Recurso especial |
| Embargos infringentes | Recurso extraordinário |
| Agravo – só no art. 558 | Agravo – com exceção do art. 558 |

Casos em que na apelação não cabe efeito suspensivo: arts. 520 e 1.184 do CPC; art. 17 da Lei 1.060/1950; art. 3.º, § 5.º, do Dec.-lei 911/1969; art. 58, V, da Lei 8.245/1991; art. 90 da Lei 11.101/2005).

## 4. APELAÇÃO

O recurso de apelação é cabível para o reexame de sentença proferida pelo juízo de 1.ª instância, e deve ser interposto no prazo de 15 dias contados da intimação da sentença.

O reexame da apelação é amplo, no sentido de servir para corrigir uma injustiça ou rever as provas apresentadas.

Na apelação o juízo de admissibilidade é realizado pelo juízo *a quo*, de forma provisória, de tal modo que tal juízo será revisto pelo juízo *ad quem*. Por outro lado, o juízo de mérito é analisado pelo juízo *ad quem*.

Formalmente, a apelação deve ser interposta por meio de petição endereçada ao juízo *a quo*, acompanhada das razões de inconformismo juntamente e do pedido de nova decisão, ambos direcionados ao juízo *ad quem*.

O pedido de nova decisão limitará o efeito devolutivo da apelação, com exceção das questões de ordem pública.

Na apelação cabe o juízo de retratação especialmente quanto ao juízo de admissibilidade realizado pelo juízo *a quo*; no caso do art. 296 do CPC; Após o juízo de admissibilidade, o juízo *a quo* intimará o apelado para apresentar as contrarrazões ou apelar na forma adesiva no prazo de 15 dias.

### 4.1 Recurso adesivo

O recurso adesivo aplica-se exclusivamente no caso de sucumbência recíproca, e a ele se aplicam as mesmas regras do recurso independente quanto aos pressupostos de admissibilidade.

O prazo para interposição desse recurso é o mesmo de que a parte dispõe para responder no recurso principal (15 dias).

O recurso adesivo tem cabimento nos seguintes recursos: apelação, embargos infringentes, recurso especial e recurso extraordinário.

O processamento do recurso adesivo será o mesmo do recurso principal, de tal modo que, após o recebimento do recurso, o recorrente do recurso principal deve ser intimado para apresentar as contrarrazões.

No tribunal, os recursos serão apreciados pela mesma turma julgadora e na mesma seção.

### 4.2 Efeitos da apelação

Quanto aos efeitos, a apelação produz tanto o efeito devolutivo como o suspensivo, a não ser nos casos em que a lei expressamente determinar que apenas será produzido o efeito devolutivo: arts. 520 e 1.184 do CPC; art. 58, V, da Lei 8.245/1991; art. 17 da Lei 1.060/1950; e art. 3.º do Dec.-lei 911/1969, art. 90 da Lei 11.101/2005.

Na apelação, o preparo é obrigatório, mas existe a possibilidade de o juiz relevar a pena de deserção se o recorrente apresentar um justo motivo por não ter feito o preparo completo. Neste caso, o juiz concederá um prazo de cinco dias para que o recorrente complemente o preparo.

## 5. AGRAVO

É o recurso cabível para se questionar decisão interlocutória proferida por um juiz antes da sentença, ou por juízes, desembargadores ou ministros nos tribunais em geral.

O prazo para interposição do agravo é de 10 dias a contar da intimação da decisão, a não ser nos casos dos agravos internos, cujo prazo é de 5 dias – arts. 532 e 557, § 1.º, do CPC. O agravo pode ser interposto sob duas formas: retida e instrumental.

## 5.1 Agravo retido

Será utilizado quando a parte, ao tomar conhecimento da decisão, não consegue evidenciar o prejuízo causado, de tal modo que essa convicção só ocorrerá se a sentença ainda trouxer prejuízo.

> Indeferimento de testemunhas, de documento, de perícia etc.

O agravo retido será utilizado para evitar a preclusão da decisão interlocutória e poderá ser interposto, em face do juízo *a quo*, por escrito ou verbalmente.

Se for proposto oralmente na audiência, será reduzido a termo na ata de audiência, possibilitando ao juiz a retratação da decisão proferida.

O agravo retido apenas será apreciado pelo tribunal se for reiterado nas preliminares das razões da apelação ou nas contrarrazões. Não há preparo.

## 5.2 Agravo por instrumento

Será interposto por meio de petição endereçada ao juízo *ad quem* juntamente com as peças obrigatórias e facultativas – arts. 524 e 525 do CPC. Nesse caso, a forma será de instrumento, pois o prejuízo pode ser percebido a partir da decisão.

A partir da interposição, o agravante terá três dias para juntar aos autos do processo originário as cópias do agravo juntamente com a comprovação da interposição.

Uma vez ocorrida essa comunicação ao juízo *a quo*, dar-se-á continuidade ao procedimento do agravo no tribunal *ad quem*.

Se, ao contrário, não houver a comprovação da comunicação ao juízo *a quo*, o agravo não prosseguirá, com a consequente inadmissibilidade do recurso.

## 5.3 Efeitos do agravo

O agravo, regra geral, só produz efeito devolutivo, mas é possível que se produza o efeito suspensivo nos casos em que a decisão recorrida trouxer lesão grave e de difícil reparação – art. 558 do CPC. O objetivo nesse caso, é evitar que a decisão proferida produza efeitos.

É possível ainda a produção da antecipação da tutela recursal, que será cabível quando o juiz *a quo* indeferir o pedido de liminar ou tutela antecipada. O objetivo nesse caso é que a decisão seja proferida imediatamente pelo relator.

Ao requerer a antecipação da tutela recursal, o agravante deseja que o relator conceda a liminar anteriormente indeferida – art. 527, II, do CPC.

## 6. EMBARGOS DECLARATÓRIOS

Os embargos declaratórios servem para esclarecer qualquer ato decisório que apresente, no seu teor, omissão, obscuridade ou contradição.

Não é o objetivo dos embargos declaratórios a modificação do conteúdo decisório, embora a modificação possa ocorrer incidentalmente, ao que na doutrina se dá o nome de efeito modificativo ou efeito infringente.

O prazo para interposição dos embargos declaratórios será de cinco dias a contar da intimação da decisão recorrida, e será interposto em face do juízo *a quo*, que apreciará a admissibilidade e o mérito.

Neste recurso não há contraditório, de tal modo que, a partir da interposição, o recurso será apreciado pelo juiz.

Os embargos declaratórios produzem efeito devolutivo e suspensivo (interruptivo), e, se o juiz perceber que a sua interposição tem o efeito protelatório, poderá aplicar uma multa ao embargante de 1% do valor da causa. Se os embargos forem reiterados, a multa pode chegar a 10%.

## 7. EMBARGOS INFRINGENTES

Trata-se do recurso cabível quando o acórdão não unânime houver reformado, em grau de apelação, a sentença de mérito, ou houver julgado procedente ação rescisória. Tem por objetivo fazer com que prevaleça o voto vencido.

Não cabe se não for unânime no agravo, no recurso especial e no recurso extraordinário.

Em relação ao agravo de instrumento, embora não seja preciso o ordenamento, é possível o cabimento dos embargos infringentes quando, da apreciação de decisão interlocutória, sobrevenha uma sentença terminativa.

Os embargos infringentes serão interpostos no prazo de 15 dias a contar da intimação da decisão recorrida e serão propostos em face do relator *a quo*, que apreciará sua admissibilidade e intimará a parte contrária para que apresente as contrarrazões.

Se o recurso for admitido, será escolhido um novo relator do mesmo tribunal que gerou o acórdão por votação não unânime, e este relator, com uma nova turma julgadora, decidirá o mérito dos embargos.

Os embargos infringentes produzem o efeito suspensivo e o devolutivo.

## 8. RECURSO ESPECIAL E RECURSO EXTRAORDINÁRIO

Em ambos os recursos, para que sua interposição seja possível, é necessário que os recursos ordinários tenham sido esgotados.

Tais recursos não servem para analisar matéria de fato (Súmula 389 do STF) nem valoração da prova (Súmula 279 do STF).

O objetivo do recurso especial é apurar nas causas decididas em única ou ultima instância, pelos tribunais Regionais Federais ou pelos tribunais dos Estados, do Distrito Federal e territórios, nos seguintes casos:

Contrariar tratado ou lei federal, ou negar-lhes vigência;

Julgar válido ato de governo local contestado em face de lei federal;

Der a lei federal interpretação divergente da que lhe haja atribuído outro tribunal (art. 105, III da CF).

O objetivo do Recurso Extraordinário é apurar nas causas decididas em única ou ultima instância, nos seguintes casos:

• Contrariar dispositivo constitucional;

• Declarar inconstitucionalidade de tratado ou lei federal;

• Julgar válida lei ou ato de governo local contestado em face da Constituição;

• Julgar válida lei local contestada em face de lei federal (art. 102, III da CF).

Em ambos os recursos, o efeito produzido será apenas o devolutivo, mas o efeito suspensivo pode ser pedido através de uma ação cautelar inominada, e será dirigida ao juízo que apreciará a admissibilidade de ambos os recursos.

O prazo para interposição dos recursos será de 15 dias a contar da intimação do acórdão, e ambos os recursos serão interpostos em face do presidente ou vice-presidente do tribunal recorrido. Este juiz ou desembargador apreciará a admissibilidade e intimará a parte contrária para que apresente as contrarrazões.

Se os recursos forem admitidos pelo presidente *a quo*, o recurso especial será encaminhado para o STJ e o recurso extraordinário para o STF.

Se a decisão recorrida afrontou tanto lei federal como a Constituição, haverá o cabimento do recurso especial e do recurso extraordinário, que deverão ser redigidos em peças separadas e protocolados simultaneamente em face do presidente *a quo*.

Se ambos os recursos forem admitidos, serão remetidos ao STJ, que apreciará o recurso especial, enquanto o recurso extraordinário ficará sobrestado até que o recurso especial seja apreciado. Se o recurso especial prejudicar o extraordinário, não haverá a remessa do recurso extraordinário para o STF. Se não ocorrer o prejuízo, o relator do recurso especial remeterá o recurso extraordinário para o STF.

Os recursos, especial e extraordinário (4 peças), podem ser interpostos tanto contra decisões finais como interlocutórias. Em relação às finais, os recursos seguirão o procedimento anteriormente descrito. Em relação às interlocutórias, o recurso especial ou o recurso extraordinário será proposto perante o relator *a quo* que apensará o recurso especial ou extraordinário nos autos principais. Este recurso será chamado de recurso especial ou recurso extraordinário retido. Eles apenas serão apreciados quanto à admissibilidade, e o mérito que foi reiterado nas razões de eventual recurso especial ou extraordinário.

# Segunda Parte • modelos

# Modelos

## 1. MODELO DE PARECER

| Cabimento | Quando se espera uma opinião técnica sobre determinada questão |
|---|---|
| Estrutura | Introdução (interessado, assunto, ementa); relatório (descrição do problema); fundamentação (argumentação com a citação do texto legal); conclusão. |

PARECER N.____

Interessado____ [Quem pediu.]

Assunto: Solicitação de parecer sobre a possibilidade de____

Ementa: [Resumir pedido/assunto e a resposta. Do ponto mais geral para o mais específico.

Exemplo: Empresarial – Empresário – Incapaz – Possibilidade da continuação da empresa.]

### RELATÓRIO

Trata-se de consulta formulada pelo____ que solicita parecer sobre a possibilidade de____

[Parafrasear o problema contado sem inventar nada.]

É o relatório.

### FUNDAMENTAÇÃO

[No primeiro parágrafo, antecipar o que será tratado;

no 2.º parágrafo tratar da premissa maior;

no 3.º parágrafo, tratar da premissa menor – do assunto específico – tratando dos fatos com contorno jurídico.]

CONCLUSÃO

Ante o exposto, o (nosso) parecer é no sentido da possibilidade (impossibilidade) de____



Local e data.

Advogado/OAB

## 2. PETIÇÃO INICIAL (PROCESSO DE CONHECIMENTO)

EXCELENTÍSSIMO SENHOR DOUTOR JUIZ DE DIREITO DA____ VARA CÍVEL DA COMARCA DE____ DO ESTADO DE____

(espaço de cinco linhas)


**SOCIEDADE**____, inscrita no Cadastro Nacional de Pessoas Jurídicas (CNPJ/MF) sob o n.____, com sede na Rua____, n.____, representado por seu administrador____, [Quando a parte for Sociedade Limitada ela será representada pelo administrador, mas em se tratando de SA, a representação será feita pelo seu diretor.] CEP n.____, por seu procurador infra-assinado (instrumento de mandato incluso), vem, respeitosamente, perante Vossa Excelência, propor a presente AÇÃO DE _____[pelo rito.]____ [Indicar se o rito é sumário (arts. 275 e ss. do CPC), ordinário (residual) ou especial.] com fundamento nos arts.____, [Indicar os artigos que fundamentam processualmente a ação.] em face da SOCIEDADE____, inscrita no Cadastro Nacional de Pessoas Jurídicas (CNPJ) sob o n.____, com sede na Rua____, n.____, por seu administrador____, CEP n.____, pelas razões de fato ou de direito a seguir expostas:

I. DOS FATOS

[Nessa parte da peça o candidato deve descrever o fato narrado pelo examinador, sem acrescentar nenhum dado novo.]

## II. DO DIREITO

Nessa parte da peça, o candidato deve desenvolver seu raciocínio relacionando o texto da Lei com o caso concreto.

Se pedir a concessão de liminar [A liminar tem cabimento quando além de precisar da medida de urgência, a legislação indicar expressamente o termo "liminar", como no mandado de segurança, nas cautelares, nas possessórias.] ou tutela antecipada [A tutela antecipada tem cabimento quando se precisa da medida de urgência no processo de conhecimento fundamentado nos arts. 273 do CPC (prova inequívoca da verossimilhança da alegação e o fundado receio de dano irreparável ou de difícil reparação) e no art. 461 do CPC, em se tratando de obrigação de fazer ou não fazer.] deve se demonstrar a presença dos requisitos de cada uma delas.

## II. DO PEDIDO

Diante do exposto, requer:

a) a concessão de liminar/tutela antecipada no sentido de____ [Quando houver a necessidade.];

b) a procedência do pedido do autor no sentido de____ [Descrever exatamente o que se pretende e não esquecer de confirmar o que foi pedido na liminar ou tutela antecipada com a confirmação.];

c) a citação do réu, para que, querendo, apresente sua contestação, no prazo legal, sob pena de revelia [Se fosse rito sumário, deve requerer a citação para comparecer à audiência de conciliação, oportunidade em que o réu, deverá apresentar os termos da Contestação, sob pena de sofrer os efeitos da revelia, nos exatos termos do art. 277, *caput*, do CPC.];

d) a condenação ao pagamento das custas e dos honorários advocatícios, sendo estes últimos, pleiteados no importe de 20% do valor da causa, conforme disposição do art. 20 do CPC [Atentar para o fato de que a Lei 12.016/2009, que dispõe sobre o Mandado de Segurança, continuou a vedar a condenação em honorários sucumbenciais.];

e) que as intimações sejam enviadas para o escritório na Rua____ (art. 39, I, do CPC).

Pretende-se provar o alegado por todas as provas em direito admitidas, especialmente____ [Se fosse uma inicial de rito sumário, deve-se especificar as provas que pretende produzir (art. 276 do CPC). Se pleitear a prova testemunhal, não esquecer de indicar o rol de testemunhas, no final da peça; por fim, se pretender a prova pericial, não esquecer de indicar o assistente técnico e os quesitos, no final da peça].

Dá-se à causa o valor de R$_____ [O valor da causa é calculado de acordo com o artigo 259 do CPC ou de acordo com o art. 58, III da Lei 8.245/1991, dentre outras leis esparsas].

Nesses termos,

pede deferimento.

Local e data.

Advogado____

OAB/____ n.____

## 3. PETIÇÃO INICIAL DE AÇÃO MONITÓRIA

| | |
|---|---|
| Fundamento Legal | 1.102-A, 1.102-B, 1.102-C do CPC. |
| Competência | Excelentíssimo Senhor Doutor Juiz de Direito da____ Vara Cível da Comarca de____ do Estado de____Local do cumprimento da obrigação (art. 100, IV, "d", do CPC). |
| Partes | Credor e devedor (os coobrigados não podem ser atingidos, por não participarem da relação obrigacional). |
| Cabimento | A ação monitória é usada para a cobrança de obrigações provadas por documento, que não podem ser objeto de execução. Ou seja, título de crédito prescrito, o contrato de abertura de crédito (Súmula 247 do STJ) ou ainda o saldo devedor da alienação fiduciária, após o crédito obtido com a busca e apreensão (Súmula 384 do STJ). |
| Pedido | Expedição do mandado de pagamento.Citação do réu para pagar ou apresentar os embargos em 15 dias, sob pena do mandado inicial ser convertido em mandado executivo no valor do principal, acrescido de juros e correção monetária.Condenação no pagamento de custas judiciais e honorários advocatícios. Intimações sejam enviadas para o escritório na Rua____ (art. 39, I, do CPC). |
| Valor da causa | O valor do título prescrito. |
| Observação | Se o objeto for um título de crédito prescrito, não esquecer que a relação causal deve ser mencionada, já que o título perdeu as características de título de crédito, não sendo, a monitória, uma ação cambial. Outro detalhe importante, é que o eventual avalista ou endossante não podem ser atingidos pela monitória. |

EXCELENTÍSSIMO SENHOR DOUTOR JUIZ DE DIREITO DA\_\_\_\_ VARA CÍVEL DA COMARCA DE\_\_\_\_ DO ESTADO DE\_\_\_\_

(*espaço de cinco linhas*)

**SOCIEDADE**\_\_\_\_, inscrita no Cadastro Nacional de Pessoas Jurídicas (CNPJ) sob o n.\_\_\_\_, com sede na Rua\_\_\_\_, n.\_\_\_\_, por seu administrador\_\_\_\_ [Se o cliente for uma Sociedade Limitada, o representante é o administrador, mas se for uma Sociedade por Ações, o representante será o diretor.], por seu procurador infra-assinado (instrumento de mandato incluso), vem respeitosamente perante Vossa Excelência, propor a presente AÇÃO MONITÓRIA com fundamento nos arts. 1.102-A, 1.102-B e 1.102-C do CPC, em face de FULANO\_\_\_\_, *Portador do documento de identidade Registro Geral* (RG) n.\_\_\_\_, Cadastro de Pessoas Físicas (CPF) n. \_\_\_\_, com domicílio na Rua\_\_\_\_, n.\_\_\_\_, Cidade\_\_\_\_, CEP n.\_\_\_\_, pelas razões de fato ou de direito a seguir expostas:

### I. DOS FATOS

[Nesta parte da peça o candidato deve descrever o fato narrado pelo examinador, sem acrescentar nenhum dado novo.]

### II. DO DIREITO

[Nesta parte da peça, o candidato deve desenvolver seu raciocínio relacionando os argumentos jurídicos com a descrição do fato.

É importante citar os artigos de lei e deixar claro o cabimento da ação monitória, inclusive demonstrando a existência de prova literal da dívida sem eficácia de título executivo (art. 1.102-A do CPC).

### III. DO PEDIDO

Diante do exposto, requer:

a) a total procedência do pedido formulado pela autora, determinando a expedição do competente mandado de pagamento, para que o réu seja citado a pagar a quantia de R$\_\_\_\_, em 15 dias ou, se quiser, ofereça os embargos, sob pena da conversão do mandado inicial em mandado executivo no valor do título, acrescidos de juros, correção monetária, bem como a condenação ao ônus da sucumbência;

b) a citação do réu, por oficial de justiça [É importante prestar atenção na forma de citação que será usada (por correio, oficial de justiça ou precatória, conforme capítulo)]. Para tanto, junta as respectivas guias, devidamente recolhidas [Para conhecer valores a recolher, o advogado deverá consultar a Tabela de Custas Judiciais. No caso do Estado de São Paulo, (Justiça Estadual), as custas estão regidas pela Lei 11.608/2003, sendo que o recolhimento devido ao Sr. Meirinho (oficial de justiça), deve estar em conformidade com o Comunicado CG 70/2009, ou outro que vier a substituí-lo].

c) que as intimações sejam enviadas para o escritório na Rua____ (art. 39, I, do CPC).

Dá-se à causa o valor de____

Nesses termos,

pede deferimento.

Local e data.

Advogado____

OAB/____ n.____

## 4. PETIÇÃO INICIAL DE CAUTELAR DE ARRESTO

| | |
|---|---|
| Fundamento Legal | Arts. 813 a 821 do CPC. |
| Competência | Excelentíssimo Senhor Doutor Juiz de Direito da____ Vara Cível da Comarca de____ do Estado de____ (juízo da ação principal, normalmente no juízo da execução). |
| Partes | Autor: credor (que possui o título executivo; que tem o receio justificado de que os bens do devedor possam desaparecer); Réu: Devedor. |
| Cabimento | Serve para garantir a execução que o credor pretende ingressar, além disso, deve existir prova da dívida (*fumus boni iuris*) e a existência de alguma situação que justifique o receio de que não haverá bens para garantir a execução (*periculum in mora*) art. 813 do CPC. |
| Pedido | – a concessão de *liminar* de arresto, a fim de impedir a alienação de tantos bens quantos forem necessários para garantir a eficácia da obrigação principal (bens indeterminados, ou ainda, não individuados pelo autor;<br>– que caso Vossa Excelência entenda necessário, prontifica-se o autor a prestar caução real ou fidejussória, tão logo a garantia seja determinada;<br>– a procedência do pedido formulado pelo autor, com a confirmação da medida de arresto pleiteado;– que o réu seja citado, (*inaudita altera pars*) ["A liminar *inaudita altera parte* (*pars*) é uma forma de antecipação da tutela concedida no início do processo, sem que a parte contrária seja ouvida. Ela apenas é concedida desta maneira (antes da justificação prévia), se |

| | |
|---|---|
| **Pedido** (continuação) | a citação do réu puder tornar sem eficácia a medida antecipatória ou se o caso for de tamanha urgência que não possa esperar a citação e a resposta do réu".] após o cumprimento da medida, por meio de____, a fim de apresentar sua contestação em 5 dias, sob pena de revelia;<br>– que o réu seja condenado ao pagamento das custas e honorários advocatícios;<br>– que as intimações sejam enviadas para o escritório na Rua ____ (art. 39, I, do CPC);<br>– informar, por fim a este juízo que no prazo de 30 dias irá propor a ação de____, em cumprimento ao art. 806 do CPC. |
| **Valor da causa** | Valor do título que será objeto de execução. |

EXCELENTÍSSIMO SENHOR DOUTOR JUIZ DE DIREITO DA____ VARA CÍVEL DA COMARCA DE____ DO ESTADO DE____

(*espaço de cinco linhas*)

SOCIEDADE____, inscrita no Cadastro Nacional de Pessoas Jurídicas (CNPJ) sob o n. ____, com sede na Rua____, n.____, por seu administrador____, por seu procurador infra-assinado (instrumento de mandato incluso), vem respeitosamente perante Vossa Excelência, propor a presente AÇÃO CAUTELAR DE ARRESTO com fundamento nos arts. 813 e ss. do CPC, em face de SOCIEDADE____, inscrita no Cadastro Nacional de Pessoas Jurídicas (CNPJ) sob o n.____, com sede na Rua____, n.____, por seu administrador____, CEP n.____, pelas razões de fato ou de direito a seguir expostas:

I. DOS FATOS

[Nessa parte da peça, o candidato deve descrever o fato narrado pelo examinador, sem acrescentar nenhum dado novo.]

II. DO DIREITO

[Nessa parte da peça, o candidato deve tratar dos requisitos necessários para a concessão da medida cautelar do arresto, descritos nos arts. 813 e 814 do CPC.

Uma vez que se pretende pedir que a medida seja cumprida liminarmente, deve tratar dos requisitos para sua concessão: o *fumus boni iuris* e do *periculum in mora*.

Como se trata de uma cautelar, não deixar de citar que ela é incidental (ocasião em que será distribuída por dependência) ou preparatória de determinada ação. Se for preparatória, informar o nome da ação e que ela será proposta no prazo do artigo 806 do CPC.

Deve explicar como cada requisito ficou caracterizado nos fatos descritos.]

## II. DO PEDIDO

Diante do exposto, requer:

a) a concessão de *liminar* de arresto a fim de impedir a alienação de tantos bens quantos forem necessários para garantir a eficácia da obrigação principal;

b) que caso Vossa Excelência entenda necessário, prontifica-se o autor a prestar caução real ou fidejussória, tão logo a garantia seja determinada;

c) a procedência do pedido formulado pelo autor, com a confirmação da medida de arresto pleiteada;

d) que o réu seja citado, após o cumprimento da medida, por meio de____, a fim de apresentar sua contestação em 5 dias, sob pena de revelia;

e) que o réu seja condenado ao pagamento das custas e honorários advocatícios;

f) que as intimações sejam enviadas para o escritório na Rua____ (art. 39, I, do CPC).

Pretende-se provar o alegado por todas as provas em direito admitidas, especialmente____.

Informa, por fim, a este juízo que no prazo de 30 dias irá propor a ação de____, em cumprimento ao art. 806 do CPC [Este parágrafo será necessário apenas nas situações em que a medida postulada por preparatória. Neste sentido, será indispensável que se mencione o nome da ação principal que será proposta, devendo-se obedecer ao prazo estabelecido no art. 806 do CPC].

Dá-se à causa o valor de R$____ (valor por extenso).

Nesses termos,

pede deferimento.

Local e data.

Advogado____

OAB/____ n.____

## 5. PETIÇÃO INICIAL DE CAUTELAR DE SEQUESTRO

| | |
|---|---|
| **Fundamento Legal** | Arts. 822 a 825 do CPC. |
| **Competência** | Excelentíssimo Senhor Doutor Juiz de Direito da____Vara Cível da Comarca de____do Estado de____(juízo da causa principal). |
| **Partes** | Autor: Quem possui interesse sobre determinado bem, objeto de litígio. Réu: A pessoa que pode danificar o bem, objeto de litígio. |
| **Cabimento** | Quando houver o risco de que o objeto do litígio se perca (art. 822 do CPC). |
| **Pedido** | – a concessão de LIMINAR de sequestro dos seguintes bens____, a fim de impedir a alienação ou dano desses bens para garantir a eficácia da ação principal;<br>– que caso Vossa Excelência entenda necessário, prontifica-se o autor a prestar caução real ou fidejussória, tão logo a garantia seja determinada;<br>– a procedência do pedido formulado pelo autor, com a confirmação da medida de sequestro concedida;<br>– que o réu seja citado, após o cumprimento da medida, por meio de____, a fim de apresentar sua contestação em 5 dias, sob pena de revelia;<br>– que o réu seja condenado ao pagamento das custas e dos honorários advocatícios;<br>– que as intimações sejam enviadas para o escritório na Rua____ (art. 39, I, do CPC). Informa, por fim a este juízo que no prazo de 30 dias irá propor a ação de____, em cumprimento ao art. 806 do CPC. |
| **Valor da causa** | Valor do bem, objeto do litígio. |

EXCELENTÍSSIMO SENHOR DOUTOR JUIZ DE DIREITO DA____ VARA CÍVEL DA COMARCA DE____ DO ESTADO DE____

(*espaço de cinco linhas*)

**SOCIEDADE**____, inscrita no Cadastro Nacional de Pessoas Jurídicas (CNPJ/MF) sob o n.____, com sede na Rua____, n.____, por seu administrador____, por seu procurador infra-assinado (instrumento de mandato incluso), vem respeitosamente perante Vossa Excelência, propor a presente AÇÃO CAUTELAR DE SEQUESTRO com fundamento nos arts. 822 e ss. do CPC, em face de SOCIEDADE____, inscrita no Cadastro Nacional de Pessoas Jurídicas (CNPJ) sob o n. ____, com sede na Rua____, n.____, por seu administrador____, CEP n.____, pelas razões de fato ou de direito a seguir expostas:

### I. DOS FATOS

Nessa parte da peça, o candidato deve descrever o fato narrado pelo examinador, sem acrescentar nenhum dado novo.

### II. DO DIREITO

Nessa parte da peça, o candidato deve tratar dos requisitos necessários para a concessão da medida cautelar do sequestro, descritos nos arts. e ss. 822 do CPC.

Como se trata de uma cautelar, não deixar de citar que ela é incidental ou preparatória de determinada ação. Se for preparatória, informar o nome da ação e que ela será proposta no prazo do art. 806 do CPC.

Uma vez que se pretende pedir que a medida seja cumprida liminarmente, deve tratar dos requisitos para sua concessão: o *fumus boni iuris* e do *periculum in mora* [O *periculum in mora* se verifica na ocorrência de um dos fatos arrolados no art. 822 do CPC].

Deve explicar como cada requisito ficou caracterizado nos fatos descritos.

### III. DO PEDIDO

Diante do exposto, requer:

a) a concessão de *liminar* de sequestro dos seguintes bens____, a fim de impedir a alienação ou dano desses bens [Individuá-los.] para garantir a eficácia da ação principal;

b) que caso Vossa Excelência entenda necessário, prontifica-se o autor a prestar caução real ou fidejussória, tão logo a garantia seja determinada;

c) a procedência do pedido formulado pelo autor, com a confirmação da medida de sequestro concedida;

d) que o réu seja citado, após o cumprimento da medida, por meio de____, a fim de apresentar sua contestação em 5 dias, sob pena de revelia;

e) que o réu seja condenado ao pagamento das custas e dos honorários advocatícios,

f) que as intimações sejam enviadas para o escritório na Rua____ (art. 39, I, do CPC).

Pretende-se provar o alegado por todas as provas em direito admitidas, especialmente____.

Informa, por fim a este juízo que no prazo de 30 dias irá propor a ação de____, em cumprimento ao art.806 do CPC [Só é necessário este parágrafo se a cautelar for preparatória, portanto deve ser informada a ação principal].

Dá-se à causa o valor de R$____ (valor por extenso).

Nesses termos,

pede deferimento.

Local e data.

Advogado____

OAB/____n.____

## 6. PETIÇÃO INICIAL DE CAUTELAR INOMINADA DE SUSTAÇÃO DE PROTESTO

| | |
|---|---|
| Fundamento Legal | Arts. 798 e ss. do CPC. |
| Competência | Excelentíssimo Senhor Doutor Juiz de Direito da____Vara Cível da Comarca de____ do Estado de____(Juízo da ação principal). |
| Partes | Autor: Devedor – que está sendo protestado indevidamente; Réu – Credor. |
| Cabimento | Usada para evitar o protesto supostamente indevido de um título de crédito. |
| Pedido | – com a concessão de LIMINAR de sustação de protesto, sem a prestação de caução, expedindo o respectivo ofício ao Cartório____;<br>– que o réu seja citado, após o cumprimento da medida, a fim de apresentar sua contestação em 5 dias, sob pena de revelia;<br>– a procedência do pedido formulado pelo autor, com a confirmação da medida concedida;<br>– que o réu seja condenado ao pagamento das custas e dos honorários advocatícios;<br>– que as intimações sejam enviadas para o escritório na Rua____ (art. 39, I, do CPC). Informa, por fim a este juízo que no prazo de 30 dias irá propor a ação de____, em cumprimento ao art. 806 do CPC;<br>– apontar a ação principal que será proposta, no prazo do art. 806 do CPC. Esta ação deverá ter como objetivo a declaração de inexistência de relação jurídica entre autor e réu, por exemplo. |
| Valor da causa | O valor do título. |

EXCELENTÍSSIMO SENHOR DOUTOR JUIZ DE DIREITO DA____ VARA CÍVEL DA COMARCA DE____ DO ESTADO DE____

(*espaço de cinco linhas*)

**SOCIEDADE**____, inscrita no Cadastro Nacional de Pessoas Jurídicas (CNPJ) sob o n.____, com sede na Rua____, n.____, por seu administrador____, por seu procurador infra-assinado (instrumento de mandato incluso), vem respeitosamente perante Vossa Excelência, propor a presente AÇÃO CAUTELAR INOMINADA DE SUSTAÇÃO DE PROTESTO com fundamento nos arts. 798 e ss. do CPC, em face de SOCIEDADE____, inscrita no Cadastro Nacional de Pessoas Jurídicas (CNPJ) sob o n. ____, com sede na Rua____, n.____, por seu administrador____, CEP n.____, pelas razões de fato ou de direito a seguir expostas:

### I. DOS FATOS

[Nessa parte da peça, o candidato deve descrever o fato narrado pelo examinador, sem acrescentar nenhum dado novo, tratando do título que foi indevidamente colocado para ser protestado no Cartório____.]

### II. DO DIREITO

Nessa parte da peça, o candidato deve tratar dos requisitos necessários para a concessão da medida cautelar inominada, o *fumus boni iuris* e do *periculum in mora*.

Como se trata de uma cautelar, não deixar de citar que ela é incidental ou preparatória de determinada ação. Se for preparatória, informar o nome da ação e que ela será proposta no prazo do art. 806 do CPC.

Deve explicar como cada requisito ficou caracterizado nos fatos descritos.

### III. DO PEDIDO

Diante do exposto, requer:

a) com a concessão de LIMINAR de sustação de protesto, sem a prestação de caução, expedindo o respectivo ofício ao Cartório____;

b) que o réu seja citado, após o cumprimento da medida, a fim de apresentar sua contestação em 5 dias, sob pena de revelia;

c) a procedência do pedido formulado pelo autor, com a confirmação da medida concedida;

d) que o réu seja condenado ao pagamento das custas e dos honorários advocatícios;

e) que as intimações sejam enviadas para o escritório na Rua____ (art. 39, I, do CPC).

Pretende-se provar o alegado por todas as provas em direito admitidas, especialmente____.

Informa, por fim a este juízo que no prazo de 30 dias irá propor a ação de____, em cumprimento ao art. 806 do CPC [Só será necessário este parágrafo se a cautelar for preparatória, portanto deverá ser informada a ação principal].

Dá-se à causa o valor de R$____ (valor por extenso).

Nesses termos,

pede deferimento.

Local e data.

Advogado____

OAB/____n.____

## 7. PETIÇÃO INICIAL DE DISSOLUÇÃO DE SOCIEDADE CUMULADA COM APURAÇÃO DE HAVERES (SE O OBJETIVO FOR A DISSOLUÇÃO TOTAL A CUMULAÇÃO DEVE SER COM LIQUIDAÇÃO JUDICIAL)

| | |
|---|---|
| Fundamento Legal | Art. 1.218, VII do CPC/73 e 655 e ss. do CPC/1939, |
| Competência | Excelentíssimo Senhor Doutor Juiz de Direito da____ Vara Cível da Comarca de____ do Estado de____ (Local da sede, se não houver foro de eleição). |
| Partes | Autor: o sócio que pretende a dissolução, exclusão, retirada; Réus: os outros sócios e a sociedade. |
| Cabimento | Quando um sócio quer a dissolução total ou parcial por quebra da *affectio societatis* (art. 1.034, II do CC/2002) ou por desejar a retirada (arts. 1029 e 1077 do CC) ou ainda a exclusão de sócio (art. 1.030 do CC/2002). |
| Pedido | – a procedência do pedido do autor no sentido de determinar a dissolução da sociedade, nos moldes do art. 655 e ss. do CPC/1939;<br>– sejam apurados os haveres, neles incluído o ressarcimento proporcional dos investimentos e despesas realizadas (art. 1031 do CC);<br>– a citação dos réus, para que, querendo, apresente sua contestação, no prazo legal, sob pena de revelia;<br>– a condenação ao pagamento das custas e dos honorários advocatícios;<br>– que as intimações sejam enviadas para o escritório na Rua____ (art. 39, I, do CPC);<br>– a produção de provas. |

EXCELENTÍSSIMO SENHOR DOUTOR JUIZ DE DIREITO DA\_\_\_\_ VARA CÍVEL DA COMARCA DE\_\_\_\_ DO ESTADO DE\_\_\_\_

(*espaço de cinco linhas*)

FULANO\_\_\_\_, portador do documento Registro Geral (RG) n.\_\_\_\_, inscrito no Cadastro de Pessoas Físicas (CPF) sob o n.\_\_\_\_, com domicílio na Rua\_\_\_\_, n.\_\_\_\_, Cidade\_\_\_\_ por seu procurador infra-assinado (instrumento de mandato incluso), vêm respeitosamente perante Vossa Excelência, propor a presente AÇÃO DE DISSOLUÇÃO DE SOCIEDADE CUMULADA COM APURAÇÃO DE HAVERES com fundamento nos arts. 1.218, VII, do CPC e art. 655 e ss. do CPC/1939, em face do(s) sócio(s) BELTRANO\_\_\_\_, portador do documento Registro Geral (RG) n.\_\_\_\_, inscrito no Cadastro de Pessoas Físicas (CPF) sob o n.\_\_\_\_, com domicílio na Rua\_\_\_\_, n.\_\_\_\_, Cidade\_\_\_\_ e a SOCIEDADE\_\_\_\_, [É imprescindível que e a Sociedade faça parte da ação, afinal ela terá que ser alterada, e será de seu patrimônio que eventualmente serão descontados o ressarcimento]. inscrita no Cadastro Nacional de Pessoas Jurídicas (CNPJ) sob o n.\_\_\_\_, com sede na Rua\_\_\_\_, n.\_\_\_\_, por seu administrador\_\_\_\_, CEP n.\_\_\_\_, pelas razões de fato ou de direito a seguir expostas:

### DOS FATOS

[Nessa parte da peça, o candidato deve descrever o fato narrado pelo examinador, sem acrescentar nenhum dado novo.]

### DO DIREITO

[Nessa parte da peça o candidato deve desenvolver seu raciocínio justificando a dissolução da sociedade, por quebra da *affectio societatis*, ou pela prática de inegável gravidade.

Tratar do art. 1.034, II, do CC para a quebra da *affectio societatis*. Ou ainda os arts. 1.029 e 1.077 do CC, no caso de retirada. Ou o art. 1.030 do CC, para a exclusão judicial.

### DO PEDIDO

Diante do exposto, requer:

a) a procedência do pedido do autor no sentido de determinar a dissolução da sociedade, nos moldes do artigo 655 e ss. do CPC/1939;

b) sejam apurados os haveres, neles incluído o ressarcimento proporcional dos investimentos e despesas realizadas;

c) a citação dos réus, para que, querendo, apresente sua contestação, no prazo legal, sob pena de revelia;

d) a condenação ao pagamento das custas e dos honorários advocatícios;

e) que as intimações sejam enviadas para o escritório na Rua____ (art. 39, I, do CPC).

Pretende-se provar o alegado por todas as provas em direito admitidas, especialmente____.

Dá-se à causa o valor de R$____ (valor por extenso)

Nesses termos,

pede deferimento.

Local e data.

Advogado____

OAB/____ n.____

## 8. PETIÇÃO INICIAL DE REPARAÇÃO DE DANOS POR ATO DE ADMINISTRADOR DE S.A.

| | |
|---|---|
| Fundamento Legal | Art. 282 do CPC e arts. 153, 158, 159 da Lei 6404/1976 |
| Competência | Excelentíssimo Senhor Doutor Juiz de Direito da____Vara Cível da Comarca de____do Estado de____ (local onde os atos foram realizados, normalmente na sede da empresa) |
| Partes | Autor: SA, a partir de decisão da Assembleia Geral Ordinária e se a assembleia decidir não propor a ação, pode ser proposta por qualquer acionista que representem ao menos 5% do capital social (art. 159 da Lei 6.404/1976) Réu: Administrador que praticou o ato e também o que sabia do ato lesivo e não informou à assembleia. |
| Cabimento | No caso de prejuízos causados à Sociedade por ato ou omissão de administrador. |

| | |
|---|---|
| Pedido | – a procedência do pedido do autor no sentido de determinar a responsabilidade do administrador a fim de ressarcir a Sociedade pelos prejuízos causados, com juros e correção monetária, nos moldes do art. 159 da Lei 6.404/1976;<br>– a citação do réu, para que, querendo, apresente sua contestação, no prazo legal, sob pena de revelia;<br>– a condenação ao pagamento das custas e dos honorários advocatícios;<br>– que as intimações sejam enviadas para o escritório na Rua\_\_\_\_ (art. 39, I, do CPC);<br>– a produção de provas. |
| Valor da causa | Valor do prejuízo causado. |

EXCELENTÍSSIMO SENHOR DOUTOR JUIZ DE DIREITO DA\_\_\_\_ VARA CÍVEL DA COMARCA DE\_\_\_\_ DO ESTADO DE\_\_\_\_

(*espaço de cinco linhas*)

FULANO\_\_\_\_, portador do documento Registro Geral (RG) n.\_\_\_\_, inscrito no Cadastro de Pessoas Físicas (CPF) sob o n.\_\_\_\_, com domicílio na Rua\_\_\_\_, n.\_\_\_\_, Cidade\_\_\_\_, por seu procurador infra-assinado (instrumento de mandato incluso), vem, respeitosamente perante Vossa Excelência, propor a presente AÇÃO DE REPARAÇÃO DE DANOS pelo rito ordinário, com fundamento nos arts. 159 da Lei 6.404/1976 e 282 do CPC, em face do administrador BELTRANO\_\_\_\_, portador do documento Registro Geral (RG) n.\_\_\_\_, inscrito no Cadastro de Pessoas Físicas (CPF) sob o n.\_\_\_\_, com domicílio na Rua\_\_\_\_, n.\_\_\_\_, Cidade\_\_\_\_, pelas razões de fato ou de direito a seguir expostas:

### I. DOS FATOS

[Nessa parte da peça o candidato deve descrever o fato narrado pelo examinador, sem acrescentar nenhum dado novo.]

### II. DO DIREITO

[Nessa parte da peça o candidato deve desenvolver seu raciocínio justificando o cabimento da ação de responsabilidade contra ato de administrador da SA, pelos prejuízos causados ao patrimônio da sociedade (art. 159 da Lei 6.404/1976).

Para demonstrar a responsabilidade do administrador não deixar de tratar dos deveres do administrador previstos nos arts. 153 e ss. da Lei 6.404/1976).

## III. DO PEDIDO

Diante do exposto, requer:

a) a procedência do pedido do autor, no sentido de determinar a responsabilidade do administrador a fim de ressarcir a Sociedade pelos prejuízos causados, com juros e correção monetária, nos moldes do art. 159 da Lei 6.404/1976;

b) a citação do réu, para que, querendo, apresente sua contestação, no prazo legal, sob pena de revelia;

c) a condenação ao pagamento das custas e dos honorários advocatícios;

d) que as intimações sejam enviadas para o escritório na Rua____ (art. 39, I, do CPC).

Pretende-se provar o alegado por todas as provas em direito admitidas, especialmente____

Dá-se à causa o valor de R$____ (valor por extenso)

Nesses termos,
pede deferimento.

Local e data.
Advogado____
OAB/____ n.____

## 9. PETIÇÃO INICIAL DE NULIDADE DE MARCA/PATENTE

| | |
|---|---|
| Fundamento Legal | Patente (arts. 56 e ss. da Lei 9.279/1996); Marca (arts. 173 e ss. da Lei 9.279/1996); Desenho Industrial (arts. 118 e 56 e ss. da Lei 9.279/1996). |
| Competência | Justiça Federal |
| Partes | Autor: quem pretende a nulidade; Réu: quem é titular da propriedade industrial e o INPI. |
| Cabimento | Quando se pretende que seja declarada nula a concessão da propriedade industrial para quem não tinha os requisitos ou não cumpriu o procedimento para a concessão. |

| | |
|---|---|
| Pedido | – a concessão de Liminar/Tutela Antecipada no sentido de suspender os efeitos do registro e do uso da marca da patente ou do desenho industrial;<br>– a procedência do pedido do autor, a fim de declarar a nulidade do registro da marca/patente/desenho industrial no INPI, confirmando os efeitos da liminar / tutela antecipada concedida impedindo os efeitos e o uso da marca/patente;<br>– a citação dos réus, para que, querendo, apresente sua contestação, no prazo de 60 dias, sob pena de revelia;<br>– a condenação ao pagamento das custas e dos honorários advocatícios;<br>– que as intimações sejam enviadas para o escritório na Rua____ (art. 39, I, do CPC);<br>– a produção de provas. |

EXCELENTÍSSIMO SENHOR DOUTOR JUIZ FEDERAL DA____ VARA CÍVEL DA SEÇÃO JUDICIÁRIA DE____

(*espaço de cinco linhas*)

SOCIEDADE____, inscrita no Cadastro Nacional de Pessoas Jurídicas (CNPJ) sob o n.____, com sede na Rua____, n.____, por seu administrador____, CEP n.____, por seu procurador infra-assinado (instrumento de mandato incluso), vem respeitosamente perante Vossa Excelência, propor a presente AÇÃO DE NULIDADE DE MARCA [Se a ação fosse de nulidade de patente, o fundamento legal seria o art. 56 e ss. da Lei 9.279/1996.] com fundamento no art. 173 e ss. da Lei 9.279/1996, em face de FULANO____ (titular da marca), portador do documento Registro Geral (RG) n.____, inscrito no Cadastro de Pessoas Físicas (CPF) sob o n.____, residente e domiciliado na Rua____, n.____, CEP n.____, e INPI – Instituto Nacional de Propriedade Industrial, por seu representante legal pelas razões de fato ou de direito a seguir expostas:

### I. DOS FATOS

[Nessa parte da peça o candidato deve descrever o fato narrado pelo examinador, sem acrescentar nenhum dado novo.]

### II. DO DIREITO

[Nessa parte da peça o candidato deve desenvolver seu raciocínio atrelando o texto da Lei com o caso concreto.

Para pleitear a nulidade da marca, o candidato pode questionar:

– os requisitos para a concessão da marca (novidade relativa, não colidência com marca de alto renome, não colidência com marca notoriamente conhecida e livre de impedimentos – arts. 122, 124, 125 e 126 da Lei 9.279/1996);

– a ausência das características necessárias dos requerentes de registro (arts. 128 e seguintes da Lei 9.279/1996);

– a ausência de alguma parte do procedimento (arts. 155 e ss. da Lei 9.279/1996).

Para pleitear a nulidade da patente o candidato pode questionar:

– a ausência dos requisitos (novidade, atividade inventiva, aplicação industrial e que esteja livre de impedimentos – art. 8.º, 10 e 18 da Lei 9.279/1996);

– a ausência de alguma parte do procedimento (arts. 30 e ss. da Lei 9.279/1996);

– alguma impropriedade de quem pediu a patente, como por exemplo as patentes requeridas por empregado na vigência de um contrato de trabalho (arts. 88 e ss. da Lei 9.279/1996).

Se pedir a concessão de uma medida de urgência é possível usar a tutela antecipada do art. 273 do CPC, ou mesmo a liminar, já que o legislador no art. 173, parágrafo único da Lei 9.279/1996, afirma que o juiz pode "liminarmente suspender os efeitos do registro e do uso da marca."

### III. DO PEDIDO

Diante do exposto, requer:

a) a concessão de Tutela antecipada/Liminar no sentido de suspender os efeitos do registro e do uso da marca [Ou da patente ou desenho industrial.];

b) a procedência do pedido do autor no sentido de declarar a nulidade do registro da marca ( patente ou desenho industrial no INPI, confirmando os efeitos da liminar concedida impedindo os efeitos e o uso da marca;

c) a citação dos réus, para que, querendo, apresentem sua contestação, no prazo de 60 dias, sob pena de revelia;

d) a condenação ao pagamento das custas e dos honorários advocatícios;

e) que as intimações sejam enviadas para o escritório na Rua____ (art. 39, I, do CPC).

Pretende-se provar o alegado por todas as provas em direito admitidas, especialmente____

Dá-se à causa o valor de R$____ (valor por extenso)

Nesses termos,

pede deferimento.

Local e data.

Advogado____

OAB/____ n.____

## 10. PETIÇÃO INICIAL DE COBRANÇA DE COMISSÕES (REPRESENTANTE COMERCIAL)

| | |
|---|---|
| Fundamento Legal | Art. 39 da Lei 4.886/1965 e art. 275, II, *h* do CPC |
| Competência | Excelentíssimo Senhor Doutor Juiz de Direito da____ Vara Cível da Comarca de____ do Estado de____ |
| Partes | Autor: Representante; Réu: Representado |
| Cabimento | Não pagamento das comissões ou indenização devida ao representante pela rescisão imotivada por parte do representado. |
| Pedido | – a procedência do pedido do autor no sentido de condenar o réu ao pagamento da quantia de____, referente ás comissões devidas, indenização e pré-aviso, acrescentado dos juros e correção monetária;<br>– a citação do réu por meio de____, para comparecer a Audiência de Conciliação e apresentar, se quiser, sua contestação, sob pena de revelia (art. 278 do CPC);<br>– a condenação do réu ao pagamento das custas e dos honorários advocatícios;– que as intimações sejam enviadas para o escritório na Rua____ (art. 39, I, do CPC);<br>– a produção de provas de modo específico. |
| Valor da causa | Valor da soma dos pedidos. |
| Observação | Como se trata de uma petição inicial do procedimento sumário, o autor deve especificar as provas que pretende produzir, e se requerer a prova testemunhal, deve indicar o rol de testemunhas ao final da petição. Da mesma forma, se pedir prova pericial, deverá nomear assistente técnico, apresentando os quesitos ao final da peça. |

EXCELENTÍSSIMO SENHOR DOUTOR JUIZ DE DIREITO DA____ VARA CÍVEL DA COMARCA DE____ DO ESTADO DE____

(*espaço de cinco linhas*)

**FULANO**____, portador do documento Registro Geral (RG) n.____, inscrito no Cadastro de Pessoas Físicas (CPF) sob o n.____, inscrito no Conselho Regional dos Representantes Comerciais do____, sob o n.____ com domicílio na Rua____, n.____, Cidade____, por seu procurador infra-assinado (instrumento de mandato incluso), vem, respeitosamente, perante Vossa Excelência, propor a presente AÇÃO DE COBRANÇA DE COMISSÕES (e indenizações) pelo procedimento sumário com fundamento nos arts. 39 da Lei 4.886/1965 e 275, II, "h" do CPC, em face da SOCIEDADE____, inscrita no Cadastro Nacional de Pessoas Jurídicas (CNPJ) sob o n.____, com sede na Rua____, n.____, por seu administrador____, CEP n.____, pelas razões de fato e de direito a seguir expostas:

### I. DOS FATOS

Nessa parte da peça o candidato deve descrever o fato narrado pelo examinador, sem acrescentar nenhum dado novo.

### II. DO DIREITO

Nessa parte da peça, o candidato deve desenvolver seu raciocínio justificando o cabimento da cobrança das comissões por parte do representante comercial.

O candidato deve tratar do art. 32 da Lei 4.886/1965, que trata da aquisição pelo representante do direito ás comissões. Além disso, se o contrato foi rescindido sem justo motivo o representante tem direito à indenização do art. 27, *j*, e § 1.º da Lei 4.886/1965 e ainda o pré-aviso do art. 34 da Lei 4.886/1965, que se não foi cumprido permite o pedido de 1/3 das comissões auferidas pelo representante nos últimos 3 meses.

### III. DO PEDIDO

Diante do exposto, requer:

a) a procedência do pedido do autor no sentido de condenar o réu ao pagamento da quantia de____, referente ás comissões devidas, indenização e pré-aviso, acrescentado dos juros e correção monetária;

b) a citação do réu por meio de____, para comparecer a Audiência de Conciliação e apresentar, se quiser, sua contestação, sob pena de revelia (art. 278 do CPC).

c) a condenação do réu ao pagamento das custas e dos honorários advocatícios;

d) que as intimações sejam enviadas para o escritório na Rua____ (art. 39, I, do CPC).

Pretende-se provar o alegado por todas as provas em direito admitidas, especialmente a prova documental e a prova testemunhal.

Dá-se à causa o valor de R$____ (valor por extenso).

Nesses termos,
pede deferimento.

Local e data.
Advogado____
OAB/____ n.____
Rol de testemunhas
1.____
2.____
3.____

## 11. PETIÇÃO INICIAL DE REPARAÇÃO E DANOS (CHEQUE PRÉ-DATADO)

| | |
|---|---|
| FUNDAMENTO LEGAL | Súmula 370 do STJ: "Caracteriza dano moral a apresentação antecipada de cheque pré-datado"; arts. 186 e 187 do CC/2002. |
| COMPETÊNCIA | Excelentíssimo Senhor Doutor Juiz de Direito da____ Vara Cível da Comarca de____ do Estado de____ (praça de pagamento). |
| PARTES | Autor: Emitente do cheque; Réu: Credor do cheque |
| CABIMENTO | Reparação de danos surgidos em virtude de o cheque ter sido apresentado antes da data prevista para desconto. |

| | |
|---|---|
| Pedido | – a procedência do pedido do autor, no sentido de condenar o réu ao ressarcimento dos danos materiais e morais, com juros e correção monetária;<br>– a citação do réu, para que, querendo, apresente sua contestação, no prazo legal, sob pena de revelia;<br>– a condenação ao pagamento das custas e dos honorários advocatícios;<br>– que as intimações sejam enviadas para o escritório na Rua___ (art. 39, I, do CPC);<br>– produção de provas. |
| Valor da causa | Soma dos prejuízos causados. |

EXCELENTÍSSIMO SENHOR DOUTOR JUIZ DE DIREITO DA___ VARA CÍVEL DA COMARCA DE___ DO ESTADO DE___

(*espaço de cinco linhas*)

SOCIEDADE___, inscrita no Cadastro Nacional de Pessoas Jurídicas (CNPJ) sob o n.___, com sede na Rua___, n.___, por seu administrador___, CEP n.___, por seu procurador infra-assinado (instrumento de mandato incluso), vem respeitosamente perante Vossa Excelência, propor a presente AÇÃO DE REPARAÇÃO DE DANOS pelo rito ordinário, com fundamento nos arts. 282 do CPC, e Súmula 370 do STJ, em face da SOCIEDADE___, inscrita no Cadastro Nacional de Pessoas Jurídicas (CNPJ) sob o n.___, com sede na Rua___, n.___, por seu administrador___, CEP n.___, pelas razões de fato ou de direito a seguir expostas:

I. DOS FATOS

[Nessa parte da peça, o candidato deve descrever o fato narrado pelo examinador, sem acrescentar nenhum dado que não conste do enunciado].

II. DO DIREITO

Nessa parte da peça, o candidato deve desenvolver seu raciocínio justificando o cabimento da ação de reparação de danos materiais e morais em virtude da apresentação do cheque antes da data pré-fixada na cártula (Súmula 370 do STJ).

Tratar dos arts. 186 e 187 do CC e da Lei 7.357/85.

Argumentar demonstrando os danos materiais e morais.

### III. DO PEDIDO

Diante do exposto, requer:

a) a procedência do pedido do autor, no sentido de condenar o réu ao ressarcimento dos danos materiais e morais, com juros e correção monetária;

b) a citação do réu, para que, querendo, apresente sua contestação, no prazo legal, sob pena de revelia;

c) a condenação ao pagamento das custas e dos honorários advocatícios;

d) que as intimação sejam enviadas para o escritório na Rua____ (art. 39, I, do CPC).

Pretende-se provar o alegado por todas as provas em direito admitidas, especialmente____

Dá-se à causa o valor de R$____ (valor por extenso).

Nesses termos,
pede deferimento.
Local e data.
Advogado____
OAB/____ n.____

## 12. PETIÇÃO INICIAL DE EXECUÇÃO

| | |
|---|---|
| Fundamento Legal | Arts. 646 e ss. do CPC. |
| Competência | Excelentíssimo Senhor Doutor Juiz de Direito da____ Vara Cível da Comarca de____ do Estado de____ (da praça de pagamento) |
| Partes | Autor: credor do título executivo; Réu: devedor do título executivo e responsáveis solidários (avalista e endossante). |
| Cabimento | Execução de título executivo que não foi pago (descrito no art. 585 do CPC e seja líquido, certo e exigível). Cuidado: a nota promissória vinculada a contrato de abertura de crédito deve ser objeto de ação monitória. |
| Pedido | – A citação do executado, por oficial de justiça (art. 222 do CPC com os benefícios do art. 172 § 2.º do CPC), para que no prazo de 3 dias (art. 652, *caput*, do CPC) efetue o pagamento do valor de R$____, sob pena de expedição de mandado de penhora e avaliação de tantos bens quantos bastem para a solvência do crédito; – que sejam |

| | |
|---|---|
| **Pedido** (continuação) | fixados os honorários advocatícios a serem pagos pelo executado e sua condenação ao respectivo pagamento; que as intimações sejam enviadas para o escritório na Rua____ (art. 39, I, do CPC). |
| **Valor da causa** | Valor do título executivo. |

EXCELENTÍSSIMO SENHOR DOUTOR JUIZ DE DIREITO DA____ VARA CÍVEL DA COMARCA DE____ DO ESTADO DE____

(*espaço de cinco linhas*)

SOCIEDADE____, inscrita no Cadastro Nacional de Pessoas Jurídicas (CNPJ) sob o n.____, com sede na Rua____, n.____, por seu administrador____, por seu procurador infra-assinado (instrumento de mandato incluso), vem respeitosamente perante Vossa Excelência, propor a presente AÇÃO DE EXECUÇÃO POR QUANTIA CERTA CONTRA DEVEDOR SOLVENTE com fundamento nos arts. 646 e ss. do CPC, em face de FULANO____, portador do documento Registro Geral (RG) n.____, inscrito no Cadastro de Pessoas Físicas (CPF) sob o n.____, com domicílio na Rua____, n.____, Cidade____, CEP n.____, pelas razões de fato ou de direito a seguir expostas:

I – DOS FATOS

[Nessa parte da peça, o candidato deve descrever o fato narrado pelo examinador que é a presença de um título executivo extrajudicial (art. 585 e 586 do CPC), sem acrescentar nenhum dado novo.]

II – DO DIREITO

[Nessa parte da peça o candidato deve desenvolver seu raciocínio relacionando os argumentos jurídicos com a descrição do fato.

É importante citar os artigos de lei e deixar claro o cabimento da ação de execução, inclusive demonstrando a existência de um título executivo (art. 585 e 586 do CPC).

III – DO PEDIDO

Diante do exposto requer:

a) a citação do executado, por oficial de justiça (art. 222 do CPC com os benefícios do art. 172, § 2.º do CPC), para que no prazo de 3 dias, efetue o pagamento do valor de R$____, sob pena de expedição de mandado de penhora e avaliação de tantos bens quantos bastem para a solvência do crédito. Para tanto, junta a respectiva guia de oficial de justiça devidamente recolhida;

b) que sejam fixados os honorários advocatícios a serem pagos pelo executado e sua condenação ao respectivo pagamento;

c) que as intimações sejam enviadas para o escritório na Rua____ (art. 39, I, do CPC).

Dá-se à causa o valor de____.

Nesses termos,

pede deferimento.

Local e data.

Advogado____

OAB/____ n.____

## 13. PETIÇÃO INICIAL DE AÇÃO RENOVATÓRIA (LOCAÇÃO EMPRESARIAL)

| | |
|---|---|
| FUNDAMENTO LEGAL | Arts. 51 e 71 da Lei 8.245/1991. |
| COMPETÊNCIA | Excelentíssimo Senhor Doutor Juiz de Direito da____ Vara Cível da Comarca de____ do Estado de____ (do local do imóvel, salvo se não houver foro de eleição no contrato – art. 58, II da Lei 8.245/1991). |
| PARTES | Autor: locatário ou sublocatário total; Réu: locadorVale destacar que o autor poderá propor a ação em comento, somando os prazos de locação dos seus sucessores (art. 51, II da Lei 8.245/1991 e Súmula 482 do STF) ["O locatário, que não for sucessor ou cessionário do que o procedeu na locação, não pode somar os prazos concedidos a este, para pedir a renovação do contrato, nos termos do Decreto 24.150"]. |
| CABIMENTO | Quando o locatário pretende renovar compulsoriamente o contrato de locação, desde que tenha os requisitos do art. 51 da Lei 8.245/1991. |
| PEDIDO | – a procedência do pedido do autor, no sentido de decretar a renovação do contrato de locação comercial, por igual prazo e nas mesmas condições, determinando o reajuste do aluguel |

| | |
|---|---|
| Pedido (continuação) | com base no índice inflacionário apontado no contrato, uma vez atendidas todas as formalidades e exigências da Lei;<br>– a citação do réu, para apresentar sua contestação no prazo legal sob pena de revelia;<br>– a condenação do réu ao pagamento das custas e do ônus da sucumbência;<br>– que as intimações sejam enviadas para o escritório na Rua____ (art. 39, I, do CPC). |
| Valor da causa | 12 (doze) vezes o valor do aluguel (art. 58, III, da Lei 8.245/1991). |

EXCELENTÍSSIMO SENHOR DOUTOR JUIZ DE DIREITO DA____ VARA CÍVEL DA COMARCA DE____ DO ESTADO DE____

(*espaço de cinco linhas*)

SOCIEDADE____, inscrita no Cadastro Nacional de Pessoas Jurídicas (CNPJ) sob o n.____, com sede na Rua____, n.____, por seu administrador____, por seu procurador infra-assinado (instrumento de mandato incluso), vem respeitosamente perante Vossa Excelência, propor a presente AÇÃO RENOVATÓRIA DE LOCAÇÃO, com fundamento nos arts. 51 da Lei 8.245/1991, em face de SOCIEDADE____, inscrita no Cadastro Nacional de Pessoas Jurídicas (CNPJ) sob o n.____, com sede na Rua____, n.____, por seu administrador____, pelas razões de fato ou de direito a seguir expostas:

I – DOS FATOS

[Nessa parte da peça, o candidato deve descrever o fato narrado pelo examinador sem acrescentar nenhum dado novo.]

II – DO DIREITO

[Nessa parte da peça, o candidato deve desenvolver seu raciocínio relacionando os argumentos jurídicos com a descrição do fato.

É importante indicar a presença dos requisitos para a propositura da ação renovatória, prevista nos arts. 51 da Lei 8.245/1991: "Nas locações de imóveis destinados ao comércio, o locatário terá direito a renovação do contrato, por igual prazo, desde que, cumulativamente: I – o contrato a renovar tenha sido celebrado por escrito e com prazo determinado; II – o prazo mínimo do contrato a renovar ou a soma dos prazos ininterruptos dos contratos escritos seja de cinco anos; III – o locatário esteja explorando seu comércio, no mesmo ramo, pelo prazo mínimo e ininterrupto de três anos."

O candidato também deve indicar a presença dos requisitos do artigo 71 da Lei 8.245/1991: "II – prova do exato cumprimento do contrato em curso; III – prova da quitação dos impostos e taxas que incidiram sobre o imóvel e cujo pagamento lhe incumbia; IV – indicação clara e precisa das condições oferecidas para a renovação da locação; V – indicação de fiador quando houver no contrato a renovar e, quando não for o mesmo, com indicação do nome ou denominação completa, número de sua inscrição no Ministério da Economia, Fazenda e Planejamento, endereço e, tratando-se de pessoa natural, a nacionalidade, o estado civil, a profissão e o número da carteira de identidade, comprovando, em qualquer caso e desde logo, a idoneidade financeira; VI – prova de que o fiador do contrato ou o que o substituir na renovação aceita os encargos da fiança, autorizado por seu cônjuge, se casado for; VII – prova, quando for o caso, de ser cessionário ou sucessor, em virtude de título oponível ao proprietário."

### III – DO PEDIDO

Diante do exposto requer:

a) a procedência do pedido do autor, no sentido de decretar a renovação do contrato de locação comercial, por igual prazo e nas mesmas condições, determinando o reajuste do aluguel com base no índice inflacionário apontado no contrato, uma vez atendidas todas as formalidades e exigências da Lei.

b) a citação do réu para apresentar sua contestação, no prazo legal, sob pena de sofrer os efeitos da revelia e confissão.

c) a condenação do réu, ao pagamento das custas e do ônus da sucumbência;

d) que as intimações sejam enviadas para o escritório na Rua____ (art. 39, I, do CPC).

Pretende-se provar o alegado por todas as provas em direito admitidas, especialmente____.

Dá-se à causa o valor de____ 12 (doze) vezes o valor do aluguel (art. 58, III da Lei 8.245/1991).

Nesses termos,

pede deferimento.

Local e data.

Advogado____

OAB/____ n.____

## 14. PETIÇÃO INICIAL DE AÇÃO POSSESSÓRIA

| | |
|---|---|
| Fundamento Legal | Art. 926 e ss. do CPC. |
| Competência | Excelentíssimo Senhor Doutor Juiz de Direito da____Vara Cível da Comarca de____do Estado de____(é o do local da coisa – art. 95 do CPC. Se a coisa for bem móvel, utilizar a regra do art. 94 do CPC) |
| Partes | Autor: legítimo possuidor direto ou indireto; Réu: quem praticou a ameaça ou retirou a posse. |
| Cabimento | Para reintegrar ou manter a posse, diante da perda ou ameaça. |
| Pedido | – a procedência do pedido do autor, com a concessão de liminar de reintegração (ou manutenção) da posse, expedindo-se o competente mandado para o cumprimento da decisão;<br>– a citação do réu, por oficial de justiça, após o cumprimento da medida, para que, querendo, apresente sua contestação, no prazo de 5 dias, sob pena de revelia;<br>– a condenação ao pagamento das custas e dos honorários advocatícios;<br>– que as intimações sejam enviadas para o escritório na Rua____ (art. 39, I, do CPC);<br>– a produção de provas. |
| Valor da causa | Valor venal do imóvel ou o valor do bem móvel. |

EXCELENTÍSSIMO SENHOR DOUTOR JUIZ DE DIREITO DA____ VARA CÍVEL DA COMARCA DE____ DO ESTADO DE____

(*espaço de cinco linhas*)

    **SOCIEDADE**____, inscrita no Cadastro Nacional de Pessoas Jurídicas (CNPJ) sob o n.____, com sede na Rua____, n.____, por seu administrador____, por seu procurador infra-assinado (instrumento de mandato incluso), vem respeitosamente perante Vossa Excelência, propor a presente AÇÃO DE REINTEGRAÇÃO [ou MANUTENÇÃO.] DE POSSE, com fundamento nos artigos 926 e ss. do CPC, em face de FULANO, portador do documento Registro Geral (RG) n.____, inscrito no Cadastro de Pessoas Físicas (CPF) sob o n.____, com domicílio na Rua____, n.___, Cidade____, CEP n.____, pelas razões de fato ou de direito a seguir expostas:

### I – DOS FATOS

Nesta parte da peça, o candidato deve descrever o fato narrado pelo examinador, sem acrescentar nenhum dado novo.

### II – DO DIREITO

Nesta parte da peça, o candidato deve desenvolver seu raciocínio relacionando os argumentos jurídicos com a descrição do fato.

É importante demonstrar os requisitos do art. 927 do CPC, provando a posse, a turbação (manutenção de posse) ou o esbulho (reintegração de posse) praticado pelo réu, a data da turbação ou esbulho e a continuação da posse [Em caso de manutenção da posse.]

Para requerer a liminar da tutela possessória, se o evento ocorreu há menos de ano e dia.

### III – DO PEDIDO

Diante do exposto, requer:

a) a procedência do pedido do autor, com a concessão de liminar de reintegração (ou manutenção) da posse, expedindo-se o competente mandado para o cumprimento da decisão;

b) a citação do réu, por oficial de justiça, após o cumprimento da medida, para que, querendo, apresente sua contestação, no prazo de 5 dias, sob pena de revelia;

c) a condenação ao pagamento das custas e dos honorários advocatícios;

d) que as intimações sejam enviadas para o escritório na Rua____ (art. 39, I, do CPC).

Pretende-se provar o alegado por todas as provas em direito admitidas, especialmente____.

Dá-se à causa o valor de R$____ (valor por extenso).

Nesses termos,

pede deferimento.

Local e data.

Advogado____

OAB/    n.

## 15. PETIÇÃO INICIAL DE PEDIDO DE FALÊNCIA

| | |
|---|---|
| Fundamento Legal | Art. 94 da Lei 11.101/2005. |
| Competência | Excelentíssimo Senhor Doutor Juiz de Direito da____Vara Cível da Comarca de____ do Estado de____(principal estabelecimento econômico do devedor). |
| Partes | Autor: credor ou credores (em litisconsórcio ativo); Réu: empresário ou sociedade empresária. |
| Cabimento | Quando o empresário ou sociedade empresária não paga um ou vários títulos executivos extrajudiciais no valor acima de 40 salários-mínimos; ou quando não cumpre um processo de execução; ou quando pratica um ato de falência. |
| Pedido | – a procedência do pedido do autor no sentido de citar o devedor para apresentar sua contestação no prazo de 10 dias, ou efetuar o pagamento por meio do depósito elisivo no valor do título, acrescidos de juros, correção monetária e ônus da sucumbência sob pena da decretação de sua falência;<br>– a condenação ao pagamento das custas e dos honorários advocatícios;<br>– que as intimações sejam enviadas para o escritório na Rua____ (art. 39, I, do CPC);<br>– a produção de provas. |

EXCELENTÍSSIMO SENHOR DOUTOR JUIZ DE DIREITO DA____ VARA CÍVEL DA COMARCA DE____DO ESTADO DE____

(*espaço de cinco linhas*)

**SOCIEDADE**____, inscrita no Cadastro Nacional de Pessoas Jurídicas (CNPJ) sob o n.____, com sede na Rua____, n.____, por seu administrador____, CEP n.____, por seu procurador infra-assinado (instrumento de mandato incluso), vem respeitosamente perante Vossa Excelência, propor o presente PEDIDO DE FALÊNCIA, com fundamento no art. 94, I, da Lei 11.101/2005 [O inciso do art. 94, depende do motivo do pedido de falência. Se o motivo for a impontualidade de título extrajudicial utiliza-se o inciso I. Se o motivo for o título judicial não cumprido, utiliza-se o inciso II. E se os motivos forem os atos de falência, o inciso III.], em face da SOCIEDADE____, inscrita no Cadastro Nacional de Pessoas Jurídicas (CNPJ) sob o n.____, com sede na Rua____, n.____, por seu administrador____, CEP n.____, pelas razões de fato ou de direito a seguir expostas:

## I. DOS FATOS

Nesta parte da peça, o candidato deve descrever o fato narrado pelo examinador, sem acrescentar nenhum dado novo.

## II. DO DIREITO

Nesta parte da peça, o candidato deve desenvolver seu raciocínio atrelando o texto da Lei com o caso concreto.

O candidato deve discorrer sobre o cabimento do pedido de falência em virtude de possuir um título executivo extrajudicial, devidamente protestado para fins falimentares (art. 94, § 3.º, da Lei 11.101/2005). Outro tema relevante é que o títulos ou os títulos possuem o valor acima de 40 salários mínimos (art. 94, I, da Lei 11.101/2005).

Se o motivo for um processo de execução frustrado então se utiliza o art. 94, II da Lei 11.101/2005.

Se o motivo forem os atos de falência do inciso III do art. 94 da Lei 11.101/2005, deve-se justificar que o ato foi realizado com o objetivo de fraudar credores.

## II. DO PEDIDO

Diante do exposto, requer:

a) a procedência do pedido do autor no sentido de citar o devedor para apresentar sua contestação no prazo de 10 dias, ou efetuar o pagamento por meio do depósito elisivo (depósito elisivo, só pode ser pedido se o motivo for inciso I ou o inciso II do art. 94 da Lei 11.101/2005) no valor do título, acrescidos de juros, correção monetária e ônus da sucumbência sob pena da decretação de sua falência;

b) a condenação ao pagamento das custas e dos honorários advocatícios;

c) que as intimações sejam enviadas para o escritório na Rua____ (art. 39, I, do CPC).

Pretende-se provar o alegado por todas as provas em direito admitidas, especialmente____.

Dá-se à causa o valor de R$____ (valor por extenso).

Nesses termos,
pede deferimento.
Local e data.
Advogado____
OAB/____ n.____

## 16. PEDIDO DE AUTOFALÊNCIA

| Fundamento Legal | Art. 105 da Lei 11.101/2005. |
|---|---|
| Competência | Excelentíssimo Senhor Doutor Juiz de Direito da____ Vara Cível da Comarca de____ do Estado de____ (principal estabelecimento econômico do devedor) |
| Partes | Autor: empresário ou sociedade empresária que pretende sua falência. |
| Cabimento | Para requerer ao judiciário sua própria falência. |
| Pedido | – a procedência do pedido do autor com a decretação de sua falência;<br>– a juntada dos seguintes documentos (art. 105 da Lei 11.101/2005): demonstrações contábeis dos três últimos exercícios sociais e as especialmente levantadas para instruir o pedido, compostas de balanço patrimonial, demonstração de resultados acumulados; demonstração do resultado desde o ultimo exercício social; relatório de fluxo de caixa; relação nominal de credores; relação dos bens e direitos que compõem o ativo da empresa; cópia do contrato social, e comprovante de registro na Junta Comercial; livros obrigatórios; relação dos administradores dos últimos 5 anos;<br>– que as intimações sejam enviadas para o escritório na Rua____ (art. 39, I, do CPC). |

EXCELENTÍSSIMO SENHOR DOUTOR JUIZ DE DIREITO DA____ VARA CÍVEL DA COMARCA DE____ DO ESTADO DE____

(*espaço de cinco linhas*)

**SOCIEDADE**____, inscrita no Cadastro Nacional de Pessoas Jurídicas (CNPJ) sob o n.____, com sede na Rua____, n.____, por seu administrador____, CEP n.____, por seu procurador infra-assinado (instrumento de mandato incluso), vem respeitosamente perante Vossa Excelência, requerer sua DECLARAÇÃO DE FALÊNCIA, com fundamento no art. 105 da Lei 11.101/2005, pelas razões de fato ou de direito a seguir expostas:

I. DOS FATOS

[Nesta parte da peça, o candidato deve descrever o fato narrado pelo examinador, sem acrescentar nenhum dado novo.]

## II. DO DIREITO

[Nessa parte da peça o candidato deve desenvolver seu raciocínio atrelando o texto da Lei com o caso concreto.

O candidato deve relatar a crise pela qual está passando e a impossibilidade de se recuperar.

Para confirmar a argumentação citar doutrina e jurisprudência, se possível.]

## II. DO PEDIDO

Diante do exposto, requer:

a) a procedência do pedido do autor com a decretação de sua falência;

b) a juntada dos seguintes documentos (art. 105 da Lei 11.101/2005):

– demonstrações contábeis dos três últimos exercícios sociais e as especialmente levantadas para instruir o pedido, compostas de balanço patrimonial, demonstração de resultados acumulados; demonstração do resultado desde o ultimo exercício social; relatório de fluxo de caixa;

– relação nominal de credores;

– relação dos bens e direitos que compõem o ativo da empresa;

– cópia do contrato social, e comprovante de registro na Junta Comercial;

– livros obrigatórios;

– relação dos administradores dos últimos 5 anos.

c) que as intimações sejam enviadas para o escritório na Rua____ (art. 39, I, do CPC).

Dá-se à causa o valor de R$____ (valor por extenso).

Nesses termos,

pede deferimento.

Local e data.

Advogado____

OAB/____ n.____

## 17. PEDIDO DE RECUPERAÇÃO JUDICIAL

| | |
|---|---|
| Fundamento Legal | Art. 47 e ss. da Lei 11.101/2005 c.c art. 170, III da CF/1988. |
| Competência | Excelentíssimo Senhor Doutor Juiz de Direito da____ Vara Cível da Comarca de____ do Estado de____ (principal estabelecimento econômico do devedor) |
| Partes | Autor: empresário ou sociedade empresarial. |
| Cabimento | Quando o empresário ou sociedade empresária pretender sua recuperação judicial (desde que os requisitos do art. 48 estejam presentes cumulativamente). |
| Pedido | – a procedência do pedido do autor no sentido de deferir o processamento da recuperação judicial; e ao final homologar o plano de recuperação oportunamente apresentado;<br>– a juntada dos seguintes documentos (art. 51 da Lei 11.101/2005): demonstrações contábeis dos três últimos exercícios sociais e as especialmente levantadas para instruir o pedido, compostas de balanço patrimonial, demonstração de resultados acumulados; demonstração do resultado desde o ultimo exercício social;<br>– relatório de fluxo de caixa e de sua projeção; relação nominal de credores; relação integral dos empregados;<br>– certidão de regularidade do devedor no Registro Público de Empresas;extratos atualizados das contas bancárias do devedor; certidões dos cartórios de protestos situados na comarca da sede da empresa;<br>– relação dos bens e direitos que compõem o ativo da empresa; relação dos bens particulares dos sócios controladores e dos administradores do devedor; relação de todas as ações judiciais em andamento;<br>– cópia do contrato social; livros obrigatórios; que as intimações sejam enviadas para o escritório na Rua____ (art. 39, I, do CPC). |

EXCELENTÍSSIMO SENHOR DOUTOR JUIZ DE DIREITO DA____ VARA DE FALÊNCIA E RECUPERAÇÃO DE EMPRESAS DA COMARCA DE____ DO ESTADO DE____

(*espaço de cinco linhas*)

SOCIEDADE____, inscrita no Cadastro Nacional de Pessoas Jurídicas (CNPJ) sob o n.____, com sede na Rua____, n.°____, por seu administrador____, CEP n.____, por seu procurador infra-assinado (instrumento de mandato incluso), vem respeitosamente perante Vossa Excelência, propor seu pedido de RECUPERAÇÃO JUDICIAL, com fundamento no art. 47 e ss. da Lei 11.101/2005 c.c. art. 170, III da CF/1988, pelas razões de fato ou de direito a seguir expostas:

### I. DOS FATOS

[Nessa parte da peça o candidato deve descrever o fato narrado pelo examinador, sem acrescentar nenhum dado novo.]

### II. DO DIREITO

Nesta parte da peça, o candidato deve desenvolver seu raciocínio atrelando o texto da Lei com o caso concreto.

O candidato deve discorrer sobre a presença dos requisitos do art. 48 da Lei 11.101/2005, e sobre os fatores que colocaram a empresa numa situação de crise econômico-financeira.

### III. DO PEDIDO

Diante do exposto, requer:

a) a procedência do pedido do autor no sentido de deferir o processamento da recuperação judicial e ao final homologar o plano de recuperação que oportunamente será apresentado;

b) a juntada dos seguintes documentos (art. 51 da Lei 11.101/2005):

– demonstrações contábeis dos três últimos exercícios sociais e as especialmente levantadas para instruir o pedido, compostas de balanço patrimonial, demonstração de resultados acumulados; demonstração do resultado desde o ultimo exercício social; relatório de fluxo de caixa e de sua projeção;

– relação nominal de credores;

– relação integral dos empregados;

– certidão de regularidade do devedor no Registro Público de Empresas;

– extratos atualizados das contas bancárias do devedor;

– certidões dos cartórios de protestos situados na comarca da sede da empresa;

– relação dos bens e direitos que compõem o ativo da empresa;

– relação dos bens particulares dos sócios controladores e dos administradores do devedor;

– relação de todas as ações judiciais em andamento;

– cópia do contrato social;

– livros obrigatórios;

c) que as intimações sejam enviadas para o escritório na Rua____ (art. 39, I, do CPC).

Dá-se à causa o valor de R$____ (valor por extenso).

Nesses termos,
pede deferimento.
Local e data.
Advogado____
OAB/____ n.____

## 18. CONTESTAÇÃO DO RITO ORDINÁRIO

| | |
|---|---|
| Fundamento Legal | Art. 300 e ss. do CPC. |
| Competência | Excelentíssimo Senhor Doutor Juiz de Direito da____Vara Cível da Comarca de____do Estado de____(O Juízo competente será o informado no problema) |
| Partes | Réu: quem vai responder a petição inicial. |
| Cabimento | Quando o réu é citado para apresentar sua contestação. |
| Pedido | – o acolhimento da preliminar de____, nos termos do art. 301,____ (indicar o inciso específico da preliminar) do CPC, a fim de extinguir o processo sem resolução de mérito com fundamento no art. 267,____do CPC (ou remeter ao juízo competente, no caso de incompetência absoluta);<br>– no mérito, a improcedência do pedido formulado pelo autor, caso não entenda que é o caso de extinção do processo pelo acolhimento da preliminar;<br>– a condenação do autor ao pagamento das custas e dos honorários advocatícios;<br>– que as intimações sejam enviadas para o escritório na Rua____(art. 39, I, do CPC);<br>– a produção de provas. |

EXCELENTÍSSIMO SENHOR DOUTOR JUIZ DE DIREITO DA____ VARA CÍVEL DA COMARCA DE____DO ESTADO DE____

(*espaço de cinco linhas*)

**SOCIEDADE**____, já qualificada nos autos da ação____, que tramita pelo rito ordinário, movida por FULANO, igualmente qualificado, por seu advogado infra-assinado (instrumento de mandato incluso), vem, respeitosamente, à presença de Vossa Excelência apresentar a CONTESTAÇÃO, com fundamento nos arts. 300 e ss. do CPC, pelos fundamentos a seguir expostos:

## I – BREVE RELATO DA INICIAL

[Nesta parte da peça, o candidato deve descrever o fato narrado pelo examinador, que consta da petição inicial, sem acrescentar nenhum dado novo.]

## II – DAS PRELIMINARES DA CONTESTAÇÃO

[O candidato deve verificar se está presente alguma das preliminares do art. 301 do CPC.

Depois de descrever e argumentar sobre a presença da preliminar, o candidato deve concluir do seguinte modo:

"Dessa forma, nos termos do art. 267,____ do CPC, requer a extinção do processo sem resolução do mérito" (Se fosse por exemplo, o caso do inciso II do art. 301 do CPC, o pedido seria " a remessa dos autos ao juízo competente). É importante ressaltar que nem sempre a recepção de preliminar resulta em extinção do processo, dependendo do caso

## III. DO DIREITO

[Nesta parte da peça, o candidato deve desenvolver seu raciocínio relacionando os argumentos jurídicos com a descrição do fato.

É importante que o candidato "ataque" cada um dos fatos alegados na inicial, reforçando com a indicação do texto de lei.

## IV. DO PEDIDO

Diante do exposto, requer:

a) o acolhimento da preliminar de____, nos termos do art. 301,____ [Indicar o inciso específico da preliminar.] do CPC, a fim de extinguir o processo sem resolução de mérito com fundamento no art. 267,____do CPC (ou remeter ao juízo competente, no caso de incompetência absoluta); [Este pedido só é necessário se ocorreu alguma preliminar de contestação.]

b) no mérito, a improcedência do pedido formulado pelo autor, caso não entenda que é o caso de extinção do processo pelo acolhimento da preliminar;

c) a condenação do autor ao pagamento das custas e dos honorários advocatícios;

d) que as intimações sejam enviadas para o escritório na Rua____ (art. 39, I, do CPC).

Pretende-se provar o alegado por todas as provas em direito admitidas, especialmente____.

Nesses termos,

pede deferimento.

Local e data.

Advogado____

OAB/____n.____

## 19. CONTESTAÇÃO DO RITO SUMÁRIO

| | |
|---|---|
| FUNDAMENTO LEGAL | Art. 278 e 300 e ss. do CPC. |
| COMPETÊNCIA | Excelentíssimo Senhor Doutor Juiz de Direito da____Vara Cível da Comarca de____ do Estado de____ (o Juízo competente será o informado no problema). |
| PARTES | Réu: quem vai responder a petição inicial. |
| CABIMENTO | Quando o réu é citado para comparecer à audiência de Conciliação e apresentar sua contestação. |
| PEDIDO | – o acolhimento da preliminar de____, nos termos do art. 301,____ (indicar o inciso específico da preliminar) do CPC, a fim de extinguir o processo sem resolução de mérito com fundamento no art. 267,____do CPC (ou remeter ao juízo competente, no caso de incompetência absoluta);<br>– a improcedência do pedido formulado pelo autor, caso não entenda que é o caso de extinção do processo pelo acolhimento da preliminar;<br>– a procedência do pedido contraposto no sentido de____;<br>– a condenação do autor ao pagamento das custas e dos honorários advocatícios;<br>– que as intimações sejam enviadas para o escritório na Rua____ (art. 39, I, do CPC);<br>– a produção de provas de forma específica. |
| OBSERVAÇÃO | Na contestação do procedimento sumário, o réu deverá especificar as provas que pretende produzir, e se requerer a prova testemunhal, deve indicar o rol de testemunhas ao final da peça. Da mesma forma, se pedir prova pericial, deverá nomear assistente técnico e formular os quesitos ao final da peça. |

EXCELENTÍSSIMO SENHOR DOUTOR JUIZ DE DIREITO DA____ VARA CÍVEL DA COMARCA DE____ DO ESTADO DE____

(*espaço de cinco linhas*)

**SOCIEDADE**____, já qualificada nos autos da ação____, que tramita pelo rito sumário, movida por FULANO, igualmente qualificado, por seu advogado infra-assinado (instrumento de mandato incluso), vem a presença de Vossa Excelência apresentar a CONTESTAÇÃO, com fundamento nos arts. 300 e ss. do CPC, pelos fundamentos a seguir expostos:

### I. BREVE RELATO DA INICIAL

[Nesta parte da peça, o candidato deve descrever o fato narrado pelo examinador, que consta da petição inicial, sem acrescentar nenhum dado novo.]

### II. DAS PRELIMINARES DA CONTESTAÇÃO

[O candidato deve verificar se está presente alguma das preliminares do art. 301 do CPC.]

[Depois de descrever e argumentar sobre a presença da preliminar, o candidato deve concluir do seguinte modo:]

Dessa forma, nos termos do art. 267 do CPC, requer a extinção do processo sem resolução do mérito". [Se fosse por exemplo o caso do inciso II do art. 301 do CPC, o pedido seria " a remessa dos autos ao juízo competente"]. É importante ressaltar que nem sempre a recepção de preliminar resulta em extinção do processo.

### III. DO DIREITO

[Nesta parte da peça, o candidato deve desenvolver seu raciocínio relacionando os argumentos jurídicos com a descrição do fato.

É importante que o candidato ataque cada um dos fatos alegados na inicial, reforçando com a indicação do texto de lei.

### IV. DO PEDIDO CONTRAPOSTO

[Como a ação tramita pelo rito sumário, o réu pode deduzir um pedido a partir dos mesmos fatos narrados (art. 278, § 1.º do CPC)].

## V. PEDIDO

Diante do exposto, requer:

a) O acolhimento da preliminar de____, nos termos do art. 301,___ [Indicar o inciso específico da preliminar.] do CPC, a fim de extinguir o processo sem resolução de mérito com fundamento no art. 267, do CPC [Ou remeter ao juízo competente, no caso de incompetência absoluta.]; [Este pedido só é necessário se ocorreu alguma preliminar de contestação.]

b) a improcedência do pedido formulado pelo autor, caso não entenda que seja o caso de extinção do processo pelo acolhimento da preliminar;

c) a procedência do pedido contraposto no sentido de____;

d) a condenação do autor ao pagamento das custas e dos honorários advocatícios;

e) que as intimação sejam enviadas para o escritório na Rua____ (art. 39, I, do CPC).

Pretende-se provar o alegado por todas as provas em direito admitidas, especialmente____.

Nesses termos,

pede deferimento.

Local e data.

Advogado____

OAB/____n.____

Rol de Testemunhas:

1____

2____

3____

## 20. EXCEÇÃO DE INCOMPETÊNCIA RELATIVA

| | |
|---|---|
| FUNDAMENTO LEGAL | Art. 307 do CPC. |
| COMPETÊNCIA | Excelentíssimo Senhor Doutor Juiz de Direito da____ Vara Cível da Comarca de____ do Estado de____ (juiz que recebeu a inicial) |
| PARTES | Excipiente: Réu (quem ingressa com a exceção); Excepto: Autor da ação. |
| CABIMENTO | Quando o autor ingressou com a ação em juízo relativamente incompetente. |
| PEDIDO | – que seja recebido o presente incidente de exceção de incompetência, suspendendo-se o processo principal, com a intimação do excepto para que se manifeste no prazo de 10 dias;<br>– que ao final seja julgada procedente a presente exceção, com a remessa dos autos ao Juízo competente____;<br>– a condenação ao pagamento das custas e dos honorários advocatícios;<br>– que as intimações sejam enviadas para o escritório na Rua ____ (art. 39, I, do CPC);<br>– pedido de provas. |
| VALOR DA CAUSA | Não há. |

EXCELENTÍSSIMO SENHOR DOUTOR JUIZ DE DIREITO DA____ VARA CÍVEL DA COMARCA DE____ DO ESTADO DE____

(*espaço de cinco linhas*)

SOCIEDADE____, já qualificado nos autos da ação de____, que lhe move (NOME DO AUTOR), vem, por seu advogado (instrumento de mandato incluso), respeitosamente perante Vossa Excelência, arguir EXCEÇÃO DE INCOMPETÊNCIA, com fundamento nos arts. 307 do CPC, pelas razões de fato e de direito a seguir expostas:

I. DOS FATOS

[Nesta parte da peça, o candidato deve descrever o fato narrado pelo examinador, sem acrescentar nenhum dado novo.

Tratar as partes como *excipiente* (quem ingressa com a exceção) e *excepto* (contra quem a exceção é interposta).]

II. DO DIREITO

[Nesta parte da peça, o candidato deve desenvolver seu raciocínio atrelando o texto da Lei com o caso concreto, demonstrando que se trata de incompetência relativa

Indicar qual seria o juízo competente e por qual razão.

### III. DO PEDIDO

Diante do exposto, requer:

a) que seja recebido o presente incidente de exceção de incompetência, suspendendo-se o processo principal, com a intimação do excepto para que se manifeste no prazo de 10 dias;

b) que ao final seja julgada procedente apresente exceção, com a remessa dos autos ao Juízo____;

c) a condenação ao pagamento das custas e dos honorários advocatícios;

d) que as intimações sejam enviadas para o escritório na Rua____ (art. 39, I, do CPC).

Pretende-se provar o alegado por todas as provas em direito admitidas, especialmente____.

Nesses termos,
pede deferimento.
Local e data.
Advogado____
OAB/____ n.____

## 21. EXCEÇÃO DE IMPEDIMENTO/SUSPEIÇÃO

| | |
|---|---|
| FUNDAMENTO LEGAL | Art. 312 e ss. do CPC e art. 135 do CPC (suspeição) ou art. 134 do CPC (impedimento). |
| COMPETÊNCIA | Excelentíssimo Senhor Doutor Juiz de Direito da____Vara Cível da Comarca de____do Estado de____(Juiz da causa) |
| PARTES | Excipiente: autor ou réu; Excepto: juiz da causa. |
| CABIMENTO | Quando o juiz tem sua parcialidade questionada, por ter interesse direto ou indireto no resultado da ação. |
| PEDIDO | – que seja recebido o presente incidente de exceção de impedimento/suspeição, suspendendo-se o processo principal, com a intimação do magistrado para que se manifeste no prazo de 10 dias;<br>– que ao final seja julgada procedente a presente exceção, com a remessa dos autos para o juiz substituto;<br>– que os autos sejam remetidos ao Tribunal____ (de Justiça do Estado de____ ou ao TRF), caso Vossa Excelência não reconheça a suspeição/impedimento;<br>– que as intimações sejam enviadas para o escritório na Rua ____ (art. 39, I, do CPC). |
| VALOR DA CAUSA | Não há. |

EXCELENTÍSSIMO SENHOR DOUTOR JUIZ DE DIREITO DA\_\_\_\_ VARA CÍVEL DA COMARCA DE\_\_\_\_ DO ESTADO DE\_\_\_\_

(*espaço de cinco linhas*)

SOCIEDADE\_\_\_\_, já qualificado nos autos da ação de\_\_\_\_, que lhe move (NOME DO AUTOR), vem, por seu advogado (instrumento de mandato incluso), respeitosamente perante Vossa Excelência, arguir EXCEÇÃO DE IMPEDIMENTO [SUSPEIÇÃO.], com fundamento nos arts. 312 do CPC, pelas razões de fato ou de direito a seguir expostas:

### I. DOS FATOS

[Nessa parte da peça o candidato deve descrever o fato narrado pelo examinador, sem acrescentar nenhum dado novo.]

### II. DO DIREITO

[Nesta parte da peça, o candidato deve desenvolver seu raciocínio atrelando o texto da Lei com o caso concreto, demonstrando que se trata de impedimento ou suspeição com base nos arts. 134 ou 135 do CPC, respectivamente.

### III. DO PEDIDO

Diante do exposto, requer:

a) que seja recebido o presente incidente de exceção de impedimento/suspeição, suspendendo-se o processo principal, com a intimação do magistrado para que se manifeste no prazo de 10 dias;

b) que ao final seja julgada procedente apresente exceção, com a remessa dos autos para o juiz substituto;

c) que os autos sejam remetidos ao Tribunal\_\_\_\_ [De Justiça do Estado de\_\_\_\_ ou ao TRF], caso Vossa Excelência não reconheça a suspeição/impedimento;

d) que as intimações sejam enviadas para o escritório na Rua\_\_\_\_ (art. 39, I, do CPC).

Pretende-se provar o alegado por todas as provas em direito admitidas, especialmente\_\_\_\_.

Nesses termos,
pede deferimento.
Local e data.
Advogado\_\_\_\_
OAB/\_\_\_\_ n.\_\_\_\_

## 22. RECONVENÇÃO

| | |
|---|---|
| Fundamento Legal | Art. 315 e ss. do CPC. |
| Competência | Excelentíssimo Senhor Doutor Juiz de Direito da____ Vara Cível da Comarca de____ do Estado de____ (juiz da causa) |
| Partes | Reconvinte: réu que ingressa com a reconvenção; Reconvindo: autor que responderá a reconvenção. |
| Cabimento | Quando, no rito ordinário, o autor além de defender (pela contestação), pretende deduzir pedido em face do autor. |
| Pedido | – a procedência do pedido do réu reconvinte no sentido de____ (descrever exatamente o que se pretende);<br>– a intimação do autor reconvindo, na pessoa de seu advogado, para que, querendo, apresente sua contestação;<br>– a condenação do autor reconvindo ao pagamento das custas e dos honorários advocatícios;<br>– que as intimações sejam enviadas para o escritório na Rua____ (art. 39, I, do CPC); – pedido de provas. |
| Valor da causa | Calculado a partir dos critérios do art. 259 do CPC. |
| Observação | É importante não esquecer, como falamos na parte teórica desta obra, que nas ações dúplices não cabe reconvenção, pois é possível o pedido contraposto ou contrapedido. São ações dúplices: ações que seguem o rito sumário, prestação de contas, possessórias. |

EXCELENTÍSSIMO SENHOR DOUTOR JUIZ DE DIREITO DA____ VARA CÍVEL DA COMARCA DE____ DO ESTADO DE____

(*espaço de cinco linhas*)

**NOME DO RÉU**, já qualificado nos autos da AÇÃO____, pelo rito ordinário, que lhe move NOME DO AUTOR, por seu procurador infra-assinado (instrumento de mandato incluso), vem respeitosamente perante Vossa Excelência, propor a presente RECONVENÇÃO, com fundamento no art. 315 do CPC, pelas razões de fato ou de direito a seguir expostas:

### I. DOS FATOS

[Nesta parte da peça, o candidato deve descrever o fato narrado pelo examinador, sem acrescentar nenhum dado novo.

Usar a terminologia "Autor reconvindo", para o autor do processo principal e "Réu reconvinte", para o réu que ingressa com a reconvenção.]

## II. DO DIREITO

[Nesta parte da peça, o candidato deve desenvolver seu raciocínio atrelando o texto da Lei com o caso concreto.

## III. DO PEDIDO

Diante do exposto, requer:

a) a procedência do pedido do réu reconvinte no sentido de____; [Descrever exatamente o que se pretende.]

b) a intimação do autor reconvindo, na pessoa de seu advogado, para que, querendo, apresente sua contestação;

d) a condenação do autor reconvindo ao pagamento das custas e dos honorários advocatícios;

e) que as intimações sejam enviadas para o escritório na Rua____ (art. 39, I, do CPC).

Pretende-se provar o alegado por todas as provas em direito admitidas, especialmente____.

Dá-se à causa o valor de R$____ (valor por extenso).

Nesses termos,

pede deferimento.

Local e data.

Advogado____

OAB/____ n.____

## 23. IMPUGNAÇÃO À CONTESTAÇÃO (RÉPLICA)

| Fundamento Legal | Art. 327 do CPC. |
|---|---|
| Competência | Excelentíssimo Senhor Doutor Juiz de Direito da____Vara Cível da Comarca de____do Estado de____(juiz da causa). |
| Cabimento | Quando o réu alega algum fato novo e o autor tem a oportunidade de se manifestar no prazo de 10 dias, a partir da apresentação da contestação. |
| Pedido | Reitera-se o que foi pedido na inicial. |

EXCELENTÍSSIMO SENHOR DOUTOR JUIZ DE DIREITO DA\_\_\_\_ VARA CÍVEL DA COMARCA DE\_\_\_\_ DO ESTADO DE\_\_\_\_

(*espaço de cinco linhas*)

Processo:\_\_\_\_

Rito:\_\_\_\_

**NOME DO AUTOR**, já qualificado nos autos da ação de\_\_\_\_, que move em face de NOME DO RÉU, vem, por seu advogado (instrumento de mandato incluso), respeitosamente perante Vossa Excelência, impugnar a contestação, com fundamento nos arts. 327 do CPC, pelas razões de fato ou de direito a seguir expostas:

I. DOS FATOS

[Nesta parte da peça, o candidato deve descrever o fato narrado pelo examinador, que foi apresentado na contestação, sem acrescentar nenhum dado novo.]

II. DO DIREITO

[Nesta parte da peça, o candidato deve desenvolver seu raciocínio atrelando o texto da Lei com o caso concreto, chamando a atenção do juízo ao fato de que as preliminares apresentadas pelo Réu, não merecem prosperar (ou ainda, merecem rejeição). Assim, inócuas as razões que baseiam o pedido de extinção do feito, sem resolução de mérito, pretendido pelo Demandado.

Por fim, reiterar pedido de declaração de procedência dos pedidos aduzidos na inicial.]

Diante do exposto, reitera-se o que foi pedido na inicial\_\_\_\_.

Nesses termos,

pede deferimento.

Local e data.

Advogado\_\_\_\_

OAB/\_\_\_\_ n.\_\_\_\_

## 24. MANDADO DE SEGURANÇA

| | |
|---|---|
| FUNDAMENTO LEGAL | Art. 5.º, LXIX da CF/1988 e art. 1.º, *caput,* da Lei 12.016/2009. |
| COMPETÊNCIA | Excelentíssimo Senhor Doutor Juiz de Direito da ___ Vara Cível da Comarca de ___ do Estado de ___, ou Excelentíssimo Senhor Doutor Juiz Federal da Secção Judiciária de ___, (De acordo com a hierarquia da autoridade que praticou o abuso, lembrando que se a autoridade pertence a um órgão ligado a União ou suas autarquias, a competência será da Justiça Federal – art. 109 da CF/1988). |
| PARTES | Impetrante (quem ingressa com o MS); Impetrado: a autoridade coatora (cargo). |
| CABIMENTO | Quando houver violação de direito líquido e certo, com prova previamente constituída. Prazo decadencial para a propositura do Mandado é de 120 dias, contado da ciência, pelo interessado, do ato impugnado (art. 23 da Lei 12.016/2009). |
| PEDIDO | – a concessão de liminar para suspender o ato que motivou o pedido;<br>– a procedência do pedido do impetrante a fim de confirmar a liminar concedida;<br>– a notificação da autoridade coatora para prestar informações; dê-se ciência à pessoa jurídica à qual pertença o agente que violou determinado ato (art. 7, II, da Lei 12.016/2009);<br>– que as intimações sejam enviadas para o escritório na Rua ___ (art. 39, I, do CPC);<br>– pedido de provas (na verdade, as provas devem ser pré-constituídas, ou seja, devem acompanhar a exordial) [Vale evidenciar que a Lei 12.016/2009 que regula toda a matéria referente ao Mandado de Segurança veda a condenação em honorários sucumbenciais, nos termos do art. 25.] |
| VALOR DA CAUSA | Calculado a partir dos critérios do art. 259 do CPC. Não se recolhe custas no mandado de segurança. Por força do art. 25 da Lei 12.016/2009, não cabe postular condenação em honorários advocatícios. |

EXCELENTÍSSIMO SENHOR DOUTOR JUIZ DE DIREITO DA ___ VARA CÍVEL DA COMARCA DE ___ DO ESTADO DE ___

(*espaço de cinco linhas*)

SOCIEDADE ___, inscrita no Cadastro Nacional de Pessoas Jurídicas (CNPJ) sob o n. ___, com sede na Rua ___, n. ___, por seu administrador ___, por seu procurador infra-assinado (instrumento de mandato incluso), vem respeitosamente perante Vossa Excelência, impetrar o presente MANDADO DE SEGURANÇA, com pedido de liminar com fundamento no art. 5.º, LXIX da CF/1988, c.c. art. 1.º da Lei

12.016/2009, contra ato praticado pelo\_\_\_\_ [Identificar a AUTORIDADE COATORA.], pelas razões de fato ou de direito a seguir expostas:

### I. DOS FATOS

Nesta parte da peça, o candidato deve descrever o fato narrado pelo examinador, sem acrescentar nenhum dado novo.

### II. DO DIREITO

Nesta parte da peça, o candidato deve tratar dos requisitos necessários para a concessão da liminar:

– *Fumus boni iuris*, ou seja, sobre o direito líquido e certo do impetrante que foi violado pela autoridade coatora;

– *Periculum in mora*, ou seja, demonstrando que a ilegalidade praticada pode causar um dano irreparável.

Deve explicar como cada requisito ficou caracterizado nos fatos descritos, citando a doutrina e a jurisprudência para confirmar o desenvolvimento do raciocínio.

### III. DO PEDIDO

Diante do exposto, requer:

a) a concessão de LIMINAR para o fim de\_\_\_\_, com a expedição de ofício no sentido de cessar o ato violado, à autoridade coatora;

b) a procedência do pedido formulado pelo autor, com a confirmação da liminar concedida, tornando-a definitiva;

c) a notificação da autoridade coatora, a fim de que preste informações no prazo de 10 dias;

d) a intimação do ilustre membro do Ministério Público, a fim de apresentar parecer, no prazo legal;

e) a ciência da pessoa jurídica a qual pertence a autoridade coatora, para, querendo, ingresse no presente feito;

f) que as intimações sejam enviadas para o escritório na Rua\_\_\_\_ (art. 39, I, do CPC).

Dá-se à causa o valor de R$\_\_\_\_ (valor por extenso).

Nesses termos,
pede deferimento.
Local e data.
Advogado\_\_\_\_
OAB/\_\_\_\_ n.\_\_\_\_

## 25. RECURSO DE APELAÇÃO

| | |
|---|---|
| FUNDAMENTO LEGAL | Art. 513 e ss. do CPC. |
| COMPETÊNCIA | Interposição: perante o Juiz que proferiu a sentença recorrida; Razões: Colenda Câmara (TJ) ou Colenda Turma (TRF). |
| PRAZO | 15 dias. |
| CABIMENTO | Quando a parte vencida decide recorrer de sentença ou, na falência, quando a sentença decretar a improcedência do pedido de falência. |
| PEDIDO | Interposição: que o presente recurso seja recebido, processado e remetido, nos efeitos devolutivo e suspensivo, para o TJ ou TRF. |
| EFEITOS | Devolutivo e Suspensivo, salvo nas possibilidades do art. 520 do CPC e nas ações da Lei de Locações, art. 3.º do Decreto 911/69, e no art. 90 da Lei 11.101/2005, onde apenas será pleiteado o efeito devolutivo. Não esquecer de juntar, concomitante à interposição, comprovante de recolhimento de custas de preparo + porte de remessa e retorno [O valor correspondente às custas de preparo e porte de remessa e retorno deverá ser consultado, pelo causídico, no site do Tribunal pretendido. No caso de recurso de apelação, perante tribunal estadual, por exemplo, no Estado de São Paulo, deverá ser consultada a Lei 11.608/2003 (estadual), salvo quando o recorrente for beneficiário da Lei 1.060/1950. |

*a) Peça de interposição*

EXCELENTÍSSIMO SENHOR DOUTOR JUIZ DE DIREITO DA____ VARA CÍVEL DA COMARCA DE____DO ESTADO DE____

(*espaço de cinco linhas*)

    Processo:____

    Rito:____

    [Nome da ação.]

    [Nome da parte Recorrente.]

    [Nome da parte Recorrida.]

**NOME DO RECORRENTE**, já qualificado nos autos da ação____, que move em face de NOME DO RECORRIDO, por seu advogado infra-assinado (instrumento de mandato incluso), não se conformando com a respeitável sentença que [Resumir o teor da decisão recorrida.], vem, respeitosamente, à presença de Vossa Excelência, interpor, tempestivamente, RECURSO DE APELAÇÃO, com fundamento no art. 513 e ss. do CPC pelos motivos de fato e de direito a seguir expostos nas inclusas razões.

Requer, outrossim, que o presente recurso seja processado, recebido em seus regulares efeitos devolutivo e suspensivo [O recurso de apelação, em regra, é recebido em ambos os efeitos: devolutivo e suspensivo, exceção feita às hipóteses trazidas pelos incisos do art. 520 do CPC e art. 58, V da Lei 8.245/1991 e no pedido de restituição art. 90, da Lei 11.101/2005, onde só é produzido o efeito devolutivo. Isso quer dizer que o recebimento da apelação pelo juiz de primeira instância devolve toda a matéria impugnada ao conhecimento do tribunal 'ad quem', seja ela de fato ou de direito (princípio do *tantum devolutum quantum apelatum*), além de suspender os efeitos da decisão recorrida.], com as inclusas guias de preparo, e, após, sejam os autos remetidos ao Egrégio Tribunal de Justiça de____. [Se a sentença foi proferida por juiz federal, a remessa deve ser ao Tribunal Regional Federal.]

Nesses termos,

pede deferimento.

Local e data.

Advogado____

OAB/____n.____

b) Razões de recurso de apelação

Apelante:____

Apelado:____

Comarca de origem:____

Vara e processo de origem:____

EGRÉGIO TRIBUNAL DE JUSTIÇA DO ESTADO DE____ [Poderia ser Tribunal Regional Federal.]

Ilustríssimos Desembargadores,

(Nome empresarial), não se conformando com a r. sentença de fls., vem, respeitosamente, apresentar as razões para seu recurso de apelação:

### I. BREVE RELATO DOS FATOS

[O candidato deve narrar os fatos trazidos pelo examinador, sem inventar ou alterar nenhum dado.]

### II. PRELIMINAR DA APELAÇÃO

[Se for o caso, o candidato deve reiterar o que foi objeto de agravo retido, para ser apreciado antes do mérito da apelação, da seguinte forma: " Reitera-se o pleiteado no agravo retido de fls., no sentido de____".]

### III. DO MÉRITO

[Nesta parte da peça, o candidato deve desenvolver seu raciocínio atrelando o texto da Lei com o caso concreto, a fim de evidenciar as razões por que pleiteia a reforma da decisão monocrática.

### IV. DO PEDIDO

Diante do exposto, a Apelante requer o conhecimento e o provimento do presente recurso, com a reforma da sentença recorrida no sentido de____ [Descrever o que pretende].

Local e data.

Advogado____

OAB/____n.____

## 26. CONTRARRAZÕES DE APELAÇÃO

| Fundamento Legal | Art. 518 do CPC. |
|---|---|
| Competência | Interposição: Juiz que proferiu a sentença recorrida; Razões: Colenda Câmara (TJ) ou Colenda Turma (TRF). |
| Prazo | 15 dias. |
| Cabimento | Para responder à apelação interposta pela parte contrária. |
| Pedido | Razões: improvimento do presente recurso com a manutenção da sentença recorrida. |

*a) Peça de interposição*

EXCELENTÍSSIMO SENHOR DOUTOR JUIZ DE DIREITO DA____ VARA CÍVEL DA COMARCA DE____ DO ESTADO DE____ [A peça de interposição deve ser endereçada ao juiz que proferiu a sentença.]

(*espaço de cinco linhas*)

Processo:____
Rito:____
(nome da ação)
(nome da parte Recorrente)
(nome da parte Recorrida)

**NOME DO RECORRIDO**, já qualificado nos autos da ação____, que move em face de NOME DO RECORRENTE, por seu advogado infra-assinado (instrumento de mandato incluso), vem, respeitosamente, à presença de Vossa Excelência, apresentar, tempestivamente, as **CONTRARRAZÕES** do recurso de APELAÇÃO, pelos motivos de fato e de direito a seguir expostos.

Nesses termos,
pede deferimento.

Local e data.
Advogado____
OAB/____ n.____

## b) Contrarrazões de recurso de apelação

Egrégio Tribunal de Justiça do Estado de____ [Poderia ser Tribunal Regional Federal.]

Ilustríssimos Desembargadores,

Apelante____

Apelada____

Ação____

A respeitável sentença prolatada pelo MM. Dr. Juiz de Direito da .... Vara Cível da Comarca de____ do Estado de____, que julgou totalmente procedente a ação mencionada, deve prevalecer pelos motivos a seguir expostos:

### I. BREVE RELATO DOS FATOS

O candidato deve narrar os fatos trazidos pelo examinador, sem inventar ou alterar nenhum dado.

### II. DO MÉRITO

Nesta parte da peça, o candidato deve desenvolver seu raciocínio atrelando o texto da Lei com o caso concreto, no sentido de confirmar o que foi sentenciado pelo juiz de 1.ª instância.

### III. DO PEDIDO

Diante do exposto, a Apelada requer o improvimento do presente recurso, com a manutenção sentença proferida no sentido de____ (descrever o que pretende);

Local e data.

Advogado____

OAB/____ n.____

## 27. RECURSO DE AGRAVO DE INSTRUMENTO

| | |
|---|---|
| Fundamento Legal | Arts. 522, *caput*, do CPC. |
| Competência | Excelentíssimo Senhor Doutor Desembargador Presidente do Tribunal de Justiça do Estado de ____ (se a decisão interlocutória foi proferida por juiz federal, o agravo deve ser interposto no TRF). |
| Prazo | 10 dias. |
| Cabimento | Contra decisão que possa acarretar prejuízo a alguma das partes. Exemplos: contra decisão interlocutória que indefere/ defere tutela antecipada ou liminar e também da sentença que decreta falência. |
| Pedido | – que seja recebido e conhecido o presente recurso com a concessão da antecipação dos efeitos da tutela recursal, nos termos do art. 527, III do CPC, com a concessão da liminar/tutela antecipada indeferida pelo juiz de 1.ª instância a fim de ____ (ou o efeito suspensivo, se a liminar/tutela antecipada foi deferida);<br>– o provimento do presente agravo de instrumento, com a reforma definitiva da r. decisão interlocutória recorrida e confirmação da tutela recursal anteriormente concedida;<br>– a intimação do Agravado para apresentar contraminuta ao presente agravo de instrumento;<br>– a juntada das seguintes peças obrigatórias, além das peças facultativas, que acompanham a formação do instrumento, nos termos do art. 525, do CPC: cópia da decisão agravada; cópia da certidão da publicação de intimação da decisão agravada (para comprovar tempestividade do recurso);<br>– procuração dos advogados. |
| Efeitos | Se a liminar foi deferida, pede-se o efeito suspensivo, mas se a liminar/tutela antecipada foi indeferida, pede-se a antecipação da tutela recursal. Observação: O agravo de instrumento tem custas de preparo em determinados Estados, razão por que o causídico deverá ater-se a tal particularidade. Pelo fato do presente recurso ser interposto perante o Tribunal que o apreciará, o recorrente deverá juntar comprovante de recolhimento não só das custas de preparo (quando exigíveis), como também, do porte de retorno (remessa não faz sentido, vez que, como já se informou, tal recurso é interposto diretamente no tribunal). Por fim, o recorrente não poderá esquecer de cumprir o *caput* do art. 526 do CPC, no tríduo legal, sob pena de sofrer as consequências estipuladas no parágrafo único do mesmo dispositivo. Ressalve-se que tal manifestação tem por finalidade oferecer ao juízo recorrido, a possibilidade de se retratar da decisão agravada. |

EXCELENTÍSSIMO SENHOR DOUTOR DESEMBARGADOR PRESIDENTE DO TRIBUNAL DE JUSTIÇA DO ESTADO DE\_\_\_\_

(*espaço de cinco linhas*)

**NOME DO AGRAVANTE**, já qualificado nos autos da ação\_\_\_\_, conforme docs.\_\_\_\_ em anexo, que lhe move NOME DO AGRAVADO, por seu advogado que ao final subscreve (instrumento de mandato incluso), conforme docs.\_\_\_\_ não se conformando com a r. decisão que\_\_\_\_ [resumir o teor da decisão recorrida.], vem, respeitosamente, à presença de Vossa Excelência, com fundamento no art. 522, *caput*, do CPC, interpor o AGRAVO DE INSTRUMENTO COM PEDIDO DE ANTECIPAÇÃO DOS EFEITOS DA TUTELA RECURSAL [Quando o juiz de 1.ª instância indeferiu uma liminar ou uma tutela antecipada, o correto é pedir a *antecipação dos efeitos da tutela recursal*. Se a decisão deferiu uma liminar ou tutela antecipada, deverá pleitear o *efeito suspensivo*.], pelos motivos de fato e de direito a seguir expostos :

### I. BREVE RELATO DOS FATOS

[O candidato deve narrar os fatos trazidos pelo examinador, sem inventar ou alterar nenhum dado.]

### II. DO CABIMENTO DO AGRAVO DE INSTRUMENTO

[O candidato deve demonstrar que a decisão recorrida devia ser impugnada por meio de agravo de instrumento, em virtude de a decisão ser suscetível de causar à parte recorrente uma lesão grave e de difícil reparação (art. 522 do CPC).]

### III. DO MÉRITO

[Nesta parte da peça, o candidato deve desenvolver seu raciocínio atrelando o texto da Lei com o caso concreto, no sentido de mostrar que a decisão interlocutória foi equivocada.]

### V. DO CABIMENTO DA ANTECIPAÇÃO DOS EFEITOS DA TUTELA RECURSAL

[Se o pedido fosse do efeito suspensivo, demonstrar a presença do disposto no art. 558 do CPC.]

[A argumentação deve levar em conta o que a decisão indeferiu: liminar ou tutela antecipada. Então o candidato deve reiterar o que foi arguido para o pedido da medida de urgência, conforme abaixo:

a) se o pedido de liminar foi negado

Em se tratando de liminar de Mandado de Segurança, deve tratar do art. 7.º, § 1.º da Lei 12.016/2009 [Transcrever o artigo com as suas palavras.], tratando da relevância do fundamento do pedido (falar sobre a plausibilidade do direito invocado) e o quanto à ineficácia da medida, caso não seja deferida de imediato causará um dano de difícil reparação.

Em se tratando de liminar de cautelar, deve-se tratar do *fumus boni iuris* e do *periculum in mora*.

b) se o pedido de tutela antecipada foi indeferida:

Tratar do art. 273 do CPC e de seus requisitos: verossimilhança das alegações, em face da prova inequívoca da alegação (falar sobre a lesão) e do fundado receio de dano irreparável.]

V. DO PEDIDO

Diante do exposto, a Agravante requer:

a) que seja recebido e conhecido o presente recurso com a concessão da antecipação dos efeitos da tutela recursal, nos termos do art. 527, III, do CPC, com a concessão da liminar/tutela antecipada indeferida pelo juiz de 1.ª instância a fim de____;

b) o provimento do presente agravo de instrumento, com a reforma definitiva da r. decisão interlocutória recorrida e confirmação da tutela recursal anteriormente concedida;

c) a intimação do Agravado para apresentar contraminuta ao presente agravo de instrumento;

d) a juntada das seguintes peças obrigatórias, além das peças facultativas, que acompanham a formação do instrumento, nos termos do art. 525, do CPC:

1) cópia da decisão agravada;

2) cópia da certidão de intimação da decisão agravada;

3) procuração dos advogados do Recorrente e Recorrido e eventuais substabelecimentos;

4) demais documentos.

Local e data.

Advogado____

OAB/____ n.____

## 27.1 Modelo de petição de cumprimento do art. 526 do CPC

EXCELENTÍSSIMO SENHOR DOUTOR JUIZ DE DIREITO DA____ VARA CÍVEL DA COMARCA DE____

(*espaço de cinco linhas*)

Processo:____
Rito:____

A____, por seu procurador que esta subscreve (instrumento de mandato incluso), nos autos do processo em epígrafe, em que contende com B____, vem, respeitosamente, à presença de Vossa Excelência, no tríduo legal, informar que interpôs Recurso de Agravo de Instrumento, em face de sua decisão proferida nas fls.____, conforme cópia em anexo.

Traz a conhecimento, ainda, que o referido instrumento foi formado por cópias das fls.____, dos presentes autos.

Desta feita, encontra-se devidamente comprovado o *caput* do art. 526 do CPC.

Outrossim, requer a Vossa Excelência se digne a reavaliar a decisão recorrida, postulando sua retratação, no sentido de____.

Nesses termos,

pede deferimento.

Local, data.

Advogado OAB/____ n.____.

## 28. EMBARGOS DE DECLARAÇÃO

| | |
|---|---|
| FUNDAMENTO LEGAL | Arts. 535 a 538 do CPC. |
| COMPETÊNCIA | Juiz que proferiu a sentença ou Relator do Julgado. |
| PRAZO | 5 dias. |
| CABIMENTO | Quando houver na decisão omissão, obscuridade ou contradição. |

| | |
|---|---|
| **Pedido** | Que sejam recebidos os presentes embargos com o efeito devolutivo e com a interrupção do prazo para recorrer, e ao final seja dado provimento para o fim de suprir a omissão/suprir a contradição ou obscuridade. |
| **Efeitos** | Devolutivo e Interrupção do prazo para recorrer. |
| **Observação** | De acordo com a súmula 356 do STF [Vide também, teor da Súmula 98 do STJ]: "Embargos de declaração manifestados com notório propósito de prequestionamento não têm caráter protelatório".], os embargos de declaração podem ser *opostos* com a finalidade de criar o pré-questionamento para o recurso especial ou extraordinário. |

EXCELENTÍSSIMO SENHOR DOUTOR JUIZ DE DIREITO DA____ VARA CÍVEL DA COMARCA DE____ DO ESTADO DE____

(*espaço de cinco linhas*)

Processo:____

Rito:____

**NOME DO EMBARGANTE**, já qualificado nos autos da ação____, que lhe move NOME DE____, por seu advogado que ao final subscreve (instrumento de mandato incluso), vem, respeitosamente, à presença de Vossa Excelência, com fundamento nos arts. 535 e ss. do CPC, opor os presentes EMBARGOS DE DECLARAÇÃO em face da sentença de fls., pelos motivos de fato e de direito a seguir expostos :

I. DOS FATOS

[O candidato deve narrar os fatos trazidos pelo examinador, sem inventar ou alterar nenhum dado.]

II. DO MÉRITO

[Nesta parte da peça, o candidato deve desenvolver seu raciocínio atrelando o texto da Lei com o caso concreto, no sentido de demonstrar a omissão, obscuridade ou contradição da sentença recorrida.]

## III. DO PEDIDO

Diante do exposto, requer sejam acolhidos estes embargos com a finalidade de suprir a omissão/obscuridade/ contradição a fim de____

Local e data.

Advogado____

OAB/____ n.____

## 29. EMBARGOS INFRINGENTES

[A interposição deste tipo de recurso foi vedada pelo art. 25 da Lei 12.016/2009 (que rege toda a matéria do Mandado de Segurança).]

| Fundamento Legal | Arts. 530 a 534 do CPC. |
|---|---|
| Competência | Interposição: Relator do acórdão recorrido; Razões: Colenda Câmara (TJ) ou Colenda Turma (TRF). |
| Prazo | 15 dias. |
| Cabimento | Quando houver um acórdão não unânime de apelação que resolvem o mérito ou de ação rescisória julgada procedente e o recorrente pretender que o voto vencido que lhe favorece prevaleça. |
| Pedido | Interposição: Que sejam recebidos e processados os presentes embargos em seus efeitos devolutivo e suspensivo, com as inclusas razões; Razões: que sejam conhecidos e providos no sentido de prevalecer o voto vencido. |
| Efeitos | Devolutivo e suspensivo (se a decisão recorrida produza também o efeito suspensivo). |

*a) Peça de interposição*

EXCELENTÍSSIMO SENHOR DOUTOR DESEMBARGADOR RELATOR DO____EGRÉGIO TRIBUNAL____

(*espaço de cinco linhas*)

____ [Nome da ação.]
____ [Nome da parte Recorrente.]
____ [Nome da parte Recorrida.]

**NOME DO RECORRENTE**, já qualificado nos autos da ação _____, que move em face de **NOME DO RECORRIDO**, por seu advogado infra-assinado (instrumento de mandato incluso), não se conformando com o v. acórdão, que por maioria de votos, deu provimento à apelação, reformando a sentença de mérito, vem, respeitosamente, à presença de Vossa Excelência, interpor, tempestivamente, EMBARGOS INFRINGENTES, com fundamento no artigo 530 do CPC pelos motivos de fato e de direito a seguir expostos nas inclusas razões.

Requer que o presente recurso seja processado, recebido em seus regulares efeitos devolutivo e suspensivo, com as inclusas guias de preparo, e, após, sejam as razões para a Colenda Câmara/Turma do _____.

Requer ainda a intimação do embargado para que, querendo, apresente suas contrarrazões.

Nesses termos,
pede deferimento.

Local e data.
Advogado_____
OAB/_____ n._____

## b) Razões dos embargos infringentes

Egrégio Tribunal_____,
Colenda Câmara/Turma
Ilustríssimos Julgadores,

(Nome empresarial), não se conformando com v. acórdão, que por maioria de votos, deu provimento à apelação, reformando a sentença de mérito, de fls., vem, respeitosamente, apresentar as razões para seu recurso de apelação:

## I. DOS FATOS

[O candidato deve narrar os fatos trazidos pelo examinador, sem inventar ou alterar nenhum dado.]

## II. DO MÉRITO

[Nesta parte da peça, o candidato deve desenvolver seu raciocínio atrelando o texto da Lei com o caso concreto com o objetivo de que o voto vencido prevaleça.

## IV. DO PEDIDO

Diante do exposto, o Embargante requer o conhecimento e o provimento do presente recurso, com a reforma da sentença nos termos do voto vencido, no sentido de____(descrever o que pretende).

Local e data.

Advogado____

OAB/____n.____

## 30. RECURSO ESPECIAL

[Lembrar que esta modalidade de recurso não cabe nos Juizados Especiais.]

| Fundamento Legal | Art.105, III da CF/1988. |
|---|---|
| Competência | Peça de interposição: Desembargador Presidente do Tribunal recorrido; Razões: Egrégio Superior Tribunal de Justiça – STJ. |
| Prazo | 15 dias. |
| Cabimento | Recurso destinado a garantir a uniformidade na interpretação e aplicação das leis federais, zelando para que todas as Unidades da Federação a apliquem uniformemente, consoante o princípio do pacto federativo. É cabível nas causas decididas por tribunais em única ou última instância, quando a decisão contrariar tratado ou lei federal ou negar-lhe vigência; julgar válido ato de governo local contestado em face de lei federal; der a lei federal interpretação divergente da que lhe haja atribuído outro tribunal. |

| | |
|---|---|
| **Pedido** | Interposição: que o presente recurso seja recebido, processado e remetido para o STJ; Razões: que o presente recurso seja conhecido e provido no sentido de____. |
| **Efeitos** | Devolutivo. |
| **Observações** | Deve-se demonstrar o pré-questionamento (a matéria que se funda o recurso tenha sido expressamente invocada na instância inferior).O recorrente deverá ainda, no ato da interposição, juntar comprovante de recolhimento de custas de preparo + porte de remessa e de retorno, exceto nos casos em que for beneficiário da Lei 1.060/1950. |

*a) Peça de interposição*

EXCELENTÍSSIMO SENHOR DOUTOR DESEMBARGADOR PRESIDENTE DO TRIBUNAL DE JUSTIÇA (OU TRF).

(*espaço de cinco linhas*)

____ [Nome da ação.]
____ [Nome da parte Recorrente.]
____ [Nome da parte Recorrida.]

(**NOME EMPRESARIAL**), inscrita no Cadastro Nacional de Pessoas Jurídicas (CNPJ) sob o n.____, com sede na____, por seu advogado que ao final subscreve (instrumento de mandato incluso), não se conformando com a r. decisão que (resumir o teor da decisão recorrida), vem, respeitosamente, à presença de Vossa Excelência, com fundamento nos artigos 105, III, ____(identificar a alínea) da Constituição Federal, interpor RECURSO ESPECIAL em face de____, pelos motivos de fato e de direito a seguir expostos.

Requer que o presente recurso seja recebido, com as inclusas guias de preparo, no efeito devolutivo, processado e remetido com as inclusas razões ao Egrégio Superior Tribunal de Justiça.

Nesses termos,
pede deferimento.

Local e data.

Advogado____
OAB/____n.____

*b) Razões de recurso especial*

EGRÉGIO SUPERIOR TRIBUNAL DE JUSTIÇA

Colenda Turma
Ilustríssimos Ministros,
Douto Procurador da República

Em que pese o ilibado saber jurídico da Colenda Câmara/ Turma do Egrégio Tribunal____, impõe-se a reforma do venerando acórdão pelas razões de fato de direito a seguir expostos:

I. DO CABIMENTO DO RECURSO

[Demonstrar:
a) a aplicação do art. 105, III, (alínea) da CF/1988;
b) que a matéria foi devidamente pré-questionada na instância inferior.]

II. DOS FATOS

[O candidato deve narrar os fatos trazidos pelo examinador, sem inventar ou alterar nenhum dado.]

III. DO DIREITO

[Nesta parte da peça, o candidato deve desenvolver seu raciocínio atrelando o texto da Lei com o caso concreto, no sentido de mostrar que a decisão recorrida foi equivocada.

IV. DO PEDIDO

Diante do exposto, a Recorrente requer o conhecimento e o provimento do presente recurso especial, com a reforma da r. decisão recorrida no sentido de____.

Local e data.

Advogado____
OAB/____ n.____

## 31. RECURSO EXTRAORDINÁRIO

| | |
|---|---|
| Fundamento Legal | Art. 102, III da CF/1988. |
| Competência | Interposição: Desembargador Presidente do Tribunal Recorrido; Razões: Colenda Turma do Egrégio Supremo Tribunal Federal – STF. |
| Prazos | 15 dias. |
| Cabimento | Recurso destinado a garantir a uniformidade na interpretação e aplicação da Constituição Federal, zelando para que todas as Unidades da Federação a apliquem uniformemente, consoante o princípio do pacto federativo. É cabível das causas decididas em única ou ultima instância, quando a decisão recorrida: contrariar dispositivo da Constituição Federal; declarar a inconstitucionalidade de tratado ou lei federal; julgar válida lei contestado em face da Constituição Federal; julgar válida lei local contestada em face de lei federal. |
| Pedido | Interposição: que o presente recurso seja recebido, processado e remetido para o STF; Razões: que o presente recurso seja conhecido e provido no sentido de ____. |
| Efeitos | Devolutivo. |
| Observação | Deve-se demonstrar *pré-questionamento* (a matéria que se funda o recurso tenha sido expressamente invocada na instância inferior) e *repercussão geral* (art. 102, III, § 3.º da CF/1988), que é mais um pressuposto de admissibilidade que foi incluído pela Emenda Constitucional n. 45. A repercussão geral significa que o assunto discutido não interessa apenas às partes, sobressaindo de seus interesses, daí a necessidade de apreciação destas questões pelo STF. O recorrente deverá ainda, no ato da interposição, juntar comprovante de recolhimento de custas de preparo + porte de remessa e de retorno, exceto nos casos em que for beneficiário da Lei 1.060/1950. |

*a) Peça de interposição*

EXCELENTÍSSIMO SENHOR DOUTOR DESEMBARGADOR PRESIDENTE DO TRIBUNAL DE JUSTIÇA (OU TRF)

(*espaço de cinco linhas*)

____ [Nome da ação.]
____ [Nome da parte Recorrente.]
____ [Nome da parte Recorrida.]

**NOME EMPRESARIAL**, inscrita no Cadastro Nacional de Pessoas Jurídicas (CNPJ) sob o n., com sede na____, por seu advogado que ao final subscreve (instrumento de mandato incluso), não se conformando com a r. decisão que (resumir o teor da decisão recorrida), vem, respeitosamente, à presença de Vossa Excelência, com fundamento no art. 102, III,___ [Identificar a alínea.] da Constituição Federal, interpor RECURSO EXTRAORDINÁRIO em face de____, pelos motivos de fato e de direito a seguir expostos.

Requer que o presente recurso seja recebido, com as inclusas guias de preparo, no efeito devolutivo, processado e remetido com as inclusas razões ao Egrégio Supremo Tribunal Federal.

Nesses termos,

pede deferimento.

Local e data.

Advogado____

OAB/____ n.____

*b) Razões de recurso extraordinário*

EGRÉGIO SUPREMO TRIBUNAL FEDERAL

Colenda Turma,

Ilustríssimos Ministros,

Douto Procurador da República,

Em que pese o ilibado saber jurídico da Colenda Turma do Egrégio Tribunal____, impõe-se a reforma do venerando acórdão, pelas razões de fato e de direito a seguir expostas:

I. DO CABIMENTO DO RECURSO

[Demonstrar:

a) que houve a aplicação do artigo 102, III, alínea *a* , *b*, *c* ou *d* da CF/1988;

b) que a matéria foi devidamente pré-questionada na instância inferior;

c) que a matéria tem repercussão geral e merece ser julgada pelo Supremo Tribunal Federal (em preliminar).]

## II. DOS FATOS

[O candidato deve narrar os fatos trazidos pelo examinador, sem inventar ou alterar nenhum dado.]

## III. DO DIREITO

[Nesta parte da peça, o candidato deve desenvolver seu raciocínio atrelando o texto da Lei com o caso concreto, no sentido de mostrar que a decisão recorrida foi equivocada.

## IV. DO PEDIDO

Diante do exposto, a Recorrente requer o conhecimento e o provimento do presente recurso extraordinário, com a reforma da r. decisão recorrida no sentido de____.

Local e data.

Advogado____

OAB/____ n.____

# Peças Práticas – OAB

## 1. (OAB MG 2006/02)

O Sr. Silvio Pompeu, próspero empresário individual estabelecido em Vespasiano – MG, veio a falecer em virtude de um acidente de carro. Era viúvo, e deixou como únicos herdeiros seus dois filhos, Thiago e João Pedro, com 08 e 12 anos respectivamente. O tutor dos menores ouviu dizer que apenas pode exercer a atividade de empresário quem estiver em pleno gozo da capacidade civil. Em razão disso, deseja encerrar as atividades do negócio promissor e rentável deixado pelo pai dos menores, pois não pretende exercer sua função de tutor de maneira contrária à lei, nem assumir o risco de que os menores venham a comprometer, com a continuidade do negócio, o patrimônio imobiliário e a reserva em dinheiro que seu pai também lhes deixou. As razões pelas quais o tutor dos menores pretende encerrar o negócio têm justificativa legal? Comente o caso. Redija um parecer sobre o tema.

## 2. (OAB BA 2004/02)

Em 01.01.2000, Marcelo de Souza firmou, na condição de locatário, contrato de locação para fins não residenciais, realizado por escrito e com prazo de cinco anos. Durante o primeiro ano (2000), realizou atividade de marcenaria no local. Todavia, devido a novas oportunidades financeiras, Marcelo resolveu mudar o ramo empresarial para o de calçados, o qual já completou três anos e nove meses (setembro de 2004). Agora, Marcelo pretende prorrogar o seu contrato de locação, através da Ação Renovatória. Terá Marcelo direito a essa ação? Justifique. Redija um parecer sobre o tema.

## 3. (OAB CESPE 2006.3)

A sociedade Silva & Silva Comércio de Alimentos Ltda. foi constituída para exploração da atividade de restaurante. Percebendo oportunidades negociais, a sociedade alugou um imóvel, por contrato escrito e por prazo certo de dois anos, situado no centro de uma cidade recém-tornada turística. Como era de se esperar, o restaurante tornou-se um sucesso. Apesar disso, necessitava de recursos que a pessoa coletiva não tinha e, às vésperas do final da locação, o restaurante (estabelecimento) foi alienado à América Restaurante S.A. Esta, por sua vez, entrou em acordo com o proprietário do imóvel, que aceitou a sub-rogação no contrato locatício e, desde logo, firmou mais um contrato escrito, então por prazo certo de um ano. A sucessão das empresas transcorreu de forma tranquila. Entretanto, próximo ao final da segunda locação, a América Restaurante S.A. procurou o locador para entabular novo contrato. O senhorio, todavia, relutou, deixando que a relação locatícia ultrapassasse o termo final sem nova avença escrita. Pretendia, com isso, desfigurar eventual direito da locatória a uma ação renovatória. Assim, após dois meses do fim do contrato escrito, ele – locador – concordou em conceder novo instrumento à sociedade, agora pelo prazo de dois anos, como tinha feito inicialmente com Silva & Silva Comércio de Alimentos Ltda. No primeiro semestre do último ano de locação, a América Restaurante S.A. marcou uma reunião com o senhorio, a fim de lhe mostrar o seu direito à renovatória, bem como tentar chegar a um consenso acerca da renovação voluntária da avença existente entre as partes. Contudo, nessa reunião, o proprietário do imóvel recusou-se peremptoriamente a firmar novo contrato. Ademais, afirmou que a sociedade não tinha direito à renovação, sob os seguintes fundamentos: 1) tinha contratos escritos e, portanto, a posse legítima do imóvel, por somente três anos; 2) caso fosse admitida, absurdamente, a contagem do tempo de contrato da Silva & Silva Comércio de Alimentos Ltda., não haveria uma soma ininterrupta de contratos escritos pelo prazo de cinco anos, visto que teria havido uma interrupção de dois meses; e, por fim, 3) no último ano, tinha conhecimento de que o restaurante deixara de ser um *self-service* para se tornar um sofisticado estabelecimento italiano, tendo mudado, portanto, de ramo de atividade. Os administradores da América Restaurante S.A. saíram da reunião e se encaminharam diretamente ao escritório do advogado, buscando obter um parecer para embasar juridicamente a sua tese do preenchimento de todos os requisitos da ação renovatória. No contexto dessa situação hipotética, redija um parecer devidamente justificado, fundamentando a pretensão da locatária.

## 4. (OAB CESPE 2007/01)

Roberto de Castro, sócio de uma sociedade simples deseja mudar o nome da pessoa jurídica e envia ao seu advogado, a seguinte consulta: qual é o *quorum* exigido pela lei para se modificar o nome de uma sociedade simples? Diante dessa consulta, na qualidade de advogado de Roberto, elabore um parecer, devidamente fundamentado, com referência à legislação pertinente, para responder à indagação.

## 5. (OAB RJ 2007/01 – EXAME 32)

Cássio Concetto, contabilista e administrador da sociedade simples Concetto Tepaz Contadores Associados, realizou operações *ultra vires societatis*, causando prejuízos a diversas pessoas jurídicas. A sociedade simples foi excluída de todas as lides em que foi demandada pelos atos *ultra vires* do administrador, porém vários prejudicados por esses atos reuniram-se em litisconsórcio e pleitearam indenização pelos prejuízos materiais sofridos, pedindo a desconsideração da personalidade jurídica na ação movida em face de o administrador vir a responder com seus bens pessoais. Elabore um parecer, de forma fundamentada, às seguintes questões, com relação à situação hipotética acima.

a) Que base jurídica ampara esse tipo de sociedade em pedido de exclusão dos feitos em que foi demandada por atos *ultra vires* como os de Cássio Concetto?

b) Os atos *ultra vires* praticados pelo administrador ensejam a aplicação da desconsideração da personalidade jurídica na ação indenizatória, sendo absolutamente certo que houve ato ilícito e dano aos autores?

## 6. (OAB CESPE 2007/02)

João e José, amigos de longa data, constituíram a sociedade Souza & Silva Comércio e Indústria de Móveis. Cada qual detinha 50% das quotas da sociedade e ambos a administravam. As afinidades eram muitas, mas, com o passar dos anos, as diferenças vieram à tona. As dificuldades do mercado acabaram contaminando a relação entre os sócios, que frequentemente passaram a brigar. No ápice de uma discussão, chegou a haver agressão física: João desferiu dois socos na face de José. A manutenção da sociedade tornou-se insustentável. Tentou-se chegar a um consenso acerca de eventual compra das quotas de José por João, o que não foi possível. Tentou-se também a alienação das quotas de José a um terceiro, o que não contou com a anuência de João. José, por fim, não querendo permanecer no empreendimento, procurou um advogado para promover ação de dissolução da sociedade.

Considerando a situação hipotética acima, elabore, de forma fundamentada, a petição inicial da ação de dissolução da sociedade existente entre João e José.

## 7. (OAB CESPE 2007/01)

João, empresário individual e um grande chefe de cozinha, manteve ao longo de 10 anos, um restaurante de comida portuguesa, que contava com clientela fiel e constante. Todavia, seduzido pela proposta feita por Marcos, um de seus fornecedores, alienou seu estabelecimento por R$ 300.000,00, valor suficiente para que João se aposentasse. Entretanto, depois de dois anos sem realizar atividades empresariais no ramo, formou com José a sociedade Restaurante Veneza Ltda., um sofisticado restaurante de comida italiana. A antiga clientela de João, tomando conhecimento do novo empreendimento, passou a frequentá-lo, desviando-se do antigo restaurante, alienado a Marcos, que, por sua vez, ao tomar pé da situação, procurou um advogado para ajuizar uma ação para inibir a conduta de João, bem como haver os prejuízos por ele experimentados.

Diante da situação hipotética apresentada acima, elabore, de forma fundamentada, a petição inicial de Marcos.

## 8. (OAB CESPE 2006/02)

No ano de 2003, na cidade de Recife, iniciou-se a construção do "Praiano Business Center Apart Hotel". A finalidade principal do respectivo empreendedor, Praiano Business Center Apart Hotel Ltda., era construir um condomínio edilício situado à beira da praia de Boa Viagem, vender as unidades autônomas a terceiros e, a seguir, constituir, com estes, sociedade em conta de participação para a exploração de atividade hoteleira. O arranjo societário tinha a seguinte conformação: i) a Praiano Business Center Apart Hotel Ltda. seria a sócia ostensiva, única responsável pela administração do negócio e pelas obrigações perante terceiros, e, por isso, receberia parte do lucro da conta em participação; ii) os proprietários das unidades autônomas seriam sócios-participantes, que permitiriam o uso dos correlatos bens imóveis pelo negócio, sem responsabilidade perante terceiros, e concorreriam, também, no lucro. Alienadas todas as unidades e encerrada a construção do prédio, em final de 2005, deu-se início às atividades do "Praiano Business Center Apart Hotel". Entretanto, às vésperas de começar a exploração do negócio, a Praiano Business Center Apart Hotel Ltda. adquiriu, da Ximenes Móveis Funcionais S.A., vasto mobiliário para guarnecer os apartamentos. Todos os bens comprados foram entregues na data aprazada. Contudo, o Apart Hotel não pagou por eles. Após várias tratativas, a Ximenes percebeu que havia sido ludibriada e não viria a receber o valor acertado. Nesse contexto, descobriu que Lucas de Jesus, grande empresário local, era dono de três unidades do "Praiano" e, contra ele, emitiu uma duplicata, no valor de R$ 28.000,00, correspondentes ao mobiliário que ocupou seus apartamentos. Lucas se recusou a pagar o título, o qual foi apresentado a protesto. Desesperado, Lucas, que não deseja ter o seu nome vinculado à pecha de mau pagador, procurou um advogado, para que fosse ajuizada medida judicial obstativa do registro do protesto.

Na qualidade de advogado procurado, diante dos fatos hipotéticos acima narrados e atento ao exíguo prazo que a lei estabelece na espécie, elabore a petição inicial para atender ao cliente.

## 9. (OAB MG 2008/02)

O Banco Januária S/A está movendo execução por quantia certa contra sociedade empresária Bom Pasto Ltda., fundada em instrumento particular de confissão de dívida, subscrito por duas testemunhas e não quitado, no valor total de R$ 250.000,00. A empresa devedora foi regularmente citada em 25.06.2008, quinta-feira, e deixou transcorrer *in albis* o prazo do art. 652 do CPC. Examinando requerimento do Banco Exequente, o Juiz realizou o bloqueio *on line* da quantia em execução, na conta-corrente da empresa devedora perante o Banco do Brasil S/A, utilizando-se do sistema Bacen-Jud. A decisão que determinou a penhora foi publicada no dia 01.08.2008, sexta-feira. Sabendo-se que a penhora determinada pelo Poder Judiciário corresponde a 90% do faturamento mensal da empresa devedora, como advogado contratado pela sociedade empresária Bom Pasto Ltda., você deve elaborar o recurso cabível contra a decisão em pauta, no tempo (considere a data da prova como 10.08.2008) e modo devidos.

## 10. (OAB GO 2003/01)

João da Silva comprou no dia 10 de janeiro de 2.006 um aparelho de TV de 29 polegadas na loja Casa Carioca, dando em pagamento 5 (cinco) cheques no valor unitário de R$250,00 (Duzentos e cinquenta reais), sendo o primeiro à vista e os quatro restantes "pré-datados", com vencimento para 10 de fevereiro, 10 de março, 10 de abril e 10 de maio, respectivamente. Ocorre que no dia 10 de março a loja apresentou ao banco, para saque, também os cheques vencíveis em abril e maio, o que veio prejudicar o comprador que não possuía fundos suficientes em sua conta, acarretando ao mesmo, além da falta de crédito na praça e a retomada do bem adquirido, o encerramento de sua conta bancária. Indignado o cliente decidiu processar a loja Pergunta-se: Como advogado de João, promova a ação cabível no caso em tela.

## 11. (OAB CESPE/2004)

Eficaz Administração e Serviços Ltda., pessoa jurídica de direito privado, domiciliada em Brasília – DF e atuante no ramo de prestação de serviços de limpeza e conservação, manteve contato telefônico, com o objetivo de adquirir mercadorias necessárias às suas atividades, com Ripestre Produtos Ltda., que se apresentou como possível fornecedora. No entanto, nenhuma mercadoria solicitada foi entregue no domicílio de Eficaz Administração e Serviços Ltda. Nada obstante a inexistência de relação jurídica entre as partes, a Ripestre Produtos Ltda. Sacou 2 duplicatas, D1 e D2, contra a Eficaz Administração e Serviços Ltda., tendo sido o primeiro título, D1, descontado perante pessoa jurídica que atua em serviços de *factoring*, a Faturize Fomento Ltda. A Ripestre Produtos Ltda., então, protestou a segunda duplicata no Cartório do Primeiro Ofício de Notas de Brasília – DF, domicílio de Eficaz Administração e Serviços Ltda. O mesmo foi levado a efeito pela pessoa jurídica Faturize Fomento Ltda., com a primeira duplicata, perante o Cartório do 2.º Ofício de Notas de Brasília – DF. Os indevidos protestos geraram diversos dissabores e contratempos à Eficaz Administração e Serviços Ltda., que teve seu crédito ilegitimamente perturbado por atos culposos da Ripestre Produtos Ltda. e da Faturize Fomento Ltda., razão pela qual ajuizou, contra as duas últimas, ação declaratória de inexistência de relação jurídica e de nulidade de atos jurídicos combinada com ação de indenização por danos materiais e morais, a qual foi distribuída para a 2.ª Vara Cível de Brasília – DF.

Na qualidade de procurador da Ripestre Produtos Ltda. e da Faturize Fomento Ltda., em face da situação hipotética acima descrita, redija contestação, abordando, necessariamente, os aspectos seguintes:

a) legitimidade de parte passiva;

b) responsabilidade pela reparação dos danos materiais e morais;

c) validade da prova dos danos materiais e morais alegados;

d) validade e requisitos do ato jurídico de protesto de duplicata.

## 12. (OAB CESPE 2008/02 – PEÇA)

Um representante legal de cooperativa de crédito, com sede e principal estabelecimento localizados no Distrito Federal, voltada precipuamente para a realização de mútuo aos seus associados, acaba de saber que o gerente de sucursal localizada em outro estado foi legalmente intimado, há uma semana, por decisão prolatada pelo juízo da cidade de Imaginário, em que se decretou a falência da cooperativa em questão. No caso, um empresário credor de uma duplicata inadimplida no valor total de R$ 11.000,00 requereu, após realizar o protesto ordinário do título de crédito, a falência do devedor, em processo que correu sem defesa oferecida pela mencionada pessoa jurídica. Na decisão, afirma-se que a atividade habitual de empréstimo de dinheiro a juros constitui situação mercantil clássica, sendo, portanto, evidente a natureza empresarial do devedor, e que, em razão da ausência de interesse do réu em adimplir o crédito ou sequer se defender, patente está a sua insolvência presumida.

Em face da situação hipotética apresentada, na qualidade de advogado(a) contratado(a) pelo representante legal da mencionada cooperativa de crédito, redija a medida processual cabível para impugnar a decisão proferida.

## 13. (CESPE/2008)

João e Carlos são administradores da Snob Veículos importados S.A., pessoa jurídica com capital social de R$ 1.500.000,00 e com domicílio da cidade de Goiânia – GO. João, acionista da companhia, no último exercício social, praticou vários atos contrários à lei e ao estatuto da sociedade empresária, além de cometer atos culposos e dolosos. Contratada empresa de auditoria, foi constatado que João causara prejuízos à referida sociedade por comprar veículo por valor superior ao de mercado, vender veículos, a prazo, a terceiros, sem cláusula de atualização monetária, por vender veículos com prejuízo, utilizar bens da sociedade para uso particular e usar recursos da companhia para a manutenção de bens particulares. Carlos, amigo íntimo de João, mesmo tendo tomado conhecimento de todos os atos ilícitos perpetrados, não tomou qualquer atitude em relação aos fatos: não informou aos demais dirigentes da companhia, nem tentou impedir as práticas de João. Instalada assembleia geral, foi decidido que a companhia não promoveria ação de responsabilidade contra João. Contudo, Marcos e Sandoval, acionistas que representam 15% do capital social, ajuizaram ação de reparação de danos contra João e Carlos, a fim de verem reparados os prejuízos causados à Snob Veículos Importados S.A. Em sede de contestação, os réus alegaram a ilegitimidade ativa *ad causam* de Marcos e Sandoval; a ilegitimidade passiva de Carlos, por ele não ter praticado qualquer ato ilícito; a ilegalidade da conduta de Marcos e Sandoval, que promoverem a ação de reparação de danos a despeito da decisão da assembleia geral. Arguiram, ainda, que os pedidos insertos na petição inicial seriam incertos e indeterminados e que não teriam sido praticados quaisquer atos ilícitos por parte dos administradores. Assim, o juízo competente determinou aos autores que se manifestassem, no prazo de 10 dias.

Considerando a situação hipotética apresentada, na qualidade de advogado (a) constituído (a) por Marcos e Sandoval, elabore a peça profissional que entender cabível para a defesa dos interesses de seus clientes, abordando, com fulcro na doutrina e na jurisprudência, todos os aspectos de direito material e processual pertinentes.

### 14. (OAB RJ 2005/02)

A instituição financeira Banco Empresta Fácil S.A., sediada no Rio de Janeiro, detém importante crédito em face da Cia. Decorações Bizarras, também no Rio de Janeiro, originado de contrato ilíquido de abertura de crédito de conta-corrente, no valor de cem mil reais. De base do instrumento de contrato acompanhado do demonstrativo do débito, o diretor da referida instituição lhe procura e solicita que seja feita a ação judicial cabível, para garantir o mais célere recebimento da dívida. Redija a peça cabível.

### 15. (CESPE)

A empresa Foenus Terrae Ltda. Emprestou à empresa Gens Patriae S/A a quantia de R$ 100.000,00 (cem mil reais), para pagamento em 180 dias, com juros de 30% ao ano. Ao final do prazo estipulado, a mutuária efetuou o pagamento do valor histórico acrescido de 6% a título de juros. Inconformada com o pagamento parcial, a mutuante sacou uma duplicata em face da devedora, exigindo a diferença relativa aos juros, e levou o título a protesto por falta de aceite. A Gens Patriae S/A acaba de receber a notificação do cartório de protesto, determinando seu comparecimento em 48 horas, para saldar a dívida em questão ou explicar a razão da recusa.

Como advogado(a) da Gens Patriae S/A, empreenda a atuação necessária, considerando que a credora localiza-se em Vitória Espírito Santo.

### 16. (OAB MG 2006/01)

Luiza Silva, Antonio Silva, Maria Ester e Adir Lourival são credores da sociedade empresária Mineradora Novo Serro Ltda., sediada na cidade do Serro/MG. Cada credor possui uma nota promissória no valor de R$ 10.000,00. Todos os títulos venceram em 1 de abril, sem que tivessem sido pagos. Em função disto, todos os credores promoveram o protesto competente para embasar um pedido de falência da sociedade devedora. Referido protesto não foi sustado, tampouco cancelado. Após inúmeras tentativas de receber o crédito amigavelmente, os devedores procuraram pelo único advogado comercialista da cidade e resolveram, conjuntamente, pedir a falência da sociedade devedora. A ação foi proposta e distribuída para a 1.ª Vara Cível do Serro/MG. Ao receber o processo, o juiz titular extingui-o sem julgamento de mérito, com base nos arts. 267, I e 295, V, do CPC. Asseverou, ainda, que o valor mínimo para a propositura do pedido de falência deve se referir a cada um dos títulos individualmente e que tal processo não comporta litisconsórcio no pólo ativo da demanda, por falta de previsão legal. Argumentou, ainda, que a sociedade não possui outros protestos e muito menos outras ações executivas. Além disto, afirmou que a sociedade é por demais importante para o desenvolvimento da cidade, devendo ser aplicado o princípio da preservação da empresa, sopesando a importância social da sociedade e o pequeno valor da dívida, em face do volume de recursos injetado na cidade e movimentado pela sociedade devedora.

A decisão foi publicada no dia 12 de abril de 2006, dia em que não houve expediente forense. Nos dias 13 e14 foram feriados e, portanto, não houve expediente forense.

Você foi procurado por todos os autores para elaboração da peça de recurso cabível.

Elabore a peça processual adequada, apresentando-a no último dia do prazo.

## 17. (PROPOSTO PELA AUTORA)

João Antonio, exerce uma atividade de plantio de café há algum tempo. Seu negócio tem prosperado e inclusive existe uma proposta para a exportação de quase toda a sua safra com empresas estrangeiras. Para regularizar sua atividade e com isso fechar o contrato com as empresas citadas, buscou seu registro como empresário individual na Junta Comercial de seu Estado, e apesar de ter entregado toda a documentação necessária, a Junta Comercial indeferiu seu registro pelo fato da atividade rural não ser uma atividade empresarial. Inconformado com a decisão da Junta Comercial, João Antonio procura seu escritório, pleiteando uma forma de conseguir o registro na Junta, já que está na iminência de perder a oportunidade de contratação. Elabore a medida judicial cabível para viabilizar o registro de seu cliente.

## 18. (PROPOSTO PELA AUTORA)

A marca "frio gostoso", referente a uma marca de geladeira e *freezer*, foi registrada no Instituto Nacional de Propriedade Industrial (INPI) por Ludmila há 2 anos. Guilherme Rodolfo, titular da marca "frio gostoso", do ramo de atividade de congeladores, ficou sabendo, por um fornecedor, que a marca de Ludmila está sendo usada no mercado e que foi regularmente registrada no INPI. Guilherme Rodolfo entendeu que, no caso, haveria desrespeito à marca de sua propriedade, ainda mais, porque o INPI não publicou o pedido de registro da marca de Ludmila, o que impediu a impugnação administrativa por Guilherme Rodolfo. Sabendo disso, Guilherme Rodolfo procura seu escritório para mover uma ação a fim de obter a nulidade do registro no INPI e colocar fim na exploração da marca "frio gostoso" por Ludmila.

Em face dessa situação hipotética, elabore uma peça devidamente fundamentada para proteger os direitos de Guilherme Rodolfo.

## 19. (OAB-PR)

TV Max Ltda., como compradora e Ibf-Importadora Barafunda de Pedras Ltda. como vendedora, celebraram um contrato de compra e venda de mármore para fins comerciais. Os atos jurídicos havidos pelo TV Max foram realizadas exclusiva e solitariamente pelo seu administrador não sócio, Sr. Oliveira Hamilton, no curso de janeiro de 2009, em operação evidentemente estranha aos negócios da sociedade. A empresa vendedora efetuou a entrega da mercadoria na pessoa do Sr. Oliveira Hamilton e aguardou o recebimento da quantia de R$ 500.000,00 no prazo avençado, ou seja, em fevereiro de 2009, o que não ocorreu. Os sócios tomaram ciência após a contratação e souberam que o mármore já não estava na posse do Sr. Oliveira, pois já havia alienado a 3.º desconhecido. Imediatamente a TV Max Ltda. destitui o Sr. Oliveira Hamilton da administração. A empresa Ibf-Importadora Barafunda de Pedras Ltda., não recebeu o pagamento avençado e procura seu escritório para receber o valor avençado, com os juros e a correção monetária.

Proponha a medida judicial cabível a fim de resolver o problema de seu cliente, sabendo que o foro de eleição presente no contrato foi a cidade de Curitiba, Paraná.

## 20. (CESPE 2009/02)

A BW Segurança Ltda. firmou com o Banco Reno S.A. contrato de confissão de dívidas, devidamente assinado por duas testemunhas, obrigando-se a efetuar o pagamento da importância de R$ 40.000,00. O instrumento foi firmado na cidade de Taguatinga, no Distrito Federal, local que as partes elegeram como foro competente para dirimir eventuais questões advindas do negócio jurídico.

Em garantia ao cumprimento da avença, foi firmada nota promissória vinculada ao referido contrato, tendo Plínio, administrador da BW Segurança Ltda., avalizado o referido título de crédito, sem obtenção de qualquer vantagem decorrente desse ato. O devedor principal não cumpriu o avençado, tendo o credor deixado que transcorresse o prazo para a propositura da ação cambial. Na qualidade de procurador do Banco Reno S.A., proponha a medida judicial cabível para defesa dos interesses da instituição.

## 21. (OAB CESPE/2009)

Amin e Carla são sócios da A&C Engenharia Ltda., pessoa jurídica que, em 26/11/2008, teve falência decretada pela Vara de Falências e Concordatas do Distrito Federal, tendo o juízo competente fixado o termo legal da falência em 20/11/2007. Pedro, administrador judicial da massa falida da A&C Engenharia Ltda., tomou conhecimento que Amin, à época em que este praticava atos concernentes à administração da sociedade, transferira, em 5/12/2007, a título gratuito, um automóvel, de propriedade da sociedade empresária, a sua irmã, Fabiana, o que causou prejuízos à massa falida. Em face dos referidos fatos, Pedro decidiu promover medida judicial visando à revogação da doação praticada por Amin, com o objetivo de preservar os interesses da sociedade e dos credores. Considerando a situação hipotética apresentada, na qualidade de advogado(a) contratado(a) por Pedro, redija a medida judicial cabível para a referida revogação, com fundamento na matéria de direito aplicável ao caso, apresentando todos os requisitos legais pertinentes.

## 22. (OAB CESPE/2009)

Alfa Ltda. recebeu, como ré, mandado de citação em ação falimentar promovida por Beta Ltda., cujo pedido consiste na decretação de falencia de Alfa ou a realização de deposito da quantia alegada como devida, acrescida de correção monetária, juros, custas processuais e honorários advocatícios. A demanda foi ajuizada perante a 1ª Vara de Falências de Porto Alegre – RS.

Na inicial, consta, como causa de pedir, a falta de pagamento, no vencimento, de três notas promissórias, respectivamente, nos valores de R$ 500,00, R$ 1.000,00 e R$ 3.000,00, juntadas as cópias autenticadas das referidas notas promissórias vencidas e não protestadas, e a cópia autenticada do contrato social da sociedade requerente, tendo sido esses os únicos documentos que acompanharam a inicial além do instrumento de procuração.

Na qualidade de advogado de Alfa Ltda., possuidora de equilíbrio financeiro, elabore a peça judicial mais adequada à defesa de sua cliente contra a pretensão de Beta Ltda.

## 23. (PROPOSTO PELA AUTORA)

Antonio, Alberto e Carlos são sócios da Sociedade Não se Canse Produtos Esportivos Ltda. que explora o ramo de fabricação de artigos esportivo. Antonio é titular de 51% das cotas societárias, Alberto é titular de 20% das cotas, enquanto Carlos é titular de 29%. Sempre se deram bem, mas nos últimos tempos têm discutido continuadamente por assuntos diversos.

Cansado das intermináveis discussões, Antonio tirou um mês de férias com a família e, quando retornou, descobriu que fora excluído da sociedade em 10/03/2010 por decisão de Alberto e Carlos.

Alberto e Carlos, para evitarem qualquer problema com Antonio, utilizaram o balanço de janeiro de 2010, para usar como base do valor de ressarcimento das cotas de Antonio, e já depositaram o respectivo valor em sua conta.

Antonio, inconformado com a atitude dos sócios, procura seu escritório a fim de proteger seus interesses, afinal a Sociedade Não se Canse Produtos Esportivos Ltda. acabou de fechar um contrato milionário para a produção de chuteiras para um importante time do Estado, cuja negociação começou por um intenso trabalho de Antonio.

Ingresse com a medida cabível a fim de proteger os interesses de Antonio.

## 24. (PROPOSTO PELA AUTORA)

No dia 13 de março de 2010, Flávio deixou seu carro na Concessionária Vale do Paraíba Automóveis Ltda., para revisão de 30.000 quilômetros. No dia 17, data marcada pela concessionária para a retirada do automóvel, Flávio encontrou as portas do estabelecimento lacradas pelo Juízo da 1ª Vara de Falências e Recuperação Judicial da Comarca de São Paulo, porque a sociedade tivera a sua falência decretada no dia 15 do mesmo mês. Tal fato impediu que Flávio retirasse o seu carro.

Considerando a situação hipotética acima, como advogado de Flávio, proponha a medida judicial cabível.

## 25. (PROPOSTO PELA AUTORA)

A Companhia de Tecidos Finos é uma sociedade anônima fechada e, após o término do exercício do ano de 2008, promoveu no mês de fevereiro de 2009 sua Assembleia Geral Ordinária, com o escopo de debater e deliberar os assuntos de competência desse órgão. Para tanto, o Conselho de Administração convocou os acionistas mediante três anúncios em jornais de grande circulação e, também, no diário oficial, de modo que a primeira publicação se deu 10 dias antes da realização da assembleia. Na data marcada, estavam presentes sócios que representavam 2/4 do capital social votante, de modo que a sessão foi aberta e as deliberações votadas.

Ocorre que o Sr. José da Silva, não tendo tomado ciência da assembleia por puro descuido pessoal e não se conformando com sua ausência, ingressou com AÇÃO DE ANULAÇÃO DE DELIBERAÇÃO DE ASSEMBLEIA, alegando, para tanto, que a mesma foi convocada de modo irregular, vez que a primeira publicação se deu apenas 10 dias antes do ato, devendo ter ocorrido, no mínimo, em 15 e que o quórum necessário para a instauração em primeira convocação não estava preenchido na ocasião.

A Companhia Tecidos Finos então foi citada para apresentar sua defesa. Com base nas informações do problema, elabore a medida cabível a fim de demonstrar a regularidade na convocação e instalação da assembleia geral ordinária ocorrida.

## 26. (PROPOSTO PELA AUTORA)

O Supermercado Ortega Ltda. é uma sociedade empresária registrada na Junta Comercial do Estado de São Paulo. Referida empresa, com o aumento das vendas, iniciou atividades no ramo de produção de produtos de chocolates, tais como bombons, biscoitos etc., tendo registrado devidamente a marca Ortega junto ao INPI (Instituto Nacional da Propriedade Industrial), a fim de identificar seus produtos e os distinguir de outros semelhantes ou idênticos em 2008.

Contudo, no ano de 2009, o Supermercado Ortegão Ltda., registrado na Junta Comercial de Santa Catarina desde 2005, começou a fabricar produtos, utilizando a marca **Ortega**, incluindo a venda de biscoitos e chocolates. Tal sociedade não conhecia o outro Supermercado de São Paulo, e como possuía o registro na Junta Comercial desde 2005, tranquilamente manteve a utilização da marca.

Ao saber da notícia, por um comprador que recentemente havia comprado mercadorias da empresa de Santa Catarina, os sócios do Supermercado Ortega Ltda. procuram seu escritório de advocacia a fim de solucionar o problema e não ter seus produtos confundidos com outros, uma vez que já possuíam o registro dessa marca.

Com base na situação hipotética, elabore, de forma fundamentada, a medida judicial cabível para a proteção dos direitos de seu cliente.

## 27. (PROPOSTO PELA AUTORA)

O Açougue Primeiro Corte Ltda. alienou um de seus estabelecimentos empresariais, localizado na cidade de Guarulhos – SP, a Comércio de Carnes Finas Ltda. No referido contrato de trespasse, havia disposição expressa dos contratantes em que o adquirente abria mão da "cláusula de não restabelecimento". Formalizado o trespasse, devido a novas oportunidades financeiras, o alienante (Açougue Primeiro Corte Ltda.) abriu um novo estabelecimento em frente ao alienado, dois anos após o contrato de venda e compra. Indignado com a concorrência, orientado por seu advogado, a sociedade Comércio de Carnes Finas ingressou no competente juízo com AÇÃO DE OBRIGAÇÃO DE NÃO FAZER cumulada com Pedido de Tutela Antecipada, pleiteando o fechamento do novo estabelecimento aberto pelo alienante, o qual estava desrespeitando o estipulado no artigo 1147, do CC.

O juiz, ao receber a inicial, concedeu a tutela antecipada, sem ouvir a parte contrária, determinando o fechamento do estabelecimento aberto pelo alienante até o processo ser decidido, alegando que a cláusula de não restabelecimento é norma cogente que não pode ser desrespeitada pelas partes, mesmo havendo autorização para tanto.

Com base na situação hipotética, elabore a medida judicial cabível a favor do Açougue Primeiro Corte Ltda., a fim de atacar a decisão interlocutória proferida.

## 28. (PROPOSTO PELA AUTORA)

Lupércio California, era dono da conhecida Padaria California ME sob o título do estabelecimento Padaria California, na cidade de Santos, no Estado de São Paulo. Em 2008, vendeu a Padaria California, para Xisto e Calipso, sob a Sociedade Xisto e Calipso LTDA que mantiveram a Padaria sob o mesmo título do Estabelecimento.

Como o contrato de venda da Padaria nada tratou sobre o não restabelecimento, Lupércio abriu uma nova Padaria na Cidade de Santos sob o título do estabelecimento Padaria California , e, pouco a pouco, está reconquistando a antiga clientela.

Xisto e Calipso esqueceram de mencionar o não restabelecimento no contrato, e ainda por cima pagaram duas obrigações, contratadas antes da venda do estabelecimento, no valor de R$ 9.000,00 . Tais dívidas não estavam relacionadas no contrato de venda da padaria e nem descritos nos livros contábeis da empresa. Tentaram cobrar amigavelmente de Lupércio California, mas este, sob orientação de seu primo que é advogado de falências e concordatas de Santos, não pagou, pois disse que as dívidas eram transmitidas implicitamente para os novos donos da Padaria.

Como advogado de Xisto e Calipso, ingresse com a medida judicial cabível a fim de tutelar seus direitos.

### 29. (PROPOSTO PELA AUTORA)

A empresa Formas de Bolo Ltda. comprou um torno mecânico da Metalúrgica Ferro Macio S/A, com a Nota fiscal para ser paga em 30 dias, ou seja, no dia 15/01/2010. Da nota fiscal, foi emitida uma duplicata que por endosso mandato foi transferida ao Banco Dinheiro na Hora S/A. Antes mesmo de receber o boleto bancário, a Empresa Formas de Bolo Ltda., procurou a Metalúrgica Ferro Macio S/A e efetuou o pagamento da nota, recebendo um recibo de quitação. Apesar de o pagamento ter sido feito regularmente, a empresa Formas de Bolo Ltda. recebeu o boleto de cobrança, ligou para a Metalurgica Ferro Macio que, por sua vez, pediu para desconsiderá-lo. Passado algum tempo, a Formas de Bolo Ltda. recebeu a notificação de protesto e, depois, o aviso de que o título foi protestado.

O administrador da empresa Formas de Bolo Ltda. procura seu escritório, com a informação de que o título foi protestado, e com a explicação da Metalurgica, de que avisou o Banco, mas que este não havia dado baixa no título.

Ingresse com a medida judicial cabível a fim tutelar amplamente os interesses da empresa Formas De Bolo Ltda.

### 30. (OAB CESPE 2009/3)

Jorge Luis e Ana Claudia são casados no regime de comunhão parcial de bens desde 1979. Em 17/08/2005, sem que Ana Claudia ficasse sabendo ou concordasse, Jorge Luiz, em garantia de pagamento de contrato de compra e venda de um automóvel adquirido de Rui, avalizou nota promissória emitida por Laura, sua colega de trabalho, com quem mantinha caso extraconjugal. O vencimento da nota promissória estava previsto para 17/09/2005. Vencida e não paga a nota promissória, o título foi regularmente apontado para protesto.

Após inúmeras tentativas de recebimento amigável do valor, Rui promoveu, contra Laura e Jorge Luiz, em 12/12/2008, a execução judicial do título com fundamento nos artigos 566, 580, 585, inciso I e 586 do CPC. Os réus foram regularmente citados e, não havendo pagamento, foram penhorados duas salas comerciais de propriedade de Jorge Luis adquiridas na constância do seu casamento. Inconformada, Ana Claudia procurou a assistência do profissional da advocacia, pretendendo alguma espécie de defesa em seu exclusivo nome, para livrar os bens penhorados da constrição judicial, ou, ao menos, parte deles, visto que haviam sido adquiridos com o esforço comum do casal.

Em face dessa situação hipotética, redija, na condição de advogado constituído por Ana Claudia, a peça profissional adequada para a defesa dos interesses da sua cliente, apresentando, para tanto todos os argumentos e fundamentos necessários.

## 31. (OAB CESPE 2010/1)

A pessoa jurídica Alfa Aviamentos Ltda., domiciliada em Goianésia – GO, celebrou contrato escrito de locação de imóvel não residencial com Chaves Empreendimentos Ltda., por prazo determinado, tendo sido o contrato prorrogado por várias vezes, no lapso de mais de 7 anos. O valor mensal da locação é de R$ 1.500,00 e a Alfa Aviamentos Ltda. exerce sua atividade no respectivo ramo desde a sua constituição, há cerca de 10 anos. O contrato de locação findará em 03/05/2011, e os dirigentes da empresa locatária já se manifestaram contrários à renovação do referido contrato.

Em face dessa situação, na qualidade de advogado contratado por Alfa Aviamentos Ltda., redija a medida judicial cabível para a defesa dos interesses de sua cliente, abordando as matérias de direito material e de direito processual aplicáveis.

# Gabarito das Peças Práticas – OAB

## 1. (OAB MG 2006/02)

*Quem pediu*: tutor dos menores.

*Peça*: parecer.

*Fundamento legal*: arts. 974 e 975 do CC/2002 – possibilidade da continuação da atividade empresarial.

## 2. (OAB BA 2004/02)

*Quem pediu:* Marcelo.

*Peça*: parecer.

*Fundamento legal*: art. 51, I, II e III e § 5.º da Lei 8.245/1991 – não cabimento da ação renovatória. Decadência do prazo.

## 3. (OAB CESPE 2006.3)

*Quem pediu*: America Restaurante S.A.

*Peça*: parecer.

*Fundamento legal*: art. 51 da Lei 8.245/1991.

1. Sucessor tem direito a ação renovatória e se aproveita dos requisitos cumpridos, desde que ingresse com a ação no prazo legal; 2. Período de 2 meses serão computados; 3. Ramo de atividade foi mantido. Cuidado: para uma prova que permite apenas a utilização de texto legal, a contagem do prazo deve ser ininterrupta.

## 4. (OAB CESPE 2007/01)

*Quem pediu:* Roberto.

*Peça*: parecer.

*Fundamento legal*: arts. 997 e 999 do CC/2002.

5. **(OAB RJ 2007/01 – EXAME 32)**

   *Quem pediu:*_____

   *Peça:* parecer

   *Fundamento legal:* 1. art. 1.015, III, CC/2002 (Responsabilidade pessoal e ilimitada do administrador por atos *ultra vires societatis*). 2. Não é caso de desconsideração da personalidade jurídica porque a responsabilidade pelos atos *ultra vires societatis* é apenas do administrador que responderá pessoal e ilimitadamente.

6. **(OAB CESPE 2007/02)**

   *Juiz competente:*_____ Vara Cível.

   *Autor:* José.

   *Réu:* João e Souza & Silva Comércio e Indústria de Móveis.

   *Ação:* Ação de dissolução de sociedade cumulada com apuração de haveres.

   *Fundamento legal:* art. 1.218, VII, do CPC/1973 e art. 655 e ss. do CPC/1939; Art. 1.034, II, CC/2002 (Quebra da *affectio societatis*).

   *Pedido:* dissolução da sociedade; apuração dos haveres; honorários e custas judiciais; endereço para a intimação; citação; produção de provas.

7. **(OAB CESPE 2007/01)**

   *Juiz competente:*_____Vara Cível.

   *Autor:* Marcos.

   *Réu:* João.

   *Ação:* de obrigação de fazer cumulada com perdas e danos.

   *Fundamento legal:* art.273 e 461 do CPC; art. 1147 do CC/2002.

   *Pedido:* Tutela antecipada – fechar as portas do novo estabelecimento, com aplicação de multa diária; confirmação da tutela concedida; condenação em perdas e danos; citação; endereço para a intimação; honorários e custas judiciais; produção de provas. [Não esquecer de atribuir valor à causa, conforme art. 282, V do CPC].

8. **(OAB CESPE 2006/02)**

   *Juiz competente:*_____ Vara Cível da Comarca de Recife/PE.

   *Autor:* Lucas de Jesus.

*Réu*: Ximenes Móveis Funcionais S.A.

*Ação*: Ação cautelar de sustação de protesto com pedido de liminar.

*Fundamento legal*: art. 798 do CPC; art. 991 do CC/2002.

*Pedido*: liminar para a sustação dos efeitos do protesto; confirmação da liminar concedida; honorários e custas judiciais; informar da propositura da ação principal em 30 dias; endereço para intimação; produção de provas.

Valor da causa: R$28.000,00.

## 9. (OAB MG 2008/02)

*Tribunal competente*: Presidente do Tribunal de Justiça do Estado de____

*Agravante*: Bom Pasto Ltda.

*Agravado*: Banco Januária S.A.

Agravo de Instrumento.

*Fundamento legal*: Art. 522, [caput] e 527, III, CPC; ilegalidade da penhora de 90% do faturamento da empresa porque: (a) a execução deve ser feita do modo menos gravoso para o devedor (art. 620, CPC); (b) a penhora de faturamento de empresa está em 7.º lugar na ordem de preferência de penhora (art. 655, VII, CPC); (c) não observou os requisitos da penhora de faturamento de empresa (art. 655-A, § 3.º, CPC).

Pedido: concessão do efeito suspensivo para a liminar [antecipação dos efeitos da tutela recursal] a fim de suspender os efeitos da decisão determinou o bloqueio e liberar o faturamento da empresa; confirmação da liminar concedida; intimação do agravado; juntada das peças obrigatórias (art. 525 do CPC); indicação dos endereços dos advogados (art. 524, III, CPC); juntada das custas; informação do [ao] juiz "a quo" [art. 526 do CPC].

## 10. (OAB GO 2003/01)

*Juiz competente*:____ Vara Cível da Comarca de____

*Autor*: João da Silva.

*Réu*: Casa Carioca.

*Ação*: de indenização por danos materiais e morais.

*Fundamento legal*: súmula 370 do STJ; [art. 5.º, V, da CF/1988 c.c. arts. 186 e 187 do CC/2002].

*Pedido*: condenação aos danos materiais e morais; citação; endereço para a intimação; honorários e custas judiciais; produção de provas.

## 11. (OAB CESPE/2004)

*Juiz competente*: 2.ª Vara Cível de Brasília.

*Réu*: Ripestre Produtos Ltda. e Faturize Fomento Ltda.

*Autor*: Eficaz Administração e Serviços Ltda.

*Peça*: Contestação.

*Fundamento legal*: Ilegitimidade Passiva de Faturize Fomento Ltda. (art. 301, X, CPC). A Faturize é ilegítima em relação a ação de indenização e declaratória de inexistência e nulidade dos atos; Inoponibilidade das exceções a terceiro de boa-fé (art. 17, Decreto 57.663/1966).

*Pedido*: reconhecimento da ilegitimidade passiva [art. 295, II, do CPC] (extinção); [no mérito], improcedência do pedido do autor; produção de provas.

## 12. (OAB CESPE 2008/02 – PEÇA)

*Tribunal competente*: Presidente do Tribunal de Justiça do Estado de ____

*Agravante*: Cooperativa de Crédito.

*Agravado*: Empresário.

Agravo de Inst. com pedido de efeito suspensivo.

*Fundamento legal*: incompetência absoluta (art. 3.º, Lei 11.101/2005); ilegitimidade passiva da Cooperativa (art. 2.º, II, Lei 11.101/2005); crédito inferior a 40 salários mínimos (art. 94, I, Lei 11.101/2005); ausência de protesto especial para fim falimentar (art. 94, § 3.º, Lei 11.101/2005).

Pedido: liminar para concessão de efeito suspensivo da sentença que decretou a falência da Cooperativa; provimento do recurso com a extinção do processo pela incompetência absoluta do juízo, pela ilegitimidade passiva da agravante; pela ausência dos requisitos para a decretação de falência; peças obrigatórias; intimação do agravado; juntada das custas.

## 13. (CESPE/2009)

Juiz competente: Vara Cível.

*Autores*: Marcos e Sandoval.

*Réus*: João e Carlos.

*Peça*: Réplica.

Fundamento legal: art. 158, § 1.º, Lei 6.404/1976 (Responsabilidade de Carlos pelo ato ilícito praticado por outro administrador, João); art. 159, § 4.º, Lei 6.404/1976 (Legitimidade para promover ação de responsabilidade dos acionistas que representem mais de 5% do Capital); contra-argumentar, com base no enunciado, a afirmativa de que "os pedidos insertos na petição inicial seriam incertos e indeterminados"; contra-argumentar, com base no enunciado, afirmativa de que "não teriam sido praticados quaisquer atos ilícitos por parte dos administradores".

Pedido: reiterar os pedidos da inicial.

## 14. (OAB RJ 2005/02)

Juiz competente: Vara Cível da Comarca do Rio de Janeiro.

Autor: Banco Empresta Fácil S.A., representado por seu diretor.

Réu: Cia Decorações Bizarras, representada por seu diretor.

Ação: monitória, artigos 1102-A, 1102-B, 1102-C, CPC.

Fundamento legal: súmulas 233 e 247 do STJ.

Pedido: expedição do competente mandado de pagamento, para que o réu seja citado para pagar a quantia de R$ 100.000,00, atualizada e acrescida dos juros legais em 15 dias, ou ofereça embargos sob pena de conversão do mandado inicial em mandado executivo. Condenação ao pagamento das custas e honorários advocatícios. Obedecer todos os requisitos do art. 282 do CPC.

## 15. (CESPE)

Juiz competente: Vara Cível da Comarca de Vitória do Espírito Santo.

Autor: Gens Patriae S/A, representada por seu diretor.

Réu: Foenus Terrae Ltda., representada por seu administrador.

Ação: Ação [cautelar de sustação de protesto.

Fundamento legal: Lei 5.474/1968 e art. 406 e 591 do CC/2002. Não esquecer de colocar o nome da ação principal que será de ação de inexistência da relação jurídica cambial.

Pedido: sustar o protesto liminarmente [observar todos os requisitos do art. 282 do CPC].

## 16. (OAB MG 2006/01)

*Tribunal competente*: Peça de Interposição Apelação: 1.ª Vara Cível de Serro/MG Razões: TJ de Minas Gerais.

*Apelante*: Luiza Silva, Antônio Silva, Maria Ester e Adir Lourival.

*Apelada*: Sociedade Empresária Mineradora Novo Serro Ltda.

*Fundamento legal*: art. 100, Lei 11.101/2005 e 513 e ss. do CPC. Alegação da tempestividade do recurso, tendo em vista que ele está sendo interposto no último dia do prazo – art. 295, V, do CPC, art. 94, § 1.º, Lei 11.101/2005; art. 94, I da Lei 11.101/2005.

*Pedido*: Juiz Retrate a decisão, nos termos do art. 296, do CPC ou, caso contrário, remeta os autos ao Egrégio Tribunal de Justiça do Estado de MG (na peça de interposição). Provimento do recurso, decretando a falência da apelada.

## 17. (PROPOSTO PELA AUTORA)

*Juiz competente*: Juiz Federal da_____ Vara Cível da Seção Judiciária de_____

*Autor*: João Antonio.

*Réu*: Presidente da Junta Comercial.

*Ação*: Mandado de Segurança.

*Fundamento legal*: art. 5.º, LXIX da CF/1988 e Lei 12.016/2009; art. 971 do CC/2002.

*Pedido*: Não há pedido de provas, a não ser as que já foram juntadas [No Mandado de Segurança, a prova dever ser pré-constituída (direito líquido e certo)]. Concessão de Liminar art. 7, III, da Lei 12.016/2009 com a expedição de ofício ao presidente da Junta Comercial de_____. Notificação da autoridade coatora para que preste informações no prazo de 10 dias, nos termos do art. 7, I, da Lei 12.016/2009; intimação do representante do Ministério Público, para que, querendo, possa intervir no feito, [Oferecendo parecer]; [Ciência ao órgão de representação judicial da pessoa jurídica interessada, conforme ar. 7, II, da Lei 12.016/2009]. Ao final seja julgado procedente o pedido formulado, tornando definitiva a segurança ora concedida.

## 18. (PROPOSTO PELA AUTORA)

*Juiz competente*: Juiz federal da_____ Vara Cível da Seção Judiciária de_____

*Autor*: Guilherme Rodolfo.

*Réu*: Ludmila e INPI.

*Ação*: de nulidade.

*Fundamento legal*: art. 122, 173 e ss. da Lei 9.279/1996.

*Pedido*: Concessão de liminar de suspensão dos efeitos do registro e do uso da marca; Procedência do pedido com a confirmação da liminar concedida e a declaração da nulidade da marca. Citação. Condenação ao pagamento das custas e honorários advocatícios [Observar todos os requisitos do art. 282 do CPC].

## 19. (OAB-PR)

*Juiz competente*: Vara Cível da Comarca de Curitiba do Estado do Paraná.

*Autor*: IBF – Importadora Barafunda de Pedras Ltda.

*Réu*: Oliveira Hamilton.

*Ação*: Ação de cobrança.

*Fundamento legal*: art. 1.053, CC/2002; art. 1015, parágrafo único, do CC/2002; art. 1.017 do CC/2002; art. 927 do CC/2002.

*Pedido*: procedência do pedido do autor com a condenação do réu no pagamento de R$ 500.000,00, acrescido de juros e correção monetária. Condenação ao pagamento das custas e honorários advocatícios. *Citação* [Observar todos os requisitos do art. 282 do CPC].

*Valor da Causa*: R$ 500.000,00.

## 20. (CESPE 2009/02)

*Juiz competente*: Vara Cível da Comarca de Taguatinga do Distrito Federal.

*Autor*: Banco Reno S.A.

*Réu*: BW Segurança Ltda., representada por Plínio.

*Ação*: Ação monitória.

*Fundamento legal*: art. 1.1102-A e ss. do CPC.

*Pedido*: expedição do competente mandado de pagamento, para que o réu seja citado para pagar a quantia de R$ 40.000,00, atualizada e acrescida dos juros legais em 15 dias, ou ofereça embargos sob pena de conversão do mandado inicial em mandado executivo. Condenação ao pagamento das custas e honorários advocatícios.

*Valor da Causa*: R$ 40.000,00.

*Corretores da CESPE também aceitaram a ação de execução com fundamento na confissão de dívida (art. 585 do CPC).

## 21. (OAB CESPE/2009)

*Juiz competente*: Vara de Falências e Concordatas do Distrito Federal.

*Autor*: Pedro.

*Réu*: Fabiana, Massa Falida da A&C Engenharia Ltda., Amin.

*Ação*: ação revocatória; ou declaratória de ineficácia de negócio jurídico.

*Fundamento legal*: art. 129, IV e 130 da Lei 11.101/05, e 282 do CPC.

*Pedido*: Revogação do negócio realizado com a restituição do referido automóvel para a massa falida. Provas. Citação. Condenação ao pagamento das custas e honorários advocatícios.

*Valor da Causa*: ____

## 22. (OAB CESPE/2009)

*Juiz competente*: 1.ª Vara de Falências de Porto Alegre RS.

*Autor*: Beta Ltda.

*Réu*: Alfa Ltda., por seu administrador.

*Ação*: contestação, com fundamento no art. 95 da Lei 11.101/05 e 300 e ss. do CPC.

*Fundamento legal*: preliminar arts 301, III e 295, VI e 283 e 284 do CPC; art. 94, I, Lei 11.101/2005.

*Pedido*: extinção do processo sem julgamento do mérito, por inépcia da inicial; improcedência do pedido do autor; endereço para a intimação. Provas; Condenação ao pagamento das custas e honorários advocatícios.

## 23. (PROPOSTO PELA AUTORA)

*Juiz competente*: Vara Cível da Comarca _____.

*Autor*: Antonio.

*Réu*: Carlos, Alberto e Sociedade Não se Canse Produtos Esportivos Ltda.

*Ação*: ação de anulação de exclusão de sócio.

*Fundamento legal*: art. 1.085 do CC (falta de requisitos) e valor do ressarcimento (art. 1031 do CC).

*Pedido*: procedência do pedido do autor no sentido de anular a exclusão indevida do autor, reintegrando-o o quadro societário; caso Vossa Excelência, assim não compreenda, que o valor do ressarcimento seja calculado pela forma do art. 1.031 do CC; Condenação das perdas e danos; Citação; Endereço para intimação. Provas; Condenação ao pagamento das custas e honorários advocatícios.

*Valor da Causa*: –

## 24. (PROPOSTO PELA AUTORA)

*Juiz competente*: 1.ª Vara de Falências e Recuperação de Empresas da Comarca de São Paulo

*Autor*: Flávio

*Ação*: Pedido de Restituição

*Fundamento legal*: art. 85 e ss. da Lei 11.101/05.

*Pedido*: procedência do pedido do autor no sentido de restituir o automóvel referido, ou o respectivo valor, em caso de perecimento do bem. Endereço para intimação; Provas.

*Valor da Causa*: _____

## 25. (PROPOSTO PELA AUTORA)

*Juiz competente*: ___ Vara Cível da Comarca de ____

*Autor*: José da Silva.

*Réu*: Companhia de Tecidos Finos, na pessoa de seu diretor.

*Ação*: contestação.

*Fundamento legal*: Trata-se de S.A fechada, portanto, a primeira publicação deve ter antecedência mínima de 8 dias e não 15, como alega o Autor (art. 124, § 1.º, I, da LSA). O *quorum* necessário para instalação da assembleia geral ordinária em primeira convocação é de 1/4 do capital votante (art. 125, da LSA). No caso, estavam presentes 2/4 do capital votante, sendo, portanto, suficiente para regular instalação.

*Pedido*: improcedência do pedido do autor no sentido de manter a deliberação da Assembleia. Endereço para intimação; Provas; Condenação ao pagamento das custas e honorários advocatícios.

*Valor da Causa*: –

## 26. (PROPOSTO PELA AUTORA)

*Juiz competente*: _Vara Cível da Comarca de____ do Estado de Santa Catarina

*Autor*: Supermercado Ortega Ltda., na pessoa de seu administrador.

*Réu*: Supermercado Ortegão Ltda., na pessoa de seu administrador.

*Ação*: ação de obrigação de não fazer com pedido de tutela antecipada cumulada com reparação de danos.

*Fundamento legal*: A marca Ortega já se encontra registrada no INPI pela Autora, de modo que referida sociedade possui o direito de uso exclusivo da mesma em todo território nacional, não podendo ser utilizada por mais ninguém no mesmo ramo de atividade (art. 129, da Lei 9.279/96). Art. 927, Código Civil: reparação de danos pela utilização indevida da marca que se encontra registrada.

*Pedido*: procedência do pedido do autor no sentido de não mais usar a marca mencionada. Condenação a reparação de danos. Endereço para intimação; Provas; Condenação ao pagamento das custas e honorários advocatícios.

*Valor da Causa*: –

## 27. (PROPOSTO PELA AUTORA)

*Juiz competente*: Presidente do Tribunal de Justiça do Estado de São Paulo.

*Agravante*: Açougue Primeiro Corte Ltda., na pessoa de seu administrador.

*Agravado*: Comércio de Carnes Finas Ltda., na pessoa de seu administrador.

*Recurso*: agravo de inst. com pedido de efeito suspensivo.

*Fundamento legal*: A cláusula de não restabelecimento só vigora caso não haja autorização expressa no trespasse, permitindo o alienante fazer concorrência ao adquirente, de modo que o adquirente pode perfeitamente abrir mão dela, desde que o faça de forma expressa no documento (art. 1.147, do CC). No caso, o adquirente abriu mão dessa cláusula, sendo perfeitamente válido tal ato. Liminar para suspender os efeitos da decisão determinou o fechamento do estabelecimento aberto pela Agravante (527, III e 558 do CPC).

*Pedido*: Conhecimento e Provimento da decisão, confirmando a liminar para suspender definitivamente os efeitos da decisão que determinou o fechamento do estabelecimento. Indicar os endereços dos advogados (art. 524, III, CPC). Indicar as peças que instruem o agravo (art. 525, CPC). Indicar que o comprovante de pagamento das custas está anexo (art. 525, § 1.º, CPC). Indicar que juntará aos autos do processo a cópia da petição do agravo de instrumento, o comprovante de interposição e a relação dos documentos que o instruíram (art. 526 do CPC).

## 28. (PROPOSTO PELA AUTORA)

*Juiz competente*: _Vara Cível da Comarca de Santos do Estado de São Paulo.

*Autor*: Xisto e Calipso e Sociedade Xisto e Calipso.

*Réu*: Lupercio California e Padaria Californya.

*Ação*: ação de obrigação de não fazer com pedido de tutela antecipada cumulada com reparação de danos.

*Fundamento legal*: arts. 1.146 e 1.147, ambos do CC, e art. 195 da Lei 9.279/96.

*Pedido*: Concessão da tutela antecipada. Procedência do pedido do autor no sentido de não mais usar o título do estabelecimento padaria California, e fechando o respectivo estabelecimento. Condenação a reparação de danos e ao pagamento da dívida paga de R$ 9.000,00. Citação. Endereço para intimação; Provas; Condenação ao pagamento das custas e honorários advocatícios.

*Valor da Causa*:

## 29. (PROPOSTO PELA AUTORA)

*Juiz competente*: _Vara Cível da Comarca de_____

*Autor*: Formas de Bolo Ltda.

*Réu*: Metalúrgica Ferro Macio Ltda.

*Ação*: ação de cancelamento de protesto c/c reparação de danos.

*Fundamento legal*: art. 26 da Lei 9.492/97 e art. 18 do Decreto 57.663/66.

*Pedido*: Procedência do pedido do autor no sentido cancelar o respectivo protesto, oficiando o Cartório_____ a fim de dar eficácia a decisão. Condenação a reparação de danos. Citação. Endereço para intimação; Provas; Condenação ao pagamento das custas e honorários advocatícios.

*Valor da Causa*: –

## 30. (OAB CESPE 2009/3)

*Juiz competente*: Juiz que determinou a penhora /apreensão dos bens.

*Autor*: Ana Claudia.

*Réu*: Rui.

*Peça*: Embargos de terceiro, art. 1.046 do CC.

*Mérito*: art. 1.647, III do CC- vênia conjugal, nulidade.

*Pedido*: expedição de liminar de mandado de manutenção em favor do embargante, requerendo a juntada da inclusa guia de depósito no valor de_____; sobrestamento do processo de execução (art. 1052 do CC); citação do embargado; procedência do pedido do embargante; condenação ao ônus da sucumbência; endereço para a intimação; provas, especialmente documentos e rol de testemunhas.

*Valor da Causa*: –

## 31. (OAB CESPE 2010/1)

*Juiz competente*: Vara Cível de Goianésia – GO, conforme dispõe o art. 58, II, da Lei 8.245/1991.

*Autor*: Ana Claudia.

*Réu*: Rui.

*Peça*: ação renovatória, com fulcro no art. 51 e ss. da Lei 8.245/1991.

*Mérito*: Demonstração dos requisitos previstos no art. 51 da Lei 8.245/1991; tratar do prazo do § 5.º do art. 71 da Lei 8.245/91. Requisitos do art. 71.

*Pedido*: procedência do pedido do autor, renovando o contrato de locação por igual período, fixando o valor do aluguel igual ao atualmente pago; citação do locador para apresentar sua contestação; condenação ao ônus da sucumbência; endereço para a intimação; provas, Valor da causa: R$ 18.000,00, de acordo com o que dispõe o art. 58 da mencionada lei.

# Terceira Parte • Questões Discursivas

# Questões Discursivas – OAB

**1**

### EMPRESÁRIO, AUXILIARES, ESTABELECIMENTO E PROPRIEDADE INDUSTRIAL

### 1. (OAB CESPE 2006/02)

Indique onde se deve registrar uma companhia que tenha por objeto o exercício de atividade própria de empresário rural, se na Junta Comercial ou no Registro Civil das Pessoas Jurídicas. Justifique sua resposta.

### 2. (OAB MG 2006/03)

João Olavo é produtor e comerciante de laranjas e sua atividade ganhou significativo impulso nos últimos anos, com vendas para o exterior. Contratou trinta empregados, mantém escrituração regular e se dedica exclusivamente a essa função. João Olavo pretende formalizar sua atividade, mediante os registros próprios. Procura o seu Escritório de Advocacia para indagar se pode se registrar na Junta Comercial como empresário e quais as consequências.

### 3. (OAB MG 2008/02)

O Sr. Pedro de Lara e a Sra. Araci de Almeida são casados entre si, pelo regime da comunhão parcial de bens e são sócios de uma sociedade empresária, de responsabilidade limitada, cujo objeto social é a construção, a compra e a venda de bens imóveis. A administração da sociedade compete apenas ao sócio Pedro. O sócio administrador vendeu recentemente vários apartamentos de propriedade da sociedade. A outra sócia, Araci, procura por você e pergunta se "é legal a alienação de bens imóveis da sociedade, sem a outorga conjugal". Responda fundamentadamente, analisando as peculiaridades do caso.

## 4. (OAB CESPE 2006/03)

Suponha que um empresário, além do estabelecimento que mantém em um *shopping*, possua um sítio na *Web*, por meio do qual negocie com sua clientela. Considerando o atual estágio do direito empresarial, responda, de modo justificado, ao seguinte questionamento: que categoria jurídica é mais adequada para acolher o referido sítio, a de estabelecimento ou a de ponto empresarial?

## 5. (OAB CESPE 2006/02)

Redija um texto que responda, da forma mais justificada possível, ao seguinte questionamento: em um contrato de trespasse do estabelecimento empresarial, pode o alienante, entre os bens que integram a universalidade, transferir o seu nome empresarial?

## 6. (OAB BA 2005/01)

João e Paulo adquiriram as quotas sociais da empresa XXX Panificadora Ltda. Os antigos sócios da empresa vendida se restabeleceram a uma quadra da antiga padaria. Levando-se em consideração que nada ficou pactuado no contrato a respeito de tal condição (possibilidade de restabelecimento), o restabelecimento dos antigos sócios na mesma atividade e concorrendo com a empresa vendida é lícito? Justifique.

## 7. (OAB RJ 2006/03 EXAME 31)

A clientela pode ser considerada como um dos elementos do fundo de comércio ou estabelecimento? Responda justificadamente.

## 8. (OAB RJ 2005/03 EXAME 28)

Interessado em arrendar um estabelecimento comercial, João Neves lhe indaga qual será a sua responsabilidade sobre os débitos anteriores à transferência, caso venha a realizar o negócio. Responda-o objetivamente, indicando os dispositivos legais aplicáveis.

## 9. (OAB MG 2007/02)

Decline o que é e quando deve ser elaborado o Contrato de Trespasse.

## 10. (OAB GO 2007/01)

Considerando que um empresário individual, casado, deseje alienar seu estabelecimento, composto de um imóvel, elabore um texto, devidamente fundamentado, explicando se, na espécie, é necessária a outorga conjugal para a referida alienação.

## 11. (OAB CESPE 2008/01)

Considere que Fabiana produza roupas e acessórios de vestuário e queira lançar no mercado roupas com uma nova marca, a "Olimpiarkusz", ainda não conhecida do público. Nessa situação, como ela poderá proteger juridicamente tal marca para usá-la com exclusividade? Essa proteção impedirá qualquer outro empresário de utilizar a marca, ainda que seja em produtos de natureza diversa dos produzidos por Fabiana? Justifique ambas as respostas.

## 12. (OAB CESPE 2007/03)

Um grupo de empresários que pretende formar, no ano de 2008, uma sociedade limitada para realizar estamparia de tapetes, ou seja, para comprar tapetes, neles apor estampas e revendê-los, contratou um advogado para redigir o contrato social da empresa, questionando-o a respeito da possibilidade de eles utilizarem a expressão "Flying Carpets" como marca registrada.

Na qualidade de advogado contratado pelo grupo de empresários referido na situação hipotética apresentada, responda à indagação feita com base nos requisitos mínimos legalmente exigidos.

## 13. (OAB CESPE 2007/02)

A marca X, referente a um produto alimentício, foi registrada no Instituto Nacional de Propriedade Industrial (INPI). Alberto, titular da marca Y, do mesmo ramo de atividade, entendendo que, no caso, haveria desrespeito à marca de sua propriedade, pretende ingressar em juízo com ação de nulidade da marca X.

Em face dessa situação hipotética, elabore um texto, devidamente fundamentado e com menção à legislação correspondente, esclarecendo se a ação deve ser proposta na justiça federal ou na estadual.

## 14. (OAB CESPE 2007/02)

Maria José, dona de casa, ao manusear compostos químicos, deu origem a um novo produto para amaciar roupas e, em razão disso, decidiu patenteá-lo.

Considerando a situação hipotética apresentada, redija um texto sobre os bens que integram a propriedade industrial, abordando, necessariamente, os seguintes aspectos:

– Possibilidade de o produto criado por Maria José constituir algum dos bens integrantes da propriedade industrial.

## 15. (OAB CESPE 2008/02)

Fábrica de Laticínios Ltda. realiza suas atividades, principalmente, mediante a contratação de pessoas que lhe prestam onerosamente serviços, utilizando-se, para tanto, dos diversos tipos contratuais nos quais é prevista tal contraprestação remunerada.

Considerando que o Código Civil, no que se refere aos auxiliares do empresário, dispõe expressamente a respeito da preposição, explique em que medida esta se diferencia da simples prestação de serviços, identificando que pessoas acima referidas poderiam ser qualificadas como prepostos.

## 16. (OAB CESPE 2008/02)

Exercícios Diários Ltda. oferece serviços de apoio a atividades esportivas, concentrando sua principal atividade em uma academia de ginástica, localizada em imóvel alugado, com clientes que contrataram mensal ou semestralmente o uso dos equipamentos ali oferecidos. Nelson, proprietário do mencionado imóvel, que é cliente da academia com contrato semestral, tem, portanto, dois contratos em curso, o de locação e o de cliente da academia de ginástica. A referida sociedade limitada alienou seu estabelecimento empresarial para Ginástica e Saúde S.A.

Diante dessa situação hipotética, responda, de forma fundamentada, se os dois contratos de Nelson, antes celebrados com Exercícios Diários Ltda., continuarão, após a alienação do estabelecimento para Ginástica e Saúde S.A., a ter validade, independentemente de qualquer acordo expresso, dessa maneira, obrigatoriamente, vinculando a referida sociedade anônima.

## 17. (OAB CESPE 2008/02)

Arnaldo, titular do direito de patente de invenção registrada apenas no Brasil, que protege dispositivo utilizado em telefones celulares, descobriu que Comércio de Telefones Ltda. vende modelo de aparelho celular que contém tal dispositivo, embora sem que o fabricante tenha sido previamente autorizado por Arnaldo a fazê-lo. Ao reclamar do fato perante a sociedade empresária, foi informado de que o aparelho é importado, portanto fabricado em outro país, no qual a patente de Arnaldo não fora registrada, motivo pelo qual Arnaldo nada poderia opor ao referido fabricante nem à sociedade, que atua como mera importadora e comerciante do produto.

Na situação hipotética apresentada, poderá Arnaldo proibir a venda do produto no Brasil bem como a sua fabricação no estrangeiro? Justifique a sua resposta.

## 18. (OAB CESPE 2008/03)

A farmacêutica Daniela firmou com o Laboratório Vida Integral Ltda. contrato de trabalho cujo objeto principal era a pesquisa e invenção de medicamentos, tendo sido demitida em agosto de 2008. Em janeiro de 2009, Daniela requereu ao Instituto Nacional da Propriedade Industrial (INPI) a patente de uma invenção desenvolvida durante o período em que prestava serviços para o Laboratório Vida Integral Ltda. Nessa situação hipotética, Daniela tem direito à referida patente? Fundamente sua resposta.

## 19. (OAB CESPE 2009/02)

Túlio, inventor de um novo teclado de telefone, mais moderno e adaptável aos portadores de mobilidade reduzida, requereu a proteção conferida pelo INPI, em novembro de 2008. Entretanto, André também se diz inventor do novo teclado de telefone, sendo sua criação datada de maio de 2006.

Pergunta-se:

a) Como se classifica o invento?

b) A norma jurídica apresenta solução para o conflito de interesses entre Túlio e André?

## 20. (OAB CESPE 2009/3)

Joana, administradora da SL Panificadora Ltda., necessita consultar documentos relativos a essa sociedade, arquivados na Junta Comercial, para promover a alteração contratual da referida pessoa jurídica. O contador da SL Panificadora Ltda. informou à administradora que os documentos arquivados na Junta Comercial eram sigilosos, devendo Joana demonstrar interesse nas informações e documentos pretendidos.

Informou-lhe, ainda, que somente por meio de escritura pública assinada pelo sócio majoritário da sociedade seria possível promover a alteração contratual da referida sociedade.

Nessa situação hipotética, as informações prestadas pelo contador da SL Panificadora Ltda., encontram amparo legal? Fundamente sua resposta.

## 21. (OAB CESPE 2009/2)

João foi contratado como guarda noturno pela empresa Beta Sistemas e Componentes Eletrônicos S.A. Técnico em eletrônica e autodidata, no período de intervalo intrajornada de trabalho, João, frequentemente, ficava no laboratório da empresa, onde se localizava a linha de montagem e de desenvolvimento de componentes e *software* para computadores. Não raras vezes, após o término da sua jornada de trabalho, permanecia na empresa, onde tinha acesso, por meio de outros empregados do setor, a máquinas e ferramentas de última geração, imprescindíveis à ciência eletrônica e ao desenvolvimento de componentes de *hardware* de ponta. Usando tais ferramentas, João desenvolveu uma espécie de minibateria à base de energia solar, própria para *notebooks*, que garante, mediante a exposição à luz solar por apenas vinte minutos, a utilização desses computadores pelo período de oito horas. Por se tratar de produto inovador, João pretende protegê-lo de acordo com a tutela da propriedade industrial. Em face dessa situação hipotética, responda, de forma fundamentada, aos seguintes questionamentos.

Dada a natureza da criação, a proteção ao produto ocorrerá por expedição de patente ou de registro?

Haverá titularidade e legitimidade da pretensão do empregado em relação a eventual titularidade/legitimidade do seu empregador sobre o produto desenvolvido?

Que alegações cada parte poderia arguir em defesa de seu direito?

## 22. (OAB CESPE 2010/1)

Após regular trâmite processual, foi declarada a incapacidade relativa de Felipe, empresário individual, que pretende continuar em exercício da atividade empresarial, no ramo de compra e venda de peças para veículos automotores.

É lícito que Felipe continue o exercício da atividade empresarial?

Que providência, na esfera jurídica, deve tomar o advogado para a defesa dos interesses de seu cliente? Fundamente.

## SOCIEDADES MENORES E SOCIEDADES LTDA.

### 23. (OAB RJ 2004/03 EXAME 25)

O que diferencia a sociedade comum das sociedades personificadas, e qual a abrangência da responsabilidade dos sócios da sociedade comum em relação às obrigações sociais, destacando, neste caso, a aplicação do benefício de ordem. Responda justificadamente.

### 24. (OAB CESPE 2006/03)

Suponha que um contador, no exercício de suas funções, dolosamente, deturpe a escrituração de um empresário, de modo a criar o conhecido "caixa dois". Em face dessa suposição, responda ao seguinte questionamento: o contador tem alguma responsabilidade perante terceiros? Justifique sua resposta com base na legislação específica.

### 25. (OAB RJ 2003/03 EXAME 22)

Discorra sobre a chamada *affectio societatis*.

### 26. (OAB RJ 2003/03 EXAME 22)

Há alguma exigência legal para que uma sociedade estrangeira possa funcionar como tal no País?

### 27. (OAB GO 2005/03)

Evo Morales e Hugo Chaves, nos termos do Código Civil e do Código de Mineração (Dec.-lei 227/1967), pleitearam do Poder Executivo Federal autorização para funcionamento da empresa de mineração constituída pelos dois, denominada Fidel Mineração LTDA. A autorização lhes foi concedida em junho de 2003, conforme publicação no Diário Oficial da União, de 07.07.2003. Entretanto, por motivos de ordem financeira, a empresa só iniciou suas atividades em novembro de 2005. Pergunta-se: Nessas condições pode a sociedade funcionar regularmente? Responda fundamentando.

### 28. (OAB MG 2006/03)

A sociedade limitada Limpinho Lavanderia Ltda. quer reduzir seu capital social, porque o imóvel de sua sede foi perdido em desabamento ocorrido no mês passado. O imóvel foi recebido pela sociedade como pagamento das cotas sociais do sócio "A". A sociedade indaga do Advogado se a medida é possível e quais os requisitos e procedimentos para tal.

## 29. (OAB MG 2007/02)

Manoel, que é sócio de Afonso em uma sociedade simples, foi investido na condição de administrador da sociedade por meio de cláusula expressa no Contrato Social. Afonso pretende a destituição do administrador. Você foi consultado por Afonso sobre a pretensão do mesmo. Qual o seu opinião sobre a questão.

## 30. (OAB GO 2006/02)

Sabe-se que um dos elementos fundamentais da constituição das sociedades é a *affectio societatis*. Se o sócio minoritário ferir o dever de lealdade e cooperação recíproca, causando a desarmonia entre os sócios, o que o sócio majoritário poderá fazer? Justifique, fundamentando sua resposta.

## 31. (OAB MG 2007/03)

Quais os requisitos para a exclusão extrajudicial de sócio de sociedade limitada?

## 32. (OAB MG 2004/02)

Quais são as condições para a exclusão extrajudicial de sócio nas Sociedades Limitadas, após o advento do Código Civil de 2002? Fundamente.

## 33. (OAB MG 2003/02)

Os bens particulares dos sócios de sociedade em nome coletivo e em comandita simples podem ser executados por dívida da sociedade? Justificar.

## 34. (OAB RJ 2005/01 EXAME 26)

A e B são sócios em uma sociedade limitada (Ltda.) e pretendem participar de uma sociedade em nome coletivo. Caso não desejem fazê-lo em seus próprios nomes, podem A e B colocar a sua sociedade limitada para figurar como sócia na sociedade em nome coletivo da qual querem tomar parte? Justifique e indique o(s) dispositivo(s) legal(is) pertinente(s).

## 35. (OAB RJ 2005/02 EXAME 27)

Comente a pertinência da presente afirmação: "À luz do artigo 985 da Lei 10.406/2002 (Código Civil), o registro do contrato social de uma sociedade em conta de participação confere-lhe, a partir de então, personalidade jurídica, sendo que os atos anteriores ao registro somente produzem efeitos entre os sócios, não podendo, contudo, a falta de registro ser oposta a terceiros".

## 36. (OAB MG 2007/03)

Qual o efeito jurídico para terceiros estranhos à sociedade do registro do contrato social da sociedade em conta de participação em cartório de títulos e documentos?

## 37. (OAB GO 2005/02)

Em uma Sociedade em Conta de Participação, em cujo contrato social existe estipulação restritiva ao número de sócios, Joaquim Xavier, sócio ostensivo, admitiu três novos sócios sem o consentimento expresso dos demais. Pergunta-se. Na condição de sócio ostensivo, no presente caso, ele detém tais poderes ou não? Responder fundamentando legalmente.

## 38. (OAB RJ 2004/01 EXAME 23)

Nos termos do Novo Código Civil, o conselho fiscal é órgão obrigatório na sociedade limitada? Justifique a resposta.

## 39. (OAB MG 2005/01)

Na Sociedade Alfa Limitada, o sócio Antônio tem 100 cotas; o sócio Bernardo tem 250 cotas; o sócio Carlos tem 550 cotas; e o sócio Dario tem 100 cotas. Cada cota vale R$ 1,00 e o capital social é de R$ 1.000,00. O contrato social não regula a cessão de cotas pelos sócios. Analise cada uma das hipóteses abaixo:

   a) O sócio Bernardo pretende ceder suas cotas para Edmundo, que não integra o quadro societário da Sociedade Alfa Limitada. Os sócios Antônio e Dario se opõem à pretensão e o sócio Carlos dela não diverge. A referida cessão de cotas poderá ocorrer?

   b) O sócio Carlos pretende ceder suas cotas para Flávio, que não integra o quadro societário da Sociedade Alfa Limitada. O sócio Bernardo se opõe à pretensão e os sócios Antônio e Dario dela não divergem. A referida cessão de cotas poderá ocorrer?

## 40. (OAB CESPE 2008/01)

Uma sociedade limitada, constituída por prazo indeterminado, possui quadro societário composto por "A", com 10% das cotas, "B", com 40% das cotas e "C", com 50% das quotas. No ano passado, "C" integralizou parte de suas cotas transferindo imóvel, o qual foi aceito pela sociedade com o valor avaliado em R$ 500.000,00. A decisão foi tomada em reunião de sócios da qual "A", apesar de regularmente convidado e comunicado da pauta deliberativa, decidiu não participar, por motivos de saúde. Posteriormente, "A" descobriu que o imóvel, na verdade, vale, apenas, R$ 100.000,00.

Considerando a situação hipotética apresentada, responda, de forma justificada, às seguintes perguntas.

a) Na hipótese de a sociedade tornar-se insolvente, a diferença no valor de estimação do imóvel poderá implicar a responsabilidade de "A" perante terceiros que contrataram com a sociedade, ainda que esse sócio não tenha participado da mencionada deliberação?

b) "A" poderá exigir sua saída da sociedade, devendo esta pessoa jurídica compulsoriamente ressarci-lo pelo valor de suas cotas?

## 41. (OAB CESPE 2007/01)

Em um contrato de compra e venda de determinado imóvel, a sociedade Silva & Souza Ltda., compradora, equivocadamente lançou no instrumento apenas Silva & Souza, sem menção à expressão "limitada", e foi representada pelo sócio e administrador Leandro Souza, que apôs sua assinatura acima da firma. Diante da inadimplência da sociedade, o vendedor do imóvel, Roberto, ajuizou ação de cobrança contra ela e contra Leandro Souza, ambos como devedores solidários.

Diante dessa situação hipotética, elabore um texto devidamente fundamentado, inclusive com referência à legislação pertinente, explicando se a tese de Roberto acerca da solidariedade entre a sociedade e seu sócio administrador é correta.

## 42. (OAB MG 2007/02)

A sociedade limitada será sempre responsável perante terceiros quando o administrador praticar atos nos limites de seus poderes definidos no contrato social. O administrador será responsabilizado se tiver agido *sem* ou *com* culpa? Explique ambas as situações.

## 43. (OAB MG 2004/03)

Mário e José, seus clientes, detêm 80% por cento do capital da Bons Serviços Ltda., sendo administradores da sociedade. Pretendem eles excluir dos quadros sociais o sócio Pedro, detentor de 20% do capital social, já que este praticou ato de inegável gravidade em desfavor da sociedade. O contrato social da Bons Serviços contém previsão sobre a exclusão de sócios por justa causa. É possível a exclusão extrajudicial de Pedro? No caso afirmativo, como deveriam seus clientes proceder? No caso de ser negativa a resposta, justificar.

## 44. (OAB CESPE 2007/03)

Facas e Garfos Ltda. constituiu-se com três sócios: André, com 30% do capital social, Beto, com 60% e Cícero, com 10%. André faleceu, deixando dois herdeiros; contudo, no contrato societário, não há qualquer menção às leis que se lhe aplicam supletivamente, nem há cláusula que mencione as consequências jurídicas do falecimento de sócio.

Considerando essa situação hipotética, discorra sobre as opções que a lei reserva aos sócios remanescentes para solucionar os problemas que a morte de André acarreta à composição do quadro social e à continuidade, ou não, da sociedade empresária.

## 45. (OAB RJ 2007/02 EXAME 33)

Em uma sociedade simples, do tipo limitada, o contrato é omisso quanto a sucessão por morte de sócio. Faleceu o sócio "X", detentor de 40% do capital social, e os demais sócios têm várias restrições em relação à participação da única herdeira e inventariante do espólio, a esposa do *de cujus*, porém não querem a aplicação da solução legal para o caso vertente. Consultam, então, advogado(a), acerca da possibilidade jurídica de admissão, na sociedade, de Y, sobrinha do *de cujus*, pessoa muito competente, considerada de grande valia para o empreendimento, mas que não tem vocação hereditária na sucessão de "X", em substituição da herdeira.

Na condição de advogado(a) contratado pela sociedade acima mencionada, responda à consulta, com o devido amparo legal.

## 46. (OAB GO 2004/03)

José da Cruz decidiu se retirar de uma sociedade simples, com participação contratual de 15% que manteve durante oito anos, sem cláusula de responsabilidade solidária, com mais quatro sócios, sendo que a averbação da alteração contratual decorrente de seu desligamento aconteceu em 03.04.2004, simultaneamente à sua retirada. Ocorre que a sociedade havia contraído anteriormente uma dívida com financiamento, garantida pelo patrimônio da mesma, patrimônio esse que se mostrou insuficiente para cobrir o débito no vencimento e que foi executado em dezembro de 2004.

Pergunta-se: o fato de José da Cruz ter-se retirado da sociedade oito meses antes de vencida a obrigação assumida pela sociedade o exime de suas responsabilidades para com ela e para com terceiros? Qualquer que seja a resposta, positiva ou negativa, responder fundamentando legalmente.

## 47. (OAB GO 2003/03)

A Clínica de Repouso Santa Clara LTDA sociedade constituída por tempo indeterminado com o capital de 6 (seis) sócios, cujas quotas integralizadas eram em número de 100 para cada um e patrimônio total avaliado em R$ 3.000.000,00 (três milhões de reais), por meras divergências de natureza administrativa, sem qualquer previsão legal, teve um dos sócios – Joaquim Schmidt – expulso da sociedade pelos demais, sem qualquer ressarcimento ou apuração de haveres, o que causou imediata reação por parte do sócio prejudicado, através da competente ação judicial.

Pergunta-se:

1) Qual a ação proposta pelo mesmo, no sentido de recuperar seu capital investido?

2) Qual outro tipo de ação complementar ele pode propor no caso?

## 48. (OAB CESPE 2008/03)

Mário e Silas, sócios da NN Floricultura Ltda., detêm, respectivamente, 60% e 2% do capital social da sociedade. Ambos ébrios habituais, vêm praticando atos de inegável gravidade, que colocam em risco a continuidade da empresa. Em razão disso, os demais sócios da NN Floricultura Ltda. decidiram excluí-los da sociedade. Nessa situação hipotética, considerando que o contrato social da NN Floricultura Ltda. apenas prevê a exclusão de sócio minoritário por justa causa, responda de forma fundamentada, se é possível a exclusão pretendida.

## 49. (OAB CESPE 2009/02)

Considerando que acionistas que representam três quartos do capital social de certa sociedade em comandita por ações tenham, em 23.12.2008, deliberado pela destituição de um diretor, bem como pela instalação do conselho de administração, que seria composto por pessoas estranhas ao quadro de acionistas, responda, de forma fundamentada, às questões a seguir:

a) Após a data da destituição, o diretor poderá ser responsabilizado pelas obrigações contraídas sob sua administração?

b) É lícita a instalação do conselho de administração composto por não acionistas?

c) A referida deliberação pode ocorrer normalmente, haja vista o *quorum* mencionado?

## 50. (OAB CESPE 2009/3)

Lusa Indústria e Comércio Ltda., é formada por três sócios, Ronaldo, Renato e Ricardo, tendo eles subscrito, cada um, quotas de R$ 20.000,00, embora cada um deles tenha integralizado, apenas, R$ 5.000,00.

Nessa situação hipotética, com relação à responsabilidade dos sócios pelas obrigações sociais nessa modalidade de sociedade, na eventual insuficiência de seu patrimônio para pagar os débitos, quanto poderá ser exigido do sócio Ronaldo, pelos credores da sociedade para a necessária integralização do capital social? Justifique sua resposta.

## 51. (OAB CESPE 2009/3)

Luciano, no exercício das funções de sócio administrador da LT Participações e Administração Ltda., celebrou contrato de arrendamento mercantil, visando a aquisição de alguns automóveis para a sociedade, mas, ao firmar o referido negócio, omitiu a expressão "limitada".

Nessa situação hipotética, caso a referida sociedade não honre sua obrigação de pagar os valores devidos, Luciano assume alguma responsabilidade pelo pagamento das dívidas contraídas em razão da celebração do contrato de arrendamento mercantil citado? Fundamente a resposta.

## 52. (OAB CESPE 2009/2)

Caio, João e Marcos realizaram contrato de sociedade limitada sem a devida inscrição no registro público das empresas mercantis. A atividade proposta foi iniciada com a contribuição individual de cada um dos sócios e vários bens foram adquiridos em comum. João, no exercício da atividade social, contraiu débito junto a um fornecedor, José, que desconhecia por completo a existência da sociedade entre João, Caio e Marcos, vindo a ter conhecimento dela por meio de terceiros e somente depois de João deixar de realizar o pagamento da obrigação contraída.

Em face dessa situação hipotética, responda, de forma fundamentada, às seguintes perguntas.

De que tipo é a referida sociedade?

Como se caracteriza esse tipo de sociedade?

Como poderia o credor José fazer a prova de tal sociedade?

Se provada a existência da sociedade, qual seria a responsabilidade de seus sócios pela obrigação contraída por João?

## 53. (OAB CESPE 2009/2)

Sara e Ana, que constituíram a sociedade Sarana Lanches, para atuar no ramo de venda de alimentos do tipo *fast food*, não inscreveram os atos constitutivos da sociedade no registro competente. Visando aumentar a produção, Ana adquiriu, em nome da sociedade e em vultosas parcelas mensais, máquinas industriais para preparar alimentos. Como as prestações se tornaram excessivamente onerosas, as sócias não conseguiram solvê-las, razão pela qual o credor decidiu promover execução judicial a fim de receber o valor devido. Em face dessa situação hipotética, responda, de forma fundamentada, aos seguintes questionamentos.

Ana poderá ter seu patrimônio pessoal executado antes dos bens da sociedade?

A sociedade constituída por Sara e Ana tem capacidade processual? Está sujeita ao processo falimentar?

## 54. (PROPOSTO PELA AUTORA)

Lucrécia, Joselito e Thompson são sócios da Sociedade Simples Odontologika. Lucrécia contribuiu para o capital social com R$ 1.000,00, Joselito contribuiu com R$ 9.000,00 para o capital social, enquanto que Thompson ingressou apenas com o trabalho.

Passado algum tempo, a Sociedade Simples Odontologika está passando por dificuldades financeiras, deixando de pagar uma dívida de R$ 100.000,00. Já houve processo de execução e a sociedade não tem nenhum bem para satisfazer a dívida. Pergunta-se: Lucrécia, Joselito e Thompson podem ser atingidos pelo valor da dívida? Fundamente sua resposta.

## 55. (OAB CESPE 2009/3)

Marcos, brasileiro nato, e Nora, brasileira naturalizada há cinco anos, casados sob o regime de separação obrigatória de bens, decidiram constituir, juntamente com outro sócio, uma sociedade para atuar no ramo de radiodifusão sonora.

Considerando a situação hipotética apresentada, discorra, com base na legislação pertinente, sobre a constituição e o exercício da referida sociedade empresária.

## 56. (OAB CESPE 2009/3)

A sociedade empresarial Comércio de Tecidos e Aviamentos teve seu ato constitutivo arquivado na junta comercial sem que figurasse no nome, ainda que abreviadamente, a palavra "limitada". Proposta ação de execução baseada em título executivo judicial contra pessoa jurídica em apreço e seus sócios administradores, constatou-se que a executada não possuía bens aptos a satisfazer a obrigação exeqüenda, mesmo porque os bens guarneciam outras penhoras.

Em fase dessa situação hipotética, responda, de forma fundamentada, se foi correta a inserção dos sócios no pólo passivo da execução.

## 57. (OAB CESPE 2010/1)

Eunice integrou o quadro de sócio de LM Roupas Ltda., durante o período compreendido entre maio de 2005 e setembro de 2009, tendo os atuais sócios se negado a apresentar-lhe os livros empresariais, sob o argumento de que ela já não mais fazia parte da sociedade. A ex-sócia, com premente interesse no conteúdo dos referidos livros, para verificar sua real situação na sociedade e aferir a regularidade das transações de que participara, bem como para averiguar possível colação de patrimônio no inventário de sua mãe, procurou auxílio.

Que providências pode tomar o advogado na defesa dos interesses de Eunice? Com base em quais fundamentos jurídico-normativos?

## 58. (OAB CESPE 2010/1)

Sílvio subscreveu ações da KRO Participações S.A., mas não realizou o pagamento do valor das ações que subscreveu, ao contrário das condições estabelecidas no estatuto, constituindo-se em mora, e informou aos acionistas majoritários que não dispunha de recursos financeiros, requerendo que o cumprimento de sua obrigação se convertesse em prestação de serviços em favor da pessoa jurídica.

É lícito que Sílvio realize o pagamento das ações subscritas mediante prestação de serviços?

Quais providências poderá tomar KRO Participações S.A. para defender seus interesses?

## 59. (OAB CESPE 2010/1)

Lorena, Daniela, Antônio e Maria são sócias de Pedras e Metais Preciosos Ltda., cujo capital social era de R$ 560.000,00 divididos em 560 quotas de valor nominal de R$ 1.000,00, devidamente integralizado e assim distribuído: Lorena com 308 quotas, Daniela com 112 quotas, Antônia com 84 quotas e Maria com 56 quotas. No contrato social, estavam previstos o objeto, a responsabilidade de cada sócia, a incumbência da administração em favor de Lorena, entre outras disposições necessárias para a formação legal da sociedade.

Anos depois, Lorena começou a praticar, de forma consciente e com o único propósito de obter vantagem ilícita, atos considerados criminosos. Alguns meses depois, Daniela, ao tomar conhecimento desses ilícitos, diretamente ligados à sociedade, informou o ocorrido às demais sócias. Ato contínuo, as três procuraram uma contadora que as orientou, dada a gravidade do fato e a existência de cláusula expressa, nesse sentido, no contrato social da referida sociedade, a promoverem a exclusão extrajudicial, por justa causa, da sócia Lorena. A referida contadora sugeriu, ainda, a convocação de assembleia específica para tal fim, com cientificação de Lorena e *quorum* de maioria absoluta. Em assembleia realizada em tempo hábil para apresentação de defesa, Lorena arguiu tentando justificar o ocorrido, e as demais sócias votaram pela exclusão extrajudicial de Lorena.

Há amparo legal à decisão tomada em assembleia por Daniela, Antônia e Maria?

Indique a medida judicial cabível para a satisfação de seu desiderato.

## SOCIEDADE POR AÇÕES, INCORPORAÇÃO, CISÃO, FUSÃO

## 60. (OAB CESPE 2008/01)

Mário, administrador de sociedade anônima, descobriu que outro coadministrador, seu amigo Igor, vem agindo em proveito próprio e causando prejuízo ao patrimônio da companhia, atuando com flagrante violação do dever legal de lealdade. Mário, embora não participe do ilícito, não quer se indispor com o amigo, razão pela qual, até então, mantém-se em silêncio sobre o fato.

Considerando a situação acima descrita e, ainda, a hipótese de serem revelados tais fatos por terceiros, responda, com a devida fundamentação legal, às perguntas que se seguem.

a) Qualquer acionista da referida sociedade poderá imediatamente oferecer ação de responsabilidade contra Igor?

b) Mário poderá ser responsabilizado pela conduta de Igor?

## 61. (OAB CESPE 2007/02)

Em uma companhia aberta, o sócio Fernando apresentou-se remisso, não tendo pagado o valor referente a suas ações.

Com relação a essa situação hipotética, elabore um texto, devidamente fundamentado e com referência à legislação pertinente, discorrendo sobre as opções que se abrem à companhia em apreço.

## 62. (OAB RJ 2007/01 EXAME 32)

Redija, fundamentadamente, um texto em que esclareça se é obrigatória a indicação de agente fiduciário na escritura de emissão de debênture em colocação privada.

## 63. (OAB RJ 2006/03 EXAME 31)

O estatuto social da Decor Brasil S.A. ("Companhia"), companhia fechada produtora de móveis e utensílios domésticos, subordina à prévia aprovação da Assembleia Geral a celebração de contratos pela Companhia com valor superior a R$ 1.000.000,00. O sócio controlador da Companhia, Serralheria Fluminense Ltda., titular de ações ordinárias representativas de 65% do capital votante, propõe à administração da Companhia a contratação de fornecimento de matéria-prima no valor total de R$ 5.000.000,00. Realizada Assembleia Geral da Companhia, os acionistas minoritários Carlos e Silvio, titulares de ações ordinárias representativas de, respectivamente, 20% e 15% do capital votante, discordam da mencionada contratação, alegando que o valor se encontra muito acima do preço de mercado. Não obstante, o acionista Serralheria Fluminense Ltda. Faz prevalecer seu voto, determinando à administração que realize a referida contratação de fornecimento de matéria-prima.

Como advogado dos acionistas minoritários, analise a conduta e a validade do voto proferido pela Serralheria Fluminense Ltda. e oriente seu cliente quanto às medidas que devam ser tomadas.

### 64. (OAB RJ 2006/03 EXAME 31)

Os acionistas de uma companhia de capital fechado deliberaram, por maioria absoluta de votos, aprovar a alteração do estatuto social para incluir cláusula compromissória prevendo que todo e qualquer litígio societário será dirimido por arbitragem. Responda, justificadamente, se os minoritários dissidentes da referida deliberação estariam obrigados a se submeter a essa cláusula? E os acionistas que ingressaram na sociedade após a alteração estatutária.

### 65. (OAB RJ 2006/01 EXAME 29)

Em que situação o acionista pode utilizar o voto múltiplo e como este se processa? Fundamente com o dispositivo legal aplicável.

### 66. (OAB RJ 2006/01 EXAME 29)

O Conselho Fiscal da Companhia de Roupas Excêntricas indica para a sociedade um contador de sua confiança para melhor desempenho de suas funções. Você, como acionista desta sociedade, frente à lei vigente, responda se é válida ou não esta providência.

Se a resposta for afirmativa, declare em que condições isso pode ocorrer. Se negativa, diga o porquê da proibição. Qualquer que seja seu entendimento, indique o fundamento legal.

### 67. (OAB RJ 2005/03 EXAME 28)

A Assembleia Geral Ordinária de Transportes Ligeiros S/A., foi realizada no dia 04.10.2005 e a cópia das demonstrações financeiras, o relatório da administração sobre negócios sociais e os principais fatos administrativos do último exercício foram publicados em 23.08.2005. Submetida ao arquivamento, a ata da A.G.O., a Junta Comercial indeferiu o pedido, alegando que a referida sociedade não cumpriu a publicação a que se refere o *caput* do art. 133 da Lei 6.404/1976.

Pergunta-se: Você concorda ou não com a deliberação da Junta Comercial? Justifique o seu entendimento, indicando o dispositivo legal adequado.

## 68. (OAB RJ 2004/03 EXAME 25)

Joaquim e Paulo detêm ações de uma determinada companhia que, somadas, representam a maioria do capital votante. Em 23.09.2004 firmaram um Acordo de Acionistas, devidamente arquivado na companhia, estabelecendo a votação em conjunto de toda e qualquer matéria discutida em Assembleia. Entretanto, após definir previamente com Joaquim, na forma do citado Acordo, os nomes a serem escolhidos para os cargos da Diretoria, Paulo decidiu não comparecer à Assembleia geral convocada para a eleição dos membros daquele Órgão. Pergunta-se: De que maneira Joaquim poderá proceder na Assembleia para que prevaleçam os termos do Acordo de Acionistas firmado com Paulo? Indique o fundamento legal.

## 69. (OAB RJ 2004/02 EXAME 24)

Asclepíades, Hermínia e Cibele são diretores e únicos acionistas da Cia. de Transportes Modernos, que não possui ações admitidas à negociação no mercado de valores mobiliários. Pergunta-se: Poderão os citados administradores votar, como acionistas, o relatório da administração sobre os negócios sociais e os principais fatos administrativos do exercício findo na Assembleia Geral Ordinária? Responda, justificando o seu entendimento e indicando o dispositivo legal adequado.

## 70. (OAB RJ 2004/02 EXAME 24)

O estatuto da Cia. de Frutas Amargas criou o Conselho Executivo, delegando a esse Órgão atribuições legais de seu Conselho de Administração. Frente à lei é válida, ou não, essa disposição estatutária? Responda, mencionando o dispositivo legal pertinente.

## 71. (OAB RJ 2003/02 EXAME 21)

Pode-se dizer que o direito de voto seja um dos direitos essenciais do acionista?

## 72. (OAB MG 2007/02)

A constituição e a instalação do conselho de administração é obrigatória para que tipo de sociedade? Justifique.

## 73. (OAB MG 2007/02)

Para que tipo de sociedade a lei considera inelegível para os cargos de administração as pessoas declaradas inabilitadas por ato da Comissão de Valores Mobiliários? Explique.

## 74. (OAB MG 2006/03)

Pedro é diretor da sociedade anônima "Um S.A.", mas não é titular de ações da companhia. Durante sua gestão, deixou de pedir a renovação do registro da marca perante o INPI, por esquecimento. Um concorrente, verificando o fato, apropriou-se da marca da "Um S.A.". A sociedade pergunta ao advogado se existem medidas judiciais a serem adotadas contra Pedro, quais são elas e quem são todas as pessoas legitimadas para a sua propositura.

## 75. (OAB MG 2004/02)

A Minad'ouro Cia. Mineradora é uma companhia aberta, cujas ações são negociadas em bolsa de valores. 50% (cinquenta por cento) de seu capital é constituído de ações ordinárias e 50% (cinquenta por cento) de ações preferenciais, sem direito a voto, que conferem aos seus titulares prioridade na distribuição de dividendos mínimos correspondentes a 5% (cinco por cento) do valor patrimonial líquido das ações. Em assembleia geral extraordinária, regularmente convocada, realizada em 30.06.2004, com ata publicada no dia 05.07.2004, deliberou-se reduzir o valor dos dividendos prioritários mínimos para 3% (três por cento) do valor patrimonial líquido das ações. A decisão da AGE foi ratificada em assembleia especial dos titulares de ações preferenciais, também regularmente convocada, realizada no dia 30.08.2004, cuja ata foi publicada no dia 06.09.2004.

A acionista Maria, detentora de 10% das ações preferenciais da Minad'ouro, apesar de não ter comparecido às assembleias acima referidas, não concordou com a deliberação tomada. Assim, no dia 15.09.2004, procurou-lhe dizendo que a redução do valor dos dividendos prioritários lhe era prejudicial e que o momento não era oportuno para vender as suas ações em bolsa de valores, porquanto o valor de mercado estava muito baixo. Pediu-lhe orientação.

Oriente a sua cliente Maria, analisando todos os aspectos da questão, com indicação dos dispositivos legais em que basear a sua resposta.

## 76. (OAB RJ 2004/01 EXAME 23)

Quais as garantias que a debênture pode ter? Justifique a resposta.

## 77. (OAB CESPE 2007/03)

Móveis Urbanos Ltda., sociedade na qual João é titular de quotas correspondentes a 80% do capital social, e Maria, dos outros 20%, pretende realizar fusão com a sociedade Móveis Rurais S.A., disso resultando a sociedade Móveis Urbanos e Rurais S.A. Entretanto, a fusão prevê que Maria passará a ser acionista, com titularidade sobre, apenas, 2% do capital social da nova sociedade, situação com a qual ela não se conforma, embora o valor previsto para essas ações seja correlato ao atual valor de suas quotas em Móveis Urbanos Ltda.

Considerando a situação hipotética acima e sabendo que a reunião dos sócios de Móveis Urbanos Ltda. na qual a matéria será decidida ocorrerá em uma semana, explique se Maria, nessa reunião, poderá impedir a fusão apenas com seu voto e especifique os direitos que a lei lhe reserva no caso de ela votar contra essa operação societária.

## 78. (OAB CESPE 2007/01)

Márcio é credor, do valor de R$ 100.000,00, da sociedade Ximenes Comércio de Bebidas Ltda., que, em data recente, se transformou na Companhia de Bebidas Ximenes. Devidamente representado por seu advogado, Márcio ajuizou ação de cobrança contra esta segunda sociedade, que, no curso do processo, alega ilegitimidade passiva, ao argumento de que a Companhia de Bebidas Ximenes, nada tem a ver com a antiga sociedade Ximenes Comércio de Bebidas Ltda., então inexistente.

Diante dessa situação hipotética, elabore um texto devidamente fundamentado, inclusive com referência à legislação sobre a matéria, explicando se a alegação de ilegitimidade é procedente.

## 79. (OAB GO 2004/01)

No contexto das Sociedades Anônimas e de acordo com a lei de regência das mesmas, o que vem a ser *incorporação*, *fusão* e *cisão* de empresas.

## 80. (OAB CESPE 2008/02)

Armando Graeves ingressou como sócio na sociedade de razão social Graeves e Lourenzo Vidraçarias Ltda., como também tornou-se acionista fundador da sociedade Companhia Armando Graeves de Fabricação de Cimento. Posteriormente, Armando resolveu dedicar-se a outras atividades, retirando-se da condição de sócio e acionista das referidas sociedades. Exigiu, porém, que seu nome civil fosse retirado do nome empresarial daquelas pessoas jurídicas, embora, na data de inscrição dos atos constitutivos respectivos, tivesse consentido com a inclusão de seu nome civil nos referidos nomes empresariais.

Em face dessa situação, responda, de forma fundamentada, se Armando tem direito a exigir que seu nome seja retirado das referidas sociedades limitada e anônima.

## 81. (OAB MG 2008/02)

Chico Anísio é sócio do conhecido bar *Chico do Gato* (Chico do Gato Ltda. – Sociedade Empresária). Até o dia 01.10.2007, além de Chico Anísio, fazia parte da sociedade a Senhora Maria Oleaginosa. Chico adquiriu as cotas de Maria, registrando tal alteração na Junta, em 05.10.2007. Todavia, ainda não providenciou a recomposição da pluralidade do quadro social. Pergunta-se: Quais as consequências jurídicas advirão desse fato?

## 82. (OAB CESPE 2008/03)

A diretoria da pessoa jurídica Companhia Editora Educativa é composta por três pessoas. Um dos diretores, Odair, decidiu, por motivos de foro íntimo, outorgar a terceiro algumas incumbências do cargo que exerce, tais como participação nas reuniões de diretoria, tomada de decisões, bem como representação da sociedade em juízo. Em face dessa situação hipotética, responda, de forma fundamentada, se é lícito a Odair fazer-se representar, por procurador, perante a companhia e, ainda, constituir mandatário da companhia para representá-la em juízo.

## 83. (OAB CESPE 2009/3)

Miguel, sócio administrador da Zeta Ferragens S/A., requereu, no prazo legal, o arquivamento de ata de assembleia geral extraordinária perante a junta comercial competente, que, não obstante o documento atender as formalidades legais, indeferiu o pedido, sob o argumento de que as deliberações tomadas pelos acionistas não obedeceram ao *quorum* de instalação e, por isso, seriam inválidos. Ato contínuo, Miguel procurou auxilio de profissional da advocacia para assessorá-lo na condução desse pleito.

Em fase dessa situação hipotética e na qualidade de advogado procurado por Miguel, responda de forma fundamentada, se é lícita a decisão da junta comercial, e indique o regime de decisão do ato de arquivamento de ata de assembleia geral extraordinária.

## 84. (OAB CESPE 2009/3)

Em 30/09/2009, o conselho de administração da pessoa jurídica WW S/A, reunido em assembleia geral extraordinária, deliberou a aprovação de aumento de classe das ações preferenciais existentes, com a presença de acionistas que representavam 30% das ações com direito a voto e cujas ações não estavam admitidas a negociação em bolsa ou no mercado de balcão. A deliberação foi feita sem guardar proporção com as demais classes de ações preferenciais e sem que houvesse previsão desse aumento no estatuto.

Pedro titular de cinquenta mil ações preferenciais da pessoa jurídica WW S/A, sentindo-se extremamente prejudicado pela aludida deliberação, impugnou administrativamente o ato, sob a alegação de que haveria necessidade de previa aprovação ou ratificação por titulares de mais da metade de cada classe de ações preferenciais prejudicadas. O conselho de administração manteve a deliberação de assembleia, informando que, no caso, era desnecessária a prévia aprovação ou ratificação, na forma arguida. Para anular a referida deliberação, foi proposta, em defesa dos interesses de Pedro, a ação ordinária com pedido de antecipação dos efeitos da tutela.

Em fase dessa situação hipotética, apresente os argumentos jurídicos cabíveis para se requerer a anulação da referida deliberação, indicando, com base na legislação pertinente, o *quorum* necessário para aprovação da matéria, a circunstância em que se admite redução do *quorum* e, ainda, se é necessária a aprovação prévia ou a ratificação por titulares de mais da metade de cada classe de ações preferenciais prejudicadas.

## TÍTULOS DE CRÉDITO

### 85. (OAB CESPE 2008/02)
Suponha que, em uma cédula de crédito bancário com o valor de R$ 75.000,00 e taxa de juros de 6% ao ano, tenha ocorrido a prestação de aval por Waldir nos seguintes termos: "Avalizo, limitado ao valor do capital, excluídos os valores decorrentes de juros".

Considerando que se aplica a esse caso o disposto na legislação cambial, responda, de forma fundamentada, se é válido o aval prestado por Waldir.

### 86. (OAB BA 2000/03)
Por que se pode afirmar que a nota promissória, na condição de título cambiário, é um título de crédito *cartular, literal, autônomo* e *abstrato*?

### 87. (OAB MG 2003/02)
Quais são os intervenientes na relação cambiária envolvendo o cheque, a nota promissória, a letra de câmbio e a duplicata?

## 88. (OAB CESPE 2006/01)

Paulo Silva é o principal devedor de certa letra de câmbio. Seus colegas de trabalho, José Bento e Henrique Neto garantiram, conjuntamente, por aval, a referida obrigação cambiária, a pedido de Paulo.

Considerando a situação hipotética apresentada, redija um texto respondendo se houve, na hipótese, avais simultâneos ou sucessivos, discorrendo, ainda, sobre a distinção entre ambos.

## 89. (OAB BA 2000/03)

Distinga a *fiança* do *aval* indicando as características próprias dessas modalidades de garantia, no âmbito das transações comerciais.

## 90. (OAB GO 2005/01)

Em consonância com a Lei de Protestos de Títulos de Crédito (Lei 9.492/1997) pergunta-se: Podem ser protestados títulos e outros documentos de dívida em moeda estrangeira emitidos fora do Brasil? Fundamentar.

## 91. (OAB RJ 2007/02 EXAME 33)

Mário, empresário individual do ramo imobiliário, emitiu nota promissória em favor de Yara, arquiteta, no valor de R$ 100.000,00, com vencimento vinculado ao cumprimento por Yara da prestação consubstanciada na entrega de projeto de arquitetura, na condição de profissional liberal. Tendo sido realizada a entrega do projeto, Yara apresentou a nota promissória para pagamento. Mário recusou-se a pagar, sob o argumento de que o projeto fora elaborado de modo inadequado, cabendo a Yara, ademais, emitir duplicata de serviços, caso quisesse tornar líquido seu suposto crédito.

Considerando a situação hipotética acima, responda, de modo fundamentado, aos seguintes questionamentos:

a) É exigível a nota promissória em questão?

b) É procedente o argumento de Mário, no sentido de que caberia a Yara emitir duplicata de serviços?

## 92. (OAB RJ 2006/02 EXAME 30)

Irmãos Silva Ltda. ajuizou ação constritiva para a cobrança de Nota Promissória em face de Pedro Bulcão, na qualidade de emitente, e de Tiago Pinheiro, na qualidade de avalista. Pedro Bulcão, após os trâmites legais, opôs embargos, alegando a invalidade da cobrança por falsidade de assinatura, pois não emitira o título. Tal alegação foi comprovada por exame pericial. Tiago Pinheiro arguiu, diante da nulidade da assinatura, a insubsistência de seu aval. Há procedência na arguição do avalista? Por quê? Indique o dispositivo legal.

### 93. (OAB RJ 2004/01 EXAME 23)

Tratando-se de uma nota promissória, qual o significado da expressão "inoponibilidade das exceções extracartulares"? Justifique a resposta.

### 94. (OAB MG 2006/02)

O Sr. Roberto Costa possui uma Nota Promissória que lhe foi endossada por Joaquim Soares, logo após ter sido emitida por Carlos Silva e avalizada por Ricardo Souza, que não cuidou de informar no título em favor de quem foi dado o aval. Levado o título a protesto 05 (cinco) dias úteis após seu vencimento, o Sr. Roberto procura um advogado e solicita que seja ajuizada Ação de Execução contra Joaquim Soares, Carlos Silva e Ricardo Souza. Oriente o Sr. Roberto, justificando sua resposta.

### 95. (OAB RJ 2005/01 EXAME 26)

Aplica-se à nota promissória a vedação de aval parcial, prevista no art. 897, [parágrafo] único do Código Civil? Justifique a resposta, indicando o dispositivo legal aplicável.

### 96. (OAB MG 2006/01)

Raimundo Nonato se apresenta a você (advogado) e formula a seguinte consulta:

"Vendi uns móveis para Josafá Silveira, no valor de R$ 2.000,00 (dois mil reais), e como ele não tinha dinheiro na hora, assinou uma nota promissória pra mim, no dia 1.º de fevereiro de 2006, com vencimento para o dia 24 de março de 2006, deixando o valor em branco. Acontece que no dia 20 de março de 2006, o Sr. Josafá Silveira me procurou e pegou na loja mais alguns adornos. Falou que não tinha dinheiro na hora e que eu podia incluir o valor desta nova compra naquela venda anterior. Eu ainda não preenchi a nota promissória com o valor de nenhuma das compras. Se ele não promover o pagamento do título no dia certo, posso executar a nota e cobrar junto o valor de todas as compras ele fez?"

Responda ao questionamento de seu cliente, analisando todas as peculiaridades do caso.

## 97. (OAB CESPE 2007/03)

Em 10.01.2007, Fernando vendeu várias mercadorias a outro comerciante, no valor total de R$ 50.000,00. O comprador, naquela data, emitiu dois cheques em pagamento, cada um deles no valor de R$ 25.000,00; um desses cheques foi pós-datado, tendo, nele, o emitente lançado a data 10.09.2007. Entretanto, em 20.10.2007, Fernando tentou endossar o título pós-datado a terceiro, o qual, ao saber das condições do negócio, alegou que tal cheque já estaria prescrito. Subsequentemente, Fernando o procurou, questionando-o sobre essa informação.

Considerando essa situação hipotética, explique, de acordo com os princípios que informam os títulos de crédito e com base na respectiva legislação aplicável, se o referido cheque poderia ser apresentado, para pagamento, em dezembro de 2007, ou, se nessa data, já estaria prescrito o direito nele expresso.

## 98. (OAB CESPE 2007/01)

Durante uma viagem, o filho de Rogério foi internado, em situação de emergência, em um hospital que não aceitava seu plano de saúde. Rogério foi, então, obrigado a emitir um cheque – caução, como garantia de cobertura dos serviços médicos. No cheque, Rogério, cauteloso, inseriu o nome do hospital beneficiário e a cláusula "não à ordem", objetivando poder opor exceções pessoais, caso o título viesse a ser endossado a terceiros.

Diante da situação hipotética descrita, elabore um texto devidamente fundamentado, inclusive com referência à legislação pertinente, em que aborde a possibilidade de Rogério opor exceções pessoais contra terceiros, tendo em vista a cláusula "não à ordem".

## 99. (OAB CESPE 2006/03)

Redija um texto dissertativo, devidamente fundamentado, acerca da necessidade, ou não, de um cheque, para aparelhar uma execução de título extrajudicial, ser previamente apresentado à instituição financeira sacada.

## 100. (OAB RJ 2006/01 EXAME 29)

É necessário o protesto do cheque para se propor ação de execução? Fundamente.

## 101. (OAB RJ 2005/03 EXAME 28)

"A" passou um cheque para "B", sendo este garantido por aval por "C". Ocorre que "A" não cumpriu com sua obrigação de pagamento a "B", alegando em sua defesa que a obrigação era nula, por razão não relacionada a vício de forma. "B", inconformado com a situação, busca seu escritório de advocacia e pergunta como fica a posição de "C" neste caso e se há viabilidade de seu cobrar dele a obrigação contida neste título. Responda objetivamente, indicando os dispositivos legais pertinentes.

## 102. (OAB RJ 2005/02 EXAME 27)

Pode-se afirmar que todo cheque para pessoa nomeada é transmissível por endosso?

## 103. (OAB MG 2004/03)

Um cheque sacado por Pedro Paulo da Silva contra o Banco do Povo S.A. em 14 de novembro de 2003, sexta-feira, tendo como praça de emissão e pagamento Belo Horizonte, tinha anotado, no seu anverso, a lápis, a expressão "bom para 14 de fevereiro de 2004). Foi apresentado para pagamento em 16 de fevereiro de 2004 (segunda-feira) e devolvido por falta de fundos. A ação executiva foi ajuizada em 17 de setembro de 2004.

Indique e fundamente se a pretensão executiva do título estará prescrita na data do ajuizamento da ação.

## 104. (OAB GO 2007/01)

Marcos foi ao estabelecimento da Taba Comércio de Varejo Ltda. para adquirir um novo televisor para assistir à Copa do Mundo. Emitiu, para isso, um cheque pré-datado, no valor de R$ 1.500,00. Na data aprazada, a sociedade apresentou o cheque à instituição financeira sacada, que se recusou a proceder ao pagamento por falta de fundos. A sociedade, em um primeiro momento, encarou a situação como prejuízo. Um ano mais tarde, entretanto, precisando de recursos, ela procurou um advogado para que fossem tomadas as medidas cabíveis na espécie. O causídico, ciente de que o cheque estava prescrito, propôs uma ação monitória.

Com base na situação hipotética acima, responda, de forma fundamentada, à seguinte indagação: no processo, a sociedade autora deverá provar a existência do negócio jurídico subjacente à emissão do cheque?

## 105. (OAB GO 2006/03)

O cheque visado ou administrativo, devido às suas particularidades e garantias, deve ser obrigatoriamente recebido como pagamento nas relações de consumo? Justifique e fundamente.

## 106. (OAB GO 2006/02)

A prescrição da ação executiva, fundada em cheque, pode ser reconhecida de ofício pelo juiz? Ultrapassada a possibilidade da mencionada ação, poderá o credor ingressar com outra espécie de ação? Qual é o prazo prescricional? Justifique e fundamente suas respostas.

## 107. (OAB RJ 2003/01 EXAME 20)

A duplicata mercantil é um título causal? Por quê?

## 108. (OAB MG 2007/03)

A duplicata mercantil aceita precisa ser levada a protesto pelo credor para a sua cobrança judicial pela via executiva contra o devedor principal?

## 109. (OAB CESPE- 2009/02)

Considere que Vilmar tenha emitido nota promissória vinculada a contrato de abertura de crédito, sobre o valor total do contrato firmado com o banco onde recebe seus vencimentos. Nessa situação hipotética, diante do descumprimento das obrigações pactuadas, pode o banco executar diretamente a nota promissória emitida por Vilmar? A nota promissória constitui título causal ou abstrato? Fundamente sua resposta e estabeleça, com exemplos, as diferenças entre títulos causais e abstratos.

## 110. ( OAB CESPE 2009/2)

De acordo com Marlon Tomazette (Curso de direito empresarial. v. 2. São Paulo: Atlas, 2009), "A prática do comércio ensejou a utilização do cheque não para pagamento à vista, mas com a combinação de uma data futura de apresentação. A própria prática bancária resolveu denominá-lo de cheque pré-datado. Todavia, a maior parte da doutrina prefere o uso da expressão "pós-datado". Considerando a natureza do título de crédito mencionado e o seu uso na prática do comércio, responda, de forma fundamentada, aos seguintes questionamentos.

Caso se apresente um cheque pós-datado antes da data combinada, qual deverá ser a postura do banco?

A devolução do cheque por insuficiência de fundos gera alguma responsabilidade para quem o apresentou antes da data combinada?

### 111. (OAB CESPE 2009/3)

Lia emitiu nota promissória, comprometendo-se a pagar quantia de R$ 3.000,00 a Tenório. Posteriormente, Aparecida também assumiu o compromisso de efetuar o pagamento da quantia devida, mediante a prestação de garantia, tendo lançado assinatura no próprio título de crédito.

Nessa situação hipotética, a garantia prestada por Aparecida constitui aval ou fiança? Justifique sua resposta e estabeleça as principais diferenças entre esses dois institutos.

### 112. (OAB CESPE 2009/2)

Em 6/10/2007, José emitiu para Adalberto nota promissória devidamente formalizada no valor de R$ 20.000,00, com vencimento em 6/1/2008. A emissão da referida cambial estava relacionada com uma dívida de jogo de cartas contraída pelo emitente com o beneficiário. Não tendo ocorrido o pagamento voluntário da nota promissória na época prevista, Adalberto apresentou-a a protesto, lavrado e registrado no prazo legal. Posteriormente ao protesto, a mencionada cambial foi endossada em preto para Pedro. Inconformado com a falta de pagamento voluntário da cambial, apesar das diversas tentativas de receber amigavelmente a quantia, Pedro, na condição de portador do título, ajuizou, em 10/9/2008, ação cambial exclusivamente contra José, com a penhora de bens do executado. Considerando a situação hipotética apresentada, na qualidade de advogado(a) contratado(a) pelo executado, responda, com base na devida fundamentação legal, se seria viável a defesa de seu cliente.

### 113. (OAB CESPE 2009/3)

A indústria Beta, fabricante de uniformes, entregou, em janeiro de 2009, um lote de produtos solicitados por Rori Serviços Gerais Ltda. A compradora recebeu as mercadorias solicitadas, que não apresentavam avarias, vícios de qualidade ou quantidade, nem mesmo divergências, mas não restituiu a duplicata enviada para aceite, tampouco efetuou o pagamento do valor devido. Diante disso, a indústria Beta contratou profissional da advocacia para resolver a situação.

Considerando a situação apresentada, e na qualidade de advogado contratado pela indústria Beta, discorra sobre:

- o aceite do referido título de crédito;

- a legitimidade ativa da indústria Beta para promover a ação de execução contra Rori Serviços Gerais Ltda, bem como requisitos, foro competente e prazo prescricional para a propositura dessa ação.

## CONTRATOS MERCANTIS

### 114. (OAB RJ 2004/02 EXAME 24)

Em face do contido na Lei 8.955, de 15 de dezembro de 1994, que dispõe sobre o contrato de franquia empresarial, a empresa franqueada pode ser considerada filial ou sucursal do franqueador? Justifique a resposta.

### 115. (OAB GO 2007/01)

José, juiz de direito, apesar de seu cargo, exerce, de fato, atividade empresarial, sendo proprietário de um hotel-fazenda nas imediações da comarca onde trabalha. Para a expansão de seu empreendimento, José contratou um financiamento em um banco local. Todavia, o mutuário tornou-se inadimplente, vindo a ver ajuizada, contra si, ação de cobrança. Em contestação, alegou que não poderia responder pelas obrigações assumidas, porquanto estaria impedido de exercer atividade empresarial.

Com base na situação hipotética acima, elabore um texto, devidamente fundamentado, acerca da procedência ou improcedência da tese sustentada por José.

### 116. (OAB RJ 2004/02 EXAME 24)

Como espécie de contrato bancário existe o Crédito Documentário, largamente utilizado no comércio internacional. Defina essa espécie de contrato.

### 117. (OAB RJ 2005/02 EXAME 27)

Dentre as várias operações realizadas pelos bancos, esclareça em que categoria é inserido o depósito bancário.

### 118. (OAB GO 2006/02)

Fran de Souza adquiriu um veículo Vectra do Banco GM, pelo valor de R$ 100.000,00 (cem mil reais), mediante Contrato de Financiamento com garantia de alienação fiduciária, a ser pago em 36 (trinta e seis) parcelas mensais, iguais e consecutivas, no valor de R$ 3.200,00 (três mil e duzentos reais) cada uma, vencendo a primeira em 10.03.2006. Como garantia do cumprimento da obrigação, Fran de Souza entregou em alienação fiduciária o veículo, mas somente efetuou o pagamento de uma parcela. Estando vencidas 05 (cinco) parcelas, o Banco GM ingressou com a Ação de Busca e Apreensão, tendo o juiz deferido a liminar. Cumprida a referida ordem, o réu deseja a restituição do bem. Pergunta-se: que deverá ele fazer e qual o prazo que a lei lhe faculta? Justifique, fundamentando sua resposta.

### 119. (OAB GO 2006/01)

No que consiste o *"fomento mercantil"*?

### 120. (OAB RJ 2003/02 EXAME 21)

Discorra sobre o contrato de *leasing*.

### 121. (OAB GO 2003/01)

Em uma definição doutrinária sabe-se que o "leasing" é a locação caracterizada pela faculdade conferida ao locatário de, ao seu término, optar pela compra do bem locado. Pergunta-se: as sociedades dedicadas ao arrendamento mercantil são ou não consideradas instituições financeiras também para os efeitos do sigilo bancário? Em caso negativo ou positivo fundamentar legalmente.

### 122. (OAB CESPE 2009/02)

Alfa Indústria e Comércio Ltda. celebrou com a D&A Participações Ltda., titular dos direitos de uso da marca Lavanderia Roupas Cheirosas, contrato em que D&A se obriga a ceder o uso da referida marca a Alfa, mediante certas retribuições, bem como a prestar-lhe serviços de organização empresarial, mediante contraprestação pecuniária mensal direta ou indireta, e Alfa se obriga à estrita observância das diretrizes estabelecidas por D&A relativamente ao *leiaute* do estabelecimento empresarial bem como à estrutura organizacional e administrativa do negócio.

Alfa, alegando que não recebera circular de oferta da parte de D&A, no prazo de 10 (dez) dias, antes da assinatura do contrato final, quer a devolução dos valores já pagos.

Pergunta-se se Alfa pode pedir a citada devolução e especifique a modalidade do contrato mercantil celebrado entre Alfa e D&A, mencionando as exigências legais específicas para a validade dessa modalidade de contrato bem como os dispositivos legais aplicados ao caso.

## FALÊNCIA E RECUPERAÇÃO DE EMPRESAS

### 123. (OAB RJ 2004/02)

O direito brasileiro incorporou, ou não, à sua legislação, o princípio da autofalência? Se a sua resposta for afirmativa cite o dispositivo legal pertinente e se negativa, dê a razão fundamental pela qual aquele princípio não foi aceito pelo legislador pátrio.

### 124. (OAB CESPE 2008/03)

A pessoa jurídica Ômega Comércio e Representações Ltda., em estado de insolvência, decidiu reunir seus credores para a renegociação global de suas dívidas, propondo um plano de recuperação extrajudicial. Nessa situação hipotética, qual a natureza dos créditos que não poderão ser objeto do plano de recuperação extrajudicial? Fundamente sua resposta e discorra, ainda, acerca de três requisitos objetivos para a homologação em juízo do plano de recuperação extrajudicial de Ômega.

### 125. (OAB MG 2006/02)

O Sr. Armando Kano é um devedor empresário que foi executado em função de uma dívida representada por um título de crédito (Nota Promissória), de sua emissão, em valor total de R$ 10.000,00 (dez mil reais). No prazo de 24 (vinte quatro) horas contados a partir da citação, o Sr. Armando não pagou nem nomeou bens à penhora. Ele não está preocupado, pois um primo dele, advogado, disse que esse credor não poderá requerer sua falência. Comente a orientação dada pelo primo do Sr. Armando, informando as razões pelas quais você concorda ou discorda com tal orientação.

### 126. (OAB CESPE 2006/02)

João Batista, empregado há mais de vinte anos da Xavier Industrial S.A., foi demitido, tendo ajuizado ação trabalhista contra a empresa, a qual veio a ser condenada ao pagamento total do valor de 220 salários mínimos. Alguns dias após transitado em julgado esse crédito laboral, a ex-empregadora foi declarada falida. João Batista procurou um advogado, que lhe afirmou, peremptoriamente, que, diante da falência mencionada, ele só teria direito a um montante correspondente a 120 salários mínimos e nada mais, conforme disporia a Lei de Falências em vigor. Inseguro com essa informação, o ex-empregado procurou um outro advogado e fez a seguinte consulta: – Em quais condições a lei me dá direito a receber meu crédito trabalhista da falida Xavier Industrial S.A. e de quanto (em número de salários mínimos) é esse crédito?

Em face da situação hipotética acima, na condição de segundo advogado consultado, responda, justificadamente, à indagação formulada por João Batista.

## 127. (OAB RJ 2006/02 EXAME 30)

Que sujeitos de direito não podem renegociar seus créditos, que detêm mediante a sociedade empresária, a qual encontra-se em recuperação extrajudicial? Fundamente sua reposta.

## 128. (OAB BA 2000/03)

Que se entende por *"termo legal da falência"*, como o mesmo é fixado e quais os efeitos que decorrem a sua fixação?

## 129. (OAB RJ 2007/01 EXAME 32)

No curso do processo de falência da sociedade Móveis Guanabara S.A., foi convocada e regularmente instalada assembleia-geral de credores para deliberar sobre um modo alternativo de alienação do ativo do devedor. O Banco Atalanta S. A., credor quirografário, por um título de obrigação cujo valor era expresso em dólares americanos, pleiteava que seu voto tivesse peso correspondente ao do valor proporcional de seu crédito, devendo ser adotada como taxa de câmbio a da véspera da realização do conclave.

Tomando como referência a situação hipotética acima, responda, fundamentadamente, se está correta a pretensão do credor.

## 130. (OAB RJ 2006/01 EXAME 29)

Munhoz Granitos Ltda. (autora) propôs em 10.10.2005, na 9.ª Vara Cível da Comarca da Capital do Rio de Janeiro, ação ordinária em face de Paranaense Companhia Aérea S/A (ré), por conta de uma mercadoria sua, que havia sido transportada indevidamente pela ré, causando danos a serem apurados através do processo de conhecimento.

Ocorre que, em 20.01.2006, a empresa Ré – Paranaense Companhia Aérea S/A – teve sua falência decretada pela 1.ª Vara Empresarial da Comarca da Capital do Rio de Janeiro.

Em vista do princípio do juízo universal e levando em conta os dispositivos da nova lei falimentar, responda onde terá curso a ação ordinária da autora. Justifique sua resposta, indicando o fundamento legal.

### 131. (OAB MG 2006/03)

André é titular de crédito decorrente de sentença transitada em julgado em Reclamação Trabalhista movida contra seu antigo empregador. No curso do processo trabalhista, foi declarada a falência do Reclamado, que vem sendo regida pela lei 11.101/2005. Agora, já definitivo o crédito trabalhista, André pergunta ao Advogado o que deve fazer para pleitear seu efetivo pagamento. Fundamente.

### 132. (OAB MG 2003/02)

A realização do ativo no processo falimentar pode ser objeto de deliberação dos credores? Justificar.

### 133. (OAB GO 2005/03)

No tocante a atos efetivados antes da Falência, sabe-se que são revogáveis aqueles praticados com a intenção de prejudicar credores mediante comprovação de conluio fraudulento entre devedor e terceiro. Pergunta-se: quem tem legitimidade para propor a respectiva ação revocatória e qual o prazo de interposição da medida? Fundamentar.

### 134. (OAB CESPE 2008/01)

A sociedade K e K Insumos Agrícolas Ltda. é credora da sociedade Fazenda Bonita Ltda., em razão da venda de insumos agrícolas a prazo, crédito consubstanciado em nota promissória no valor de R$ 50.000,00, quantia que foi afiançada por Zélia. A Fazenda Bonita Ltda. requereu pedido de recuperação judicial, cujo plano prevê pagar a K e K Insumos Agrícolas apenas R$ 40.000,00, o que lhe foi deferido.

Considerando a situação hipotética apresentada, responda, de forma fundamentada, se a sociedade K e K Insumos Agrícolas Ltda. poderá cobrar, da Fazenda Bonita Ltda. e de Zélia, o valor integral do mencionado crédito.

### 135. (OAB CESPE 2007/02)

Uma sociedade empresária manejou pedido de recuperação judicial, com o objetivo de suspender o curso de sua falência, à semelhança do antigo pedido de concordata suspensiva.

No que se refere à situação hipotética descrita, elabore um texto, devidamente fundamentado e com menção à legislação pertinente, esclarecendo se o atual estágio do direito falimentar brasileiro admite a recuperação suspensiva da falência.

## 136. (OAB CESPE 2006/01)

Diante de vultosas dívidas trabalhistas, fiscais e com fornecedores, os sócios da devedora Solar Produtos Estéticos Ltda.ME deliberaram pelo pedido de recuperação judicial, ante à constatação de que esta seria a única alternativa apta a garantir a sobrevivência da referida pessoa jurídica.

Considerando a situação hipotética apresentada, discorra sobre as exigências para apresentação do pedido de recuperação judicial e sobre as normas específicas quanto ao conteúdo do plano de recuperação aplicáveis às microempresas e empresas de pequeno porte.

## 137. (OAB MG 2008/02)

Na alienação de bens em processo de recuperação judicial ordinária, haverá a sucessão do arrematante nas obrigações trabalhistas do devedor empresário? Fundamentar resposta.

## 138. (OAB CESPE 2008/03)

O credor A requereu a decretação de falência da pessoa jurídica X, razão pela qual o sócio majoritário de X alienou bem de sua propriedade e entregou integralmente o produto da alienação ao credor B. Posteriormente, o juiz competente indeferiu o pedido de falência, tendo sido arquivado o processo. Nessa situação hipotética, em face do disposto na Lei 11.101/2005, a conduta praticada pelo sócio majoritário de X constitui fato típico? Fundamente a sua resposta.

## 139. (OAB CESPE 2009/02)

Em 15.03.2008, a pessoa jurídica Beta celebrou contrato de compra e venda de veículo de sua propriedade para a pessoa jurídica Gama, que se obrigou a efetuar o pagamento pela compra do veículo em seis prestações iguais e mensais, vencendo a primeira 15.04.2008. Em 20.03.2008, ou seja, cinco dias após a entrega do veículo, foi requerida a falência de Gama, pedido deferido posteriormente.

Em face dessa situação hipotética, identifique, fundamentando-se na Lei de Falências e Recuperação de Empresas, o procedimento mais adequado e eficaz para a defesa dos direitos de Beta, na hipótese do veículo permanecer na propriedade de Gama e na de o veículo já ter sido alienado por Gama a terceiro de boa fé.

# Gabarito das Questões Discursivas – OAB

## EMPRESÁRIO, AUXILIARES, ESTABELECIMENTO E PROPRIEDADE INDUSTRIAL

### 1. (OAB CESPE 2006/02)

O empresário rural tem a faculdade de providenciar o registro, e se quiser pode requerer a inscrição junto à Junta Comercial da respectiva sede (arts. 971 e 984, CC/2002), sujeitando-se, a partir daí das regras de direito empresarial.

### 2. (OAB MG 2006/03)

De acordo com o art. 971, CC/2002, João Olavo, como empresário rural tem a faculdade de registrar sua atividade na Junta comercial. Uma vez registrado, sujeitando-se [sujeita-se] a todo o regime jurídico aplicado ao empresário, como por exemplo, a escrituração obrigatória, bem como a possibilidade de sofrer falência ou ser beneficiado pela Recuperação de Empresas.

### 3. (OAB MG 2008/02)

A alienação de bens relacionadas a atividade empresarial da sociedade limitada independe de vênia conjugal, nos termos do art. 978 do CC/2002. O administrador está alienando os bens da sociedade, não necessitando da vênia conjugal para isso, consoante art. 978 do CC/2002. Necessitaria da vênia conjugal, conforme art. 1647 do CC/2002, se estivesse alienando os imóveis particulares do casal, o que não é o caso. Portanto, o ato de João de alienar os bens da sociedade sem a outorga conjugal é perfeitamente válido.

### 4. (OAB CESPE 2006/03)

De acordo com Fábio Ulhoa Coelho, o estabelecimento eletrônico possui a mesma natureza jurídica que o estabelecimento físico, devendo ser aplicado [ser-lhe aplicadas] as mesmas determinações legais, como ocorre no registro. O estabelecimento virtual é "uma nova espécie de estabelecimento, fisicamente inacessível: o consumidor ou adquirente devem manifestar a aceitação por meio da transmissão eletrônica de dados". Para Fábio Ulhoa Coelho, o ponto comercial não existe no estabelecimento virtual em virtude do tipo de acessibilidade que é diferente em um estabelecimento virtual e em um tradicional.

### 5. (OAB CESPE 2006/02)

O nome empresarial não pode ser objeto de alienação isoladamente (art. 1.164, CC/2002), mas o adquirente de estabelecimento, por ato entre vivos, pode, se o contrato o permitir, usar o nome do alienante, precedido do seu próprio, com a qualificação de sucessor (art. 1.164, parágrafo único, CC/2002).

### 6. (OAB BA 2005/01)

Se não foi pactuado nada em contrário, o alienante do estabelecimento não poderá concorrer com o adquirente pelo prazo de 05 anos subsequentes à alienação (art. 1.147, CC/2002).

### 7. (OAB RJ 2006/03 EXAME 31)

Para a maioria da doutrina, como Vera Helena de Mello Franco, Ricardo Negrão, Fábio Ulhoa Coelho, a clientela não é um bem integrante do estabelecimento empresarial, sendo um atributo do estabelecimento comercial, ou seja o resultado da organização dos bens que compõem o estabelecimento.

### 8. (OAB RJ 2005/03 EXAME 28)

Somente no caso de alienação do estabelecimento, a transferência importa em responsabilidade do adquirente pelos débitos anteriores. Como não ocorrerá a alienação, e sim o arrendamento, não haverá responsabilidade sobre os débitos anteriores ao arrendamento (art. 1.146, CC/2002).

### 9. (OAB MG 2007/02)

Contrato de Trespasse é o contrato de alienação do estabelecimento empresarial (art. 1.144, CC/2002). Quando ocorre o trespasse, o ativo e o passivo contabilizado [são passados] para o novo proprietário do estabelecimento. O trespasse deve ser averbado na Junta Comercial. Só produzirá efeitos, com relação a terceiros, após ser averbado na Junta Comercial e publicado na imprensa oficial.

## 10. (OAB GO 2007/01)

De acordo com o art. 978, CC/2002, o empresário casado que precise alienar ou onerar bens que tenham relação com a atividade empresarial, não precisa da vênia conjugal.

## 11. (OAB CESPE 2008/01)

Para conseguir a proteção deve buscar o registro no INPI. Pelo princípio da especificidade, a proteção da marca registrada é limitada aos produtos e serviços da mesma classe (art. 123, Lei 9.279/1996), salvo quando o INPI a declara como marca de alto renome. Somente nesta hipótese é que a proteção é ampliada para todas as classes (art. 125, Lei 9.279/1996).

## 12. (OAB CESPE 2007/03)

A marca "Flying Carpets" poderá ser registrada desde que não tenha esse registro no INPI na mesma classe de atividade econômica de produtos ou serviços e que não confronte com marca notoriamente conhecida, nem com a marca alto de alto renome (art. 125, 126 da Lei 9.279/1996), além de não haver impedimento legal (art. 124, Lei 9.279/1996).

## 13. (OAB CESPE 2007/02)

A ação deverá ser proposta na Justiça Federal porque o INPI, que é uma autarquia federal, tem que intervir no feito quando não for parte autora (art. 175, Lei 9.279/1996 c/c art. 109 da CF/1988).

## 14. (OAB CESPE 2007/02)

São bens que integram a propriedade industrial: a invenção, o modelo de utilidade, o desenho industrial e a marca. A criação de Maria poderia ser objeto de patente invenção ou de modelo de utilidade, mas o produto precisaria apresentar os requisitos de novidade, atividade inventiva e aplicação industrial e livre de impedimentos. (art. 8, 10 e 18 da Lei 9.279/1996). O INPI deve verificar se a "criação" de Maria José preenche os requisitos.

## 15. (OAB CESPE 2008/02)

A atividade dos prepostos e da prestação de serviços diferencia-se a partir da análise dos arts. 593 a 609 do CC/2002, comparando-se com os arts. 1.169 a 1.178 do CC/2002. Algumas diferenças são:

a) Quanto ao prazo: na preposição não há prazo para a realização da atividade, enquanto que na prestação de serviços, o contrato não pode prever um prazo maior que 4 anos (arts. 598 e 1.172 do CC/2002).

b) Quanto à obrigatoriedade do registro: a limitação da atividade do preposto precisa estar registrada na Junta Comercial, enquanto que o contrato de prestação de serviços não precisa ser averbada na Junta Comercial (art. 1.174 do CC/2002).

c) Quanto à possibilidade de negociar com terceiros: o preposto não pode realizar atividades por conta própria, sob pena de responder por perdas e danos (art. 1.170 do CC/2002), na prestação de serviços, é possível a negociação de terceiros, desde que não pratique concorrência desleal.

## 16. (OAB CESPE 2008/02)

A alienação do estabelecimento, salvo disposição em contrário, importa na sub-rogação do adquirente nos contratos celebrados pela alienante, nos termos do art. 1.148 do CC/2002. Assim, independente de qualquer acordo expresso, os contratos celebrados por Exercícios Diários Ltda. terão pela validade e obrigatoriedade perante a Ginástica e Saúde S.A. O contrato de locação, por outro lado, depende da concordância do locador, portanto depende da concordância de Nelson, de acordo o art. 13 da Lei 8.245/91.

## 17. (OAB CESPE 2008/02)

Por ser titular de direito de patente de invenção, Arnaldo tem o direito de impedir a empresa Comércio de Telefones Ltda. de vender e de importar o dispositivo objeto de patente, nos termos no art. 42, I e II da Lei de Propriedade Industrial (Lei 9.279/1996), e também tem como impedir a fabricação do dispositivo em outro país (art. 3.º da lei 9.279/1996).

## 18. (OAB CESPE 2008/03)

De acordo com o art. 88 "caput", da Lei 9.279/1996 quando o empregado é contratado, no Brasil, para realizar pesquisa ou atividade inventiva, a patente será do empregador, mesmo que o contrato de trabalho tenha terminado em até 1 ano. Ademais, o contrato de trabalho em questão terminou em agosto de 2008, tendo Daniela feito o requerimento de patente de invenção em janeiro de 2009, razão pela qual, de acordo com o § 2.º do mencionado art. 88, presume-se que a invenção foi desenvolvida no curso do contrato de trabalho, sendo esse mais um motivo que corrobora o entendimento de que a patente, nesse caso, é do empregador e não do empregado).

### 19. (OAB CESPE 2009/02)

Trata-se de patente de modelo de utilidade, de acordo o art. 9.º da Lei 9.279/1996. Para solucionar os conflitos entre Túlio e André, deve se respeitar a proteção do usuário de boa-fé (art. 45 da Lei 9.279/1996). Se a patente havia sido indevidamente concedida pode ser utilizada a nulidade administrativa (art. 50 e ss. da Lei 9.279/1996) ou ainda a nulidade judicial (art. 56 e ss. da Lei 9.279/1996). E, por fim, o art. 7.º, Lei 9.279/96, dispõe: "Se dois ou mais autores tiverem realizado a mesma invenção ou modelo de utilidade, de forma independente, o direito de obter patente será assegurado àquele que provar o depósito mais antigo, independentemente das datas de invenção ou criação."

### 20. (OAB CESPE 2009/3)

As informações prestadas pelo contador estão incorretas pois de acordo com o art. 29 da Lei 8.934/94, as informações registradas são públicas, e qualquer um pode ter acesso.

### 21. (OAB CESPE 2009/2)

Trata-se de modelo de utilidade (art. 8.º e 9.º da Lei 9.279/96). De acordo com o art. 91 da Lei 9.279/96, a patente pertence a João e a Beta Sistema e Componentes Eletrônicos S.A. em partes iguais. Afinal foi usado o trabalho e o intelecto de João, enquanto que os recursos são da empresa.

### 22. (OAB CESPE 2010/1)

Resposta afirmativa ao questionamento, conforme o art. 50 do Código Civil. A desconsideração da personalidade jurídica é a retirada momentânea e excepcional da autonomia patrimonial da pessoa jurídica, para estender os efeitos das suas obrigações à pessoa dos sócios. Esse ato não extingue a pessoa jurídica, mas, apenas, de forma momentânea, atravessa a autonomia patrimonial da pessoa jurídica e atinge o sócio, voltando tudo, depois, ao seu estado anterior.

Os requisitos estão no art. 50 do Código Civil, que dispõe: "Em caso de abuso da personalidade jurídica, caracterizado pelo desvio de finalidade, ou pela confusão patrimonial, pode o juiz decidir, a requerimento da parte, ou do Ministério Público quando lhe couber intervir no processo, que os efeitos de certas e determinadas relações de obrigações sejam estendidos aos bens particulares dos administradores ou sócios da pessoa jurídica."

## SOCIEDADES MENORES E SOCIEDADES LTDA.

### 23 (OAB RJ 2004/03 EXAME 25)

A diferença entre as sociedades não personalizadas e as sociedades personalizadas reside no fato de que aquelas não são registradas, e, portanto, não possuem personalidade jurídica, enquanto essas são registradas e possuem personalidade jurídica. Como consequência do registro, será a própria sociedade personalizada que exercerá a atividade empresarial e poderá adquirir direitos e contrair obrigações em seu nome, enquanto que nas sociedades não personalizadas as obrigações são assumidas, de forma ilimitada, em nome da pessoa dos sócios. Nas sociedades personalizadas, os sócios serão atingidos subsidiariamente, dependendo do tipo societário, aplicando-se o princípio da autonomia patrimonial da pessoa jurídica (art. 1.024, CC/2002).

Como regra, nas sociedades não personificadas, os sócios não podem se utilizar do benefício de ordem, mas na sociedade comum, o legislador fixou um benefício de ordem, estabelecendo que primeiramente, deveria ser atingido o patrimônio especial, para que depois o patrimônio dos sócios seja atingido. Este benefício de ordem não pode ser usado pelo sócio que contratou pela sociedade comum (arts. 989 a 990 do CC/2002). No mesmo sentido, o Enunciado 212/CJF que preconiza que "Embora a sociedade em comum não tenha personalidade jurídica, o sócio que tem seus bens constritos por dívida contraída em favor da sociedade, e não participou do ato por meio do qual foi contraída a obrigação, tem o direito de indicar bens afetados às atividades empresariais para substituir a constrição".

### 24. (OAB CESPE 2006/03)

O contador responderá em solidariedade com o empresário por ter agido dolo no exercício de suas funções. Se agisse com culpa, responderia apenas perante o empresário (art. 1.177, parágrafo único, do CC/2002), e se tivesse agido sem culpa, apenas a sociedade seria responsabilizada (art. 1.178, CC/2002).

### 25. (OAB RJ 2003/03 EXAME 22)

A *affectio societatis* é o vínculo entre os sócios que representa uma confiança mútua e vontade de cooperação conjunta para realizar a atividade empresarial, combinando esforços e mantendo o dever de lealdade. Vera Helena de Mello Franco e Marcelo Bertoldi lecionam que quando o sócio falta com este dever e rompe a *affectio societatis,* ele deve ser expulso da sociedade. Fábio Ulhoa Coelho, por outro lado, ensina que a quebra da *affectio societatis* deve levar à dissolução da sociedade.

Enunciado 67/CJF – "A quebra do *affectio societatis* não é causa para a exclusão do sócio minoritário, mas apenas para dissolução (parcial) da sociedade".

## 26. (OAB RJ 2003/03 EXAME 22)

A sociedade estrangeira, para funcionar no Brasil, necessita de autorização do Poder Executivo Federal (art. 1.134 c/ 1.123, parágrafo único, CC/2002). Depois de autorizado o funcionamento, deverá proceder ao registro na Junta Comercial do Estado em que irá desenvolver suas atividades, antes de iniciá-las (art. 1.136, CC/2002). Ela se submeterá às leis e aos tribunais brasileiros quanto aos atos praticados no Brasil (art. 1.137, CC/2002) e funcionará com o nome que tiver em seu país de origem, acrescentado das palavras "do Brasil" ou "para o Brasil".

## 27. (OAB GO 2005/03)

A exploração e o aproveitamento de atividade de mineração é atividade da União que pode ser delegada, mediante autorização, para empresa brasileira (art. 176, § 1.º, CF/1988). A regularidade do funcionamento dependerá do prazo de autorização que foi concedido pela União. Na falta de fixação deste prazo, a autorização caducará se a sociedade não iniciar suas atividades nos 12 meses seguintes à publicação da autorização no Diário Oficial da União (art.1.124, do CC/2002). Assim, como a autorização, *in casu,* foi concedida em setembro de 2003 e as atividades iniciaram-se apenas em novembro de 2005, portanto, considera-se irregular o exercício da atividade por Evo Morales e Hugo Chaves.

## 28. (OAB MG 2006/03)

É possível a redução do capital social da sociedade em duas hipóteses: quando houver perdas irreparáveis e quando ele for excessivo em relação ao objeto da sociedade (art. 1.082 do CC/2002). Para a redução do capital por perdas irreparáveis deverá consignar em cláusula própria os motivos da redução com a diminuição proporcional do valor nominal das quotas, tornando-se efetiva a partir da averbação, no Registro Público de Empresas Mercantis, da ata da assembleia que a tenha aprovado (art. 1.083, CC/2002). Como o motivo são as perdas irreparáveis, não é necessária a concordância dos credores quirografários.

### 29. (OAB MG 2007/02)

Como se trata de sociedade simples, é necessária a decisão unânime para alterar as cláusulas contratuais previstas no art. 997 do CC/2002 (art. 999 do CC/2002). Mas de acordo com o art. 1.019 do CC: "São irrevogáveis os poderes do sócio investido na administração por cláusula expressa do contrato social, salvo justa causa, reconhecida judicialmente, a pedido de qualquer dos sócios. Parágrafo único. São revogáveis, a qualquer tempo, os poderes conferidos a sócio por ato separado, ou a quem não seja sócio",

### 30. (OAB GO 2006/02)

Como o sócio minoritário quebrou a *affectio societatis*, o sócio majoritário poderá requerer a exclusão judicial do sócio (Vera Helena de Mello Franco e Marcelo Bertoldi) e de acordo com o art. 1.030, CC/2002. Para Fábio Ulhoa e de acordo com o Enunciado 67/CJF: "A quebra do *affectio societatis* não é causa para a exclusão do sócio minoritário, mas apenas para dissolução (parcial) da sociedade". Poderá requerer a exclusão judicial mediante a maioria dos demais sócios, pois os atos praticados pelo sócio minoritário que ensejou a quebra da *affectio societatis* pode ser encarada como falta grave.

### 31. (OAB MG 2007/03)

Para a exclusão extrajudicial do sócio de sociedade limitada, deverá ser convocada reunião ou assembleia especificamente para este fim, devendo, o sócio acusado, ser cientificado para possibilitar o exercício do direito de defesa. Trata-se de aplicação do princípio do devido processo legal nas relações privadas ou da eficácia horizontal do devido processo legal (art. 1.085, parágrafo único, CC/2002).

A exclusão extrajudicial deve ser fundada em ato de inegável gravidade que esteja colocando em risco a continuidade da empresa, desde que prevista no contrato social em caso de justa causa e haja concordância da maioria dos sócios. (art. 1.085, CC/2002).

Somente os sócios minoritários poderão ser excluídos extrajudicialmente já que a lei exige mais a metade do capital social para a exclusão.

Deverá o sócio excluído ser reembolsado no valor de suas quotas, com base em balanço especial realizado na data da exclusão (art. 1.031, CC/2002).

Segundo o Fabio Ulhoa, faltou mencionar que a expulsão pode ser extrajudicial quando I – Se o expulso é minoritário – sendo que, além dos requisitos citados, faz-se necessário firmar instrumento de alteração contratual excluindo o minoritário da sociedade e arquivar tal ato na Junta Comercial; II – Se admite também na hipótese de sanção imposta ao sócio remisso (aqui não é necessária a realização de reunião ou assembleia para deliberação, bastando a alteração contratual arquivada na Junta Comercial).

## 32. (OAB MG 2004/02)

Para a exclusão extrajudicial do sócio de sociedade limitada, deverá ser convocada reunião ou assembleia especificamente para este fim, devendo o sócio acusado ser cientificado para possibilitar o exercício do direito de defesa. Trata-se de aplicação do princípio do devido processo legal nas relações privadas ou da eficácia horizontal do devido processo legal (art. 1.085, parágrafo único, CC/2002).

A exclusão extrajudicial deve ser fundada em ato de inegável gravidade que esteja colocando em risco a continuidade da empresa, desde que prevista no contrato social em caso de justa causa e haja concordância da maioria dos sócios (art. 1.085, CC/2002).

Somente os sócios minoritários poderão ser excluídos extrajudicialmente já que a lei exige mais a metade do capital social para a exclusão.

Deverá o sócio excluído ser reembolsado no valor de suas quotas, com base em balanço especial realizado na data da exclusão (art. 1.031, CC/2002).

Segundo o Fabio Ulhoa, faltou mencionar que a expulsão pode ser extrajudicial quando: I – Se o expulso é minoritário – sendo que, além dos requisitos citados, faz-se necessário firmar instrumento de alteração contratual excluindo o minoritário da sociedade e arquivar tal ato na Junta Comercial; II – Se admite também na hipótese de sanção imposta ao sócio remisso (aqui não é necessária a realização de reunião ou assembleia para deliberação, bastando a alteração contratual arquivada na Junta Comercial).

## 33. (OAB MG 2003/02)

Os sócios da sociedade em nome coletivo e os sócios comanditados da sociedade em comandita simples, respondem de forma solidária e ilimitada (art. 1.039 e art. 1.045, CC/2002) e seus bens particulares poderão ser executados. Poderão estes sócios, no ato constitutivo ou por unanimidade em convenção posterior, limitar a responsabilidade de cada um, porém, não atingirá terceiros (art. 1.039, parágrafo único e art. 1.046, CC/2002), devendo ser respeitado o benefício de ordem (art. 1024, CC/2002). Com relação aos sócios comanditários, eles serão responsabilizados de forma limitada ao valor de suas quotas.

### 34. (OAB RJ 2005/01 EXAME 26)

A e B somente poderão participar da sociedade em nome coletivo com pessoas físicas, de acordo com o art. 1.039 do CC/2002 e responderão de forma solidária e ilimitada. A sociedade não poderá ser sócia, já que não se admitem pessoas jurídicas no quadro societário da sociedade em nome coletivo.

### 35. (OAB RJ 2005/02 EXAME 27)

A afirmação é falsa. O art. 985 é inaplicável para a sociedade em conta de participação. Em regra, este tipo de sociedade não personificada não é registrada, tendo em vista que o objeto social é exercido unicamente pelo sócio ostensivo que se responsabiliza exclusivamente pelas obrigações (art. 991, CC/2002). Eventualmente, o contrato social desta sociedade poderá ser registrado no Cartório de Títulos e Documentos, identificando o sócio participante oculto, Porém, este registro do contrato social produzirá efeitos somente entre os sócios e não conferirá personalidade jurídica à sociedade (art. 993, CC/2002).

### 36. (OAB MG 2007/03)

O registro do contrato social da sociedade em conta de participação em cartório de títulos e documentos não gera efeito nenhum perante terceiros. A faculdade que se tem de registrar o contrato social serve apenas para resguardar os interesses dos contratantes e produz efeito apenas entre os sócios (art. 993, CC/2002). Neste tipo de sociedade, "Obriga-se perante terceiro tão somente o sócio ostensivo [ou empreendedor]; e, exclusivamente perante este, o sócio participante, nos termos do contrato social" (art. 991, parágrafo único, CC/2002). Esta é a peculiaridade da sociedade por conta de participação já que apenas o sócio ostensivo pratica as operações empresariais, em seu nome individual e sob sua exclusiva responsabilidade, (art. 991, CC/2002).

## 37. (OAB GO 2005/02)

Joaquim Xavier, por ser um sócio ostensivo de uma sociedade em conta de participação, não detém tais poderes. Somente poderia admitir novos sócios sem o consentimento expresso dos demais sócios se existisse autorização no contrato social neste sentido (art. 995, CC/2002).

## 38. (OAB RJ 2004/01 EXAME 23)

Não há obrigatoriedade de criação do conselho fiscal na sociedade limitada (art. 1.066, [*caput*], CC/2002).

## 39. (OAB MG 2005/01)

Em caso de omissão do contrato social, um sócio pode ceder suas quotas para outro sócio sem a concordância dos demais. Mas para ceder suas quotas para terceiro, estranho a sociedade, não poderá haver oposição de mais de 25% das quotas sociais (art. 1.057, CC/2002).

Assim, Bernardo poderá ceder suas cotas para Edmundo, ainda que este seja estranho à sociedade, já que não há oposição de mais de 25% do capital social, pois Carlos, titular de 55% das cotas, não se opôs à pretensão de Bernardo.

Carlos também poderá ceder suas cotas para Flávio, estranho à sociedade, porque não há oposição de mais de 25% do capital social.

## 40. (OAB CESPE 2008/01)

A., de acordo com a regra do art. 1052 do CC/2002, responderá pela totalidade de suas cotas subscritas e integralizadas e solidariamente com os demais sócios quanto à parte não integralizada por eles. Como o imóvel de C. foi integralizado por R$ 500.000,00, a princípio, a responsabilidade de A. é solidária somente com relação à diferença do que foi informado em relação à real estimativa do bem (art. 1055, parágrafo primeiro do CC/2002).

A. pode se retirar da sociedade a qualquer tempo, se notificar os demais sócios e requerê-la judicialmente, quando a pessoa jurídica poderá ser obrigada a reembolsar o valor de sua participação societária (art. 1.029, CC/2002).

## 41. (OAB CESPE 2007/01)

A omissão da palavra "limitada" no contrato de compra e venda de imóvel pela Sociedade Limitada, traz como consequência a responsabilidade solidária e ilimitada de Leandro Souza, administrador que não utilizou a terminação prescrita pela lei (art. 1.158, § 3.º, CC/2002).

### 42. (OAB MG 2007/02)

O administrador somente responderá se tiver agido com culpa no exercício de suas funções, e ainda assim numa ação da sociedade contra o administrador (art. 1.110, § 3.º, CC/2002 e art. 1.017 do CC/2002).

### 43. (OAB MG 2004/03)

É possível a exclusão extrajudicial de Pedro, já que os sócios majoritários representam mais da metade do capital social e o contrato prevê a exclusão extrajudicial por justa causa. Para tanto, deverá ser convocada reunião especificadamente para este fim concedendo o exercício de defesa a Pedro (art. 1.085, CC/2002).

### 44. (OAB CESPE 2007/03)

Os sócios remanescentes poderão optar pela dissolução total ou parcial da sociedade, ou, acordar com os herdeiros a substituição do sócio falecido (art. 1.028, II e III, CC/2002).

### 45. (OAB RJ 2007/02 EXAME 33)

Até o fim do inventário, os direitos sociais devem ser exercidos pela inventariante, que é a viúva (art. 1.056, § 1.º, CC/2002). Após o inventário, Y até poderá assumir, caso haja acordo entre os herdeiros e os sócios (art. 1.028, III, CC/2002).

### 46. (OAB GO 2004/03)

José da Cruz responderá pelas obrigações contraídas por até 2 anos a contar da averbação de sua retirada (art. 1032, CC/2002).

### 47. (OAB GO 2003/03)

Ação de apuração de haveres (art. 1218, CPC/1973 c/c art. 668, CPC/1939) e ação de indenização por perdas e danos.

### 48. (OAB CESPE 2008/03)

É possível a exclusão judicial, prevista pelo art. 1.030, CC/2002. Nessa ação, basta que os sócios tenham praticado uma falta de inegável gravidade e que seja movida pela concordância da maioria dos demais sócios. Não é possível a exclusão extrajudicial do art. 1085, CC/2002, pois apenas o sócio minoritário, no caso em tela, poderia ser excluído.

## 49. (OAB CESPE 2009/02)

O diretor pode ser responsabilizado pelas obrigações contraídas sob sua administração por até 2 anos após a sua destituição (art. 1091, § 3.º do CC/2002). A instalação do conselho de administração só pode ser feita por acionistas (art. 1091, *caput*, do CC/2002). O quórum necessário para a destituição de diretor é de 2/3 do capital social.

## 50. (OAB CESPE 2009/3)

O sócio Ronaldo pode ser cobrado no seu patrimônio pessoal no valor de R$ 45.000,00, uma vez que responde solidariamente pelo valor que falta a ser integralizado (art. 1.052 do CC).

## 51. (OAB CESPE 2009/3)

A ausência da terminação Ltda, no contrato de arrendamento mercantil, traz como consequência a responsabilidade ilimitada e solidária do administrador Luciano (art. 1.158 do CC).

## 52. (OAB CESPE 2009/2)

Trata-se de Sociedade comum, que á sociedade enquanto os atos constitutivos não forem registrados (art. 986 do CC). O credor pode provar de qualquer maneira a existência da sociedade. A responsabilidade dos sócios será ilimitada, mas o patrimônio dos sócios só podem ser atingidos depois de terminado o patrimônio especial (art. 990 do CC).

## 53. (OAB CESPE 2009/2)

Como se trata de uma Sociedade Comum, o patrimônio de Ana pode ser atingido diretamente, já que contratou pela sociedade (art. 990 do CC). A sociedade comum pode sofrer falência, mas não pode requerer a falência de seu devedor (art. 1.º e 97 da Lei 11.101/05).

## 54.(PROPOSTO PELA AUTORA)

Thompson não pode ser atingido patrimonialmente pelas perdas da empresa, pois investiu apenas com seu trabalho (art. 1.007 do CC). Para Marlon

Tomazzetti, o sócio que apenas presta serviços, será igualmente responsabilizado. Lucrécia e Joselito responderão proporcionalmente pelas dívidas da sociedade, ou seja Lucrécia responderá por R$ 10.000,00 , enquanto que Joselito responderá por R$ 90.000,00 (art. 1.023 do CC).

### 55. (OAB CESPE 2009/3)

Regime de separação obrigatória (art. 977 do CC): proibido a sociedade conjugal. Empresa de radiodifusão: art. 222 da CF: só seria possível para brasileiros natos ou naturalizados há mais de 10 anos e no § 1.º pelo menos 70% do capital social e do capital votante deve pertencer a brasileiros natos ou naturalizados há mais de 10 anos.

### 56. (OAB CESPE 2009/3)

Falta de "limitada", art. 1.158, § 3.º do CC, portanto os sócios podem ser executados

### 57. (OAB CESPE 2010/1)

O advogado de Eunice deve promover ação de exibição de documentos, de acordo com o que estabelece o art. 844, III, do CPC. A finalidade da ação de exibição é permitir que uma coisa ou documento seja exibida. No caso, a exibição reveste-se de caráter preparatório, nos moldes do art. 844, III, do CPC, já que a autora pretende a exibição de livros comerciais que tem interesse em conhecer a fim de utilizá-los em eventual ação judicial.

### 58. (OAB CESPE 2010/1)

Primeiramente, deve o acionista contribuir para o capital social (Lei 6.404/1976, arts. 106 a 108), pagando o valor de suas ações, o que, nesse tipo societário, não pode ser feito por meio de trabalho. (Tomazette, 2006, p. 96). Da mesma forma, o artigo 7.º da referida Lei define a hipótese de formação do capital, constituído por bens ou dinheiro, não estando lá relacionados serviços. Contra o acionista remisso, a companhia pode tomar duas medidas, previstas no art. 107 da já citada lei: I – promover contra o acionista, e os que com ele forem solidariamente responsáveis (artigo 108), processo de execução para cobrar as importâncias devidas, servindo o boletim de subscrição e o aviso de chamada como título extrajudicial nos termos do Código de Processo Civil; ou mandar vender as ações em bolsa de valores, por conta e risco do acionista."

## 59. (OAB CESPE 2010/1)

Não há previsão legal para excluir extrajudicialmente a sócia Lorena, visto que ela possui mais da metade do capital social, sendo, por consequência, a sócia majoritária da sociedade, restando, assim, às demais sócias apenas a via judicial para a referida exclusão por justa causa, de acordo com o que estipulam os arts. 1.085 e 1.030, ambos do Código Civil.

## SOCIEDADE POR AÇÕES, INCORPORAÇÃO, CISÃO, FUSÃO

## 60 (OAB CESPE 2008/01)

Para ser proposta ação de responsabilidade civil contra o administrador é necessária prévia deliberação e consentimento da assembleia geral da companhia. A legitimidade ordinária para propor esta ação é da própria companhia (art. 159, Lei 6.404/1976), porém, se a ação não for proposta por ela nos 3 meses seguintes à assembleia geral, todos os acionistas terão legitimidade extraordinária para propô-la (art. 159, § 3.º). Se a assembleia geral não autorizar a propositura da ação, ainda assim, poderá ser proposta a ação desde que a(s) parte(s) ativa(s) represente 5% ou mais do capital social. (art. 159, § 4.º).

Prevalece a regra de que um administrador não pode ser responsabilizado por ato ilícito praticado por outro. Porém, Mário, em exceção, poderá ser responsabilizado pela conduta de Igor porque foi conivente com os atos que prejudicavam a companhia, embora não participasse do ilícito, e deixou de agir, de tomar as providências necessárias (art. 158, § 1.º)

## 61. (OAB CESPE 2007/02)

A companhia poderá propor ação de execução contra o acionista e as pessoas que forem solidariamente responsáveis a ele, servindo o boletim de subscrição e o aviso de chamada como título extrajudicial ou mandar vender as ações em bolsas de valores, por conta e risco do acionista nos termos do art. 107 e parágrafos da Lei 6.404/1976. A pessoa solidariamente responsável com o acionista remisso é o alienante da ação, até o limite dos pagamentos faltantes para integralizar a ação transferida (art.108, Lei 6.404/1976).

## 62. (OAB RJ 2007/01 EXAME 32)

A princípio, pode parecer que a presença do agente fiduciário seja obrigatória em qualquer caso, tendo em vista o disposto no art. 61, § 1.º da Lei 6.404/1976: "§ 1.º A escritura de emissão, por instrumento público ou particular, de debêntures distribuídas ou admitidas à negociação no mercado, terá obrigatoriamente a intervenção de agente fiduciário dos debenturistas". Porém, o art. 74, § 1.º da mesma lei dispõe que "se a emissão tiver agente fiduciário, caberá a este fiscalizar o cancelamento dos certificados", em demonstração de que não é obrigatória a indicação de agente fiduciário em todos os casos. Na verdade, a presença do agente fiduciário somente é obrigatória quando as debêntures forem comercializadas no mercado. Portanto, é facultativa a indicação de agente fiduciário na escritura de emissão de debênture em colocação privada.

### 63. (OAB RJ 2006/03 EXAME 31)

É plenamente possível a Carlos e Silvio impedirem a contratação de fornecimento de matéria-prima da forma desejada pela Serralheria Fluminense Ltda., que como acionista controladora (art. 116 da Lei 6.404/1976), agiu com abuso de poder nos moldes do art.117, § 1.º da Lei 6.404/1976.

Portanto, a acionista controladora responderá pelos danos causados a sociedade e aos acionistas controladores.

### 64. (OAB RJ 2006/03 EXAME 31)

A Lei 10.303/2001 incluiu o § 3.º ao art. 109 da Lei 6.404/1976 que dispõe que "O estatuto da sociedade pode estabelecer que as divergências entre os acionistas e a companhia, ou entre os acionistas controladores e os acionistas minoritários, poderão ser solucionadas mediante arbitragem, nos termos em que especificar".

Ocorre que a cláusula compromissória, por ser fruto da autonomia da vontade, exige adesão pessoal e expressa para que possa ter validade e eficácia. Sendo assim, a cláusula arbitral não se aplica aos acionistas dissidentes e nem aos acionistas futuros, por faltar-lhe o *animus*.

### 65. (OAB RJ 2006/01 EXAME 29)

O voto múltiplo é uma faculdade reconhecida aos acionistas minoritários, representantes de um décimo ou mais do capital social com direito a voto, para a eleição dos membros do conselho de administração(art. 141, Lei 6.404/1976). Trata-se de mera faculdade dos acionistas minoritários que deverá ser exercida até 48 horas antes da assembleia geral (art. 141, § 1.º, Lei 6.404/1976). Quando for requerido nos termos acima, o voto múltiplo concede tantos votos quanto forem os administradores a serem eleitos.

## 66. (OAB RJ 2006/01 EXAME 29)

A atuação do conselho fiscal está restrita aos limites impostos pelo art. 163 da Lei 6.404/1976, que trata de sua competência. De acordo com o art. 163, § 5.º da Lei 6.404/76: "se a companhia não tiver auditores independentes, o conselho fiscal poderá, para melhor desempenho das suas funções, escolher contador ou firma de auditoria e fixar-lhes os honorários, dentro de níveis razoáveis, vigentes na praça e compatíveis com a dimensão econômica da companhia, os quais serão pagos por esta".

## 67. (OAB RJ 2005/03 EXAME 28)

O art. 133, § 5.º da lei 6.404/1976 dispensa a publicação dos anúncios, quando os documentos forem publicados 1 mês antes da data marcada para assembleia. Sendo assim, o indeferimento do pedido pela Junta Comercial está incorreto pois a publicação dos documentos ocorreu em 23.08.2005 e a data da Assembleia foi em 04.10.2005.

## 68. (OAB RJ 2004/03 EXAME 25)

O *acordo de acionistas* deverá ser observado desde que tenha sido arquivado na sede da Sociedade Anônima (art. 118, Lei 6.404/1976). No caso de ausência de um acionista que celebrou o acordo, é assegurado à parte prejudicada o direito de votar com as ações pertencentes ao acionista ausente ou omisso (art. 118, § 9.º, Lei 6.404/1976), ou seja, o acionista presente poderá votar em nome do ausente. Portanto, Joaquim poderá votar com as ações dele e com as ações de Paulo.

## 69. (OAB RJ 2004/02 EXAME 24)

Em regra, os administradores da companhia não podem votar como acionistas ou procuradores na Assembleia Geral Ordinária (art. 134, § 1.º, Lei 6.404/1976). A exceção ocorre quando a companhia for do tipo fechada e os administradores forem os únicos acionistas (art. 134, § 6.º, Lei 6.404/1976). Portanto, Asclepíades, Hermínia e Cibele poderão votar o relatório da administração sobre os negócios sociais e os principais fatos administrativos do exercício findo.

## 70. (OAB RJ 2004/02 EXAME 24)

A legislação brasileira adotou o modelo dualista de administração de companhia, ou seja, ela somente poderá ser realizada por dois órgãos: o conselho de administração e a diretoria (art. 138, Lei 6.404/1976). Sendo assim, as atribuições do conselho de administração e da diretoria deverão ser exercidas com exclusividade por esses órgãos, não sendo válida nenhuma disposição estatutária em sentido contrário, conforme vedação expressa do art. 139, Lei 6.404/1976.

### 71. (OAB RJ 2003/02 EXAME 21)
Não. O direito de voto é inerente às ações ordinárias. Porém, as ações preferenciais podem ou não conceder direito de voto ao seu titular (art. 111, Lei 6.404/1976), razão pela qual não se pode dizer que o direito de voto é um direito essencial do acionista (art.109 da Lei 6.404/1976).

### 72. (OAB MG 2007/02)
O Conselho de Administração define os assuntos a serem votados pela assembleia e é obrigatório na sociedade anônima de companhia aberta, nas sociedades de economia mista e na sociedade de capital autorizado (art. 138 e art. 239, Lei 6.404/1976).

### 73. (OAB MG 2007/02)
Na sociedade anônima de companhia aberta, serão inelegíveis para os cargos de administração as pessoas declaradas inabilitadas por ato da Comissão de Valores Mobiliários (art. 147, § 2.º, Lei 6.404/1976).

### 74. (OAB MG 2006/03)
Pedro é responsável civilmente por ter procedido com negligência nas suas atribuições profissionais (art. 158, I, Lei 6.404/1976). A "Um S/A" poderá propor ação de responsabilidade civil contra Pedro, pelos prejuízos causados ao seu patrimônio, após prévia deliberação da assembleia geral (art. 159, *caput*, Lei 6.404/1976). Não sendo proposta a ação nos três meses subsequentes à deliberação da assembleia geral, qualquer acionista será legitimado extraordinário a promover a ação de responsabilidade civil (§ 3.º). Caso a assembleia delibere para não ser proposta ação, será [serão] legitimado [s] para propô-la, os acionistas que represente [m] cinco por cento ou mais do capital social (§ 4.º).

### 75. (OAB MG 2004/02)
A eficácia desta deliberação dependerá de prévia aprovação ou ratificação, por mais da metade das ações preferenciais da companhia. Como Maria é deten-

tora de apenas 10% das ações preferenciais, não terá como, individualmente, requerer a anulação da assembleia geral. (art. 136, § 1.º, Lei 6.404/1976).

## 76. (OAB RJ 2004/01 EXAME 23)

As debêntures podem oferecer garantias: real, flutuante, quirografária e subordinada. (art. 58, Lei 6.404/1976). A debênture é o instrumento pelo qual a companhia aberta ou fechada se utiliza para captar recursos, ou seja, trata-se de um empréstimo feito pela companhia, que confere a seu titular um direito de crédito contra essa. As debêntures oferecem quatro tipos de garantias, são elas: *garantia real* – é aquela que possui seu pagamento garantido por hipoteca ou penhor, tendo um bem atrelado à garantia do pagamento; *garantia flutuante* – assegura um privilégio geral sobre ativo da companhia. Assim, se essa falir, os debenturistas com garantia flutuante possuirão uma preferência quanto ao produto da massa; *garantia quirografária* – não gozam de nenhum privilégio, concorrendo seus titulares igualmente com os demais credores quirografários; *debênture subordinada* [art.58, § 4.º, Lei 6.404/2006] – está subordinada à satisfação dos créditos dos credores quirografários para só então, se sobrar algo, reaver o crédito de seu titular.

## 77. (OAB CESPE 2007/03)

Para que ocorra a fusão no caso acima é necessário que o voto de três quartos do capital social (art.1076, I, c/c art.1071 VI, CC/2002). Como João é titular de mais de três quartos do capital social da sociedade, não há como Maria impedir a fusão entre as empresas.

Maria poderá exercer o direito de retirada, nos 30 (trinta) dias subsequentes à reunião (art. 1.077, CC/2002), sendo lhe garantida o valor da sua quota social com base na situação patrimonial da sociedade verificada em balanço especialmente levantado (art. 1.031, CC/2002).

## 78. (OAB CESPE 2007/01)

A alegação de ilegitimidade passiva é improcedente. A transformação da sociedade limitada em sociedade anônima não prejudicará o direito creditício de Mário até que seja efetuado o pagamento integral de seu crédito (art. 222, Lei 6.404/1976).

## 79. (OAB GO 2004/01)

"A incorporação é a operação pela qual uma ou mais sociedades são absorvidas por outra, que lhes sucede em todos os direitos e obrigações" (art. 227, Lei 6.404/1976). "A fusão é a operação pela qual se unem duas ou mais sociedades para formar sociedade nova, que lhes sucederá em todos os direitos e obrigações" (art. 228, Lei 6.404/1976). "A cisão é a operação pela qual a companhia transfere parcelas do seu patrimônio para uma ou mais sociedades, constituídas para esse fim ou já existentes, extinguindo-se a companhia cindida, se houver versão de todo o seu patrimônio, ou dividindo-se o seu capital, se parcial a versão" (art. 229, Lei 6.404/1976).

## 80. (OAB CESPE 2008/02)

A sociedade limitada pode adotar tanto a firma social como a denominação (art. 1.158 do CC/2002), e nos termos do art.1.165 do CC/2002: "o nome do sócio que vier a falecer, for excluído ou se retirar, não pode ser conservado na firma social". Portanto, na sociedade limitada Armando Graeves pode exigir que seu nome seja retirado.Em relação à SA, o nome do fundador ou acionista que tenha cooperado para o êxito ou a formação da empresa, pode ter seu nome na denominação (art. 1160 do CC/2002 e art. 3, §1.º da Lei 6.404/1976). Como o art. 1.165, só permite a retirada do nome na firma social, na denominação social, *contrario sensu*, não permite a retirada.

## 81. (OAB MG 2008/02)

Como no Brasil não é admitida a sociedade limitada unipessoal, Chico Anísio terá 180 dias para reconstituí-la sob pena de ser dissolvida a sociedade Chico do Gato Ltda. (art. 1.034, II, CC/2002).

## 82. (OAB CESPE 2008/03)

De acordo com o parágrafo único do art. 144 da Lei 6.404/1976, "nos limites de suas atribuições e poderes, é lícito aos diretores constituir mandatários da companhia, devendo ser especificados no instrumento os atos ou operações que poderão praticar e a duração do mandato, que, no caso do mandato judicial, poderá ser por prazo indeterminado". Portanto Odair pode outorgar a terceiro algumas incumbências do cargo que exerce.

## 83. (OAB CESPE 2009/3)

De acordo com gabarito CESPE : A atividade da Junta foi ilícita, pois a Junta não poderia questionar o quórum e sim apenas por decisão judicial, mas é possível que a Junta analise esses requisitos (arts. 35, 40 e 41 da Lei 8.934/94).

**84. (OAB CESPE 2009/3)**

Arts. 136, I, § 1.º e § 2.º Lei 6.404/76.

## TÍTULOS DE CRÉDITO

**85. (OAB CESPE 2008/02)**

O aval parcial é válido somente quando há previsão na lei especial, como é o caso da nota promissória, da letra de câmbio, do cheque, da duplicata. Para os demais títulos de crédito, como regra, aplica-se o Código Civil (art. 903, CC/2002). De acordo com o art. 897, parágrafo único do CC/2002, é vedado o aval parcial. Entretanto, o art. 44 da Lei 10.931/04, que regulamenta a cédula de crédito bancário, estabelece a aplicação subsidiária do regulamento cambial, portanto a aplicação do Decreto 57.663/66, que permite o aval parcial. Logo, o aval prestado por Waldir é plenamente válido.

**86. (OAB BA 2000/03)**

*Cartular* porque é indispensável a posse do documento original para o exercício do direito de crédito. *Literal* porque o crédito é representado pelo que consta no título por escrito. *Autônomo* porque as obrigações nela contida são independentes entre si, ou seja, se uma delas for nula ou anulável, não comprometerá a validade e a eficácia das demais obrigações contidas no título. *Abstrato* porque não há vinculação nem dependência com o negócio que originou o crédito. Portanto, a nota promissória é *cartular, literal, autonomia* [autônoma] e *abstrata*.

**87. (OAB MG 2003/02)**

No cheque: sacador (emitente), sacado (instituição financeira) e tomador/beneficiário (credor). Na nota promissória: sacador (emitente) e beneficiário (credor). Na letra de câmbio: sacador (emitente, dá a ordem de pagamento), sacado (destinatário da ordem de pagamento) e tomador/beneficiário (beneficiário da ordem de pagamento). Na duplicata: sacador (emitente, credor) e sacado (devedor).

**88. (OAB CESPE 2006/01)**

Os avais prestados foram simultâneos, porque todos os avalistas garantiram o mesmo avalizado conjuntamente. Diferente é o aval sucessivo, em que o aval ocorre um após o outro. A distinção é importante no que diz respeito ao direito de regresso do avalista que paga o título. No aval simultâneo, poderá o avalista que pagar, cobrar dos outros avalistas a parte que cada um teria na obrigação. Já no aval sucessivo, o avalista posterior pode cobrar dos anteriores.

Por fim, importante dizer que na Súmula 189 do STF fixou entendimento de que "Avais em branco e superpostos consideram-se simultâneos e não sucessivos".

### 89. (OAB BA 2000/03)

Aval é instituto de direito cambiário enquanto a fiança é um instituto contratual. Aval garante título de crédito, enquanto a fiança garante outro contrato. Aval é obrigação autônoma, o avalista é devedor solidário, enquanto a fiança é obrigação acessória, o fiador é devedor subsidiário a não ser que abra mão do benefício de ordem expressamente. O aval é constituído por simples assinatura enquanto a fiança depende de cláusulas contratuais específicas.

### 90. (OAB GO 2005/01)

"Art. 10. Poderão ser protestados títulos e outros documentos de dívida em moeda estrangeira, emitidos fora do Brasil, desde que acompanhados de tradução efetuada por tradutor público juramentado. § 1.º Constarão obrigatoriamente do registro do protesto a descrição do documento e sua tradução. § 2.º Em caso de pagamento, este será efetuado em moeda corrente nacional, cumprindo ao apresentante a conversão na data de apresentação do documento para protesto. § 3.º Tratando-se de títulos ou documentos de dívidas emitidos no Brasil, em moeda estrangeira, cuidará o Tabelião de observar as disposições do Decreto-lei n. 857, de 11 de setembro de 1969, e legislação complementar ou superveniente" [Transcrição do art. 10 da Lei 9.492/1997].

### 91. (OAB RJ 2007/02 EXAME 33)

Todos os requisitos essenciais para a validade da nota promissória encontram-se preenchidos, havendo divergência apenas em relação a requisito não essencial, ou seja, a data do pagamento. A nota promissória pode ser à vista, a dia certo ou a tempo certo da data. Se for omissa, ela será considerada à vista (art. 76, § 2.º, LU; art. 889, § 1.º, CC/2002).

*In casu*, a nota promissória não possui data de vencimento, ou seja, ela é omissa quanto a este aspecto, e, portanto, deve ser considerada à vista em face do princípio da autonomia dos títulos de crédito. Por fim, poderia ter sido feita a duplicata de serviços se houvesse a emissão prévia de nota fiscal ou fatura.

## 92. (OAB RJ 2006/02 EXAME 30)

O argumento do avalista não procede. A nota promissória, assim como a maioria dos títulos de crédito, é autônoma, ou seja, as obrigações nela contida são independentes entre si. A falsidade da assinatura do emitente não compromete a validade e a eficácia do aval. Isso é o que dispõe o art. 32 do Decreto-Lei 57.663/1966, bem como o § 1.º do art. 889 do CC/2002.

## 93. (OAB RJ 2004/01 EXAME 23)

Significa que não é permitido que àquele que se obriga em uma nota promissória a recusar o pagamento ao portador dela alegando relações pessoais com o sacador ou outros obrigados anteriores do título (art. 1.507, CC/2002; art. 17, Dec. 57.663/1966).

## 94. (OAB MG 2006/02)

Roberto poderá propor a execução apenas contra Carlos Silva (emitente). Isso, pois o protesto ocorrido após o prazo para o protesto, que pode ser de 1 dia útil ou 2 dias úteis, dependendo da posição doutrinária, causa a impossibilidade de acionar os devedores indiretos ( arts. 44 e 53 do Decreto 57.663/66 e arts. 28 e 32 do Decreto 2.044/1908)

## 95. (OAB RJ 2005/01 EXAME 26)

O aval parcial é válido para a nota promissória e a letra de câmbio, conforme art. 30 do Decreto-lei 57.663/1966. A vedação do Código Civil é aplicável para os demais títulos de crédito, no caso de omissão da lei especial (art. 903, CC/2002).

## 96. (OAB MG 2006/01)

A nota promissória pode ser preenchida pelo credor de boa-fé (Súmula 387/STF – A cambial emitida ou aceita com omissões, ou em branco, pode ser completada pelo credor de boa-fé antes da cobrança ou do protesto). O título de crédito é cartular e sua obrigação é literal e autônoma, ou seja, vale o que está escrito, sem vínculo com a relação negocial.

## 97. (OAB CESPE 2007/03)

Os títulos de créditos possuem como elemento marcante a autonomia em relação ao negócio que o originou (art. 887, CC/2002), o que faz com que cada obrigação cambial valha por si só. Até a súmula 370 do STJ, o cheque era apenas uma ordem de pagamento à vista, porém, quando pós-datado o cheque preserva a sua natureza essencial de ordem de pagamento à vista, já que qualquer menção em contrário é considerada não escrita (art. 32, Lei 7.357/1985). Assim, a indicação de data futura seria desconsiderada. Como o cheque só poderia ser apresentado a partir do dia 10.09.2007, estaria prescrito apenas após 06 meses após o fim do prazo de apresentação (art. 59, Lei 7.357/1985) que poderia ser de 30 dias ou 60 dias após a data de emissão, dependendo do lugar em que fora emitido (art. 33, Lei 7.357/1985) e, portanto não estaria prescrito em dezembro/2007, podendo ser apresentado para o pagamento. Além disso, como o endosso foi feito dentro do prazo, ele produzirá os mesmos efeitos.

Com a súmula 370 do STJ, entendemos que todos os prazos são contados a partir da data de emissão, mesmo que futura.

## 98. (OAB CESPE 2007/01)

A *cláusula não à ordem* impede a transmissão do título de crédito por meio do endosso. A transmissão, nesta hipótese, ocorrerá pela forma e com os efeitos de uma cessão civil de crédito portanto não responsabilizaria Rogério (art. 17, 18 e 19 do Dec. 57.663/1966; art. 17, §1.º, Lei 7.357/1985; arts. 295 e 296, CC/2002).

## 99. (OAB CESPE 2006/03)

Não é requisito para a propositura de execução de cheque a sua apresentação na instituição financeira sacada. Porém, é extremamente recomendada a apresentação antes da propositura da execução. Isto porque o tomador-beneficiário pode perder o direito de execução contra o emitente se aquele provar que tinha fundos disponíveis para pagamento no prazo de apresentação (art. 47, § 3.º, Lei 7.357/1985). Contudo, se for evidente que o emitente do cheque não possui fundos, seja porque o tomador é beneficiário de outros títulos de crédito do qual ele é o sacador, seja porque teve notícia de que não havia fundos na conta do sacador, pode o credor do cheque propor a execução independentemente de apresentação, por sua conta e risco.

## 100. (OAB RJ 2006/01 EXAME 29)

O protesto não é requisito para a propositura de execução de cheque contra o emitente e seu avalista (art. 47, § 4.º, Lei 7.357/1985). Contudo, para promover execução contra os endossantes e seus avalistas a lei impõe que seja o cheque apresentado em tempo hábil e ainda que o cheque seja levado a protesto, como meio de comprovar que houve a recusa de pagamento. Entretanto, esta regra comporta exceção. O protesto será desnecessário caso se comprove a recusa de pagamento por declaração do sacado, escrita e datada no cheque com indicação do dia de apresentação, e ainda, por declaração escrita e datada por câmara de compensação (art. 47, II, Lei 7.357/1985).

## 101. (OAB RJ 2005/03 EXAME 28)

Em regra, o princípio da autonomia das obrigações contidas no título faz com que, anulada a obrigação em relação ao sacador, seja mantida com relação ao garante. Porém, esta regra comporta exceção justamente quando o vício alegado diz respeito à forma (art. 32, Dec. 57.663/1966; art. 899, § 2.º, CC/2002). Isto porque, se o vício é inerente à formação do título (ex.: ausência da palavra "cheque") inexiste o próprio título de crédito, logo, a garantia não subsiste.

## 102. (OAB RJ 2005/02 EXAME 27)

Não. O cheque com cláusula "não à ordem" não é transmissível por endosso. Mas pode ser transmitido para terceiro com efeito de cessão civil de crédito (art. 17, § 1.º, Lei 7.357/1985).

## 103. (OAB MG 2004/03)

Os títulos de créditos possuem como elemento marcante a autonomia em relação ao negócio que o originou (art. 887, CC/2002), o que faz com que cada obrigação cambial valha por si só. Até a súmula 370 do STJ, o cheque era uma ordem de pagamento à vista, e mesmo, quando pós-datado o cheque preservava a sua natureza essencial de ordem de pagamento à vista, já que qualquer menção em contrário era considerada não escrita (art. 32, Lei 7.357/1985). Assim, a indicação de data futura era desconsiderada.

Como o cheque possui como data de emissão o dia 14.11.2003, estará prescrito a pretensão executiva 06 meses após o fim do prazo de apresentação (art. 59, Lei 7.357/1985) que poderá ser de 30 dias ou 60 dias após a data de emissão, dependendo do lugar em que foi emitido (art. 33, Lei 7.357/1985).

Como a ação executiva foi proposta após este prazo, há prescrição da pretensão executiva do cheque. O fato de ter ocorrido um contrato entre as partes para postergar o prazo de apresentação, não altera o seu prazo prescricional para a pretensão executiva.

A data pré- fixada para fevereiro foi escrita á lápis e portanto não pode ser considerada.

## 104. (OAB GO 2007/01)

No momento que o cheque perdeu a força executiva, perdeu também a autonomia típica dos títulos de crédito, necessitando provar a existência do negócio jurídico, e apresentar o cheque que é prova escrita sem eficácia de título executivo (art. 1.102-A a 1.102-C, CPC).

## 105. (OAB GO 2006/03)

O "cheque visado" traz mais garantia às relações jurídicas vez que o é aquele em que o banco sacado lança declaração de suficiência de fundos e reserva a quantia durante o prazo de apresentação do cheque (art. 7.º, Lei 7.357/1985). Já o "cheque administrativo" é aquele sacado pelo banco contra um de seus estabelecimentos. Sacado e sacador se confundem. O banco emite o cheque contra seu próprio caixa (art. 9.º, III, Lei 7.357/1985).

Nas relações de consumo, o fornecedor não é obrigado a aceitar um cheque como forma de pagamento, ou seja, não há obrigatoriedade em seu recebimento, já que ninguém é obrigado a fazer ou deixar de fazer alguma coisa se não em virtude de lei (art. 5.º, II, CF/1988). Porém, tendo em vista ser direito do consumidor a informação adequada e clara, é importante que as empresas informem que aceitarão cheque somente mediante consulta ou que não se aceita cheque.

## 106. (OAB GO 2006/02)

A prescrição da via executiva pode ser reconhecida de ofício pelo juiz (art. 219, § 5.º, CPC). O credor poderá ingressar com ação locupletamento (2 anos) ou ação monitória (5 anos) ou ação de cobrança (5 anos). O prazo prescricional inicia-se no momento em que o cheque perde sua força executiva.

## 107. (OAB RJ 2003/01 EXAME 20)

A duplicata é um título causal, porque só pode ser emitida mediante a existência de uma origem específica que é a nota fiscal de compra e venda mercantil ou de prestação de serviços (art. 1.º e 20, Lei 5.474/1968).

## 108. (OAB MG 2007/03)

Em relação ao devedor principal da duplicata, o protesto será facultativo quando tenha sido aceita pelo sacado (art. 15, I, Lei 5.474/1968), mas se o sacado não aceitou a duplicata, o protesto por falta de aceite é essencial.

## 109. (OAB CESPE 2009/02)

A nota promissória vinculada a um contrato de abertura de crédito, além de fazer com que a nota promissória perca sua autonomia, o Banco poderá cobrá-la por meio de ação monitória (súmulas 233 e 247 do STJ). Exemplo de título causal: Duplicata. Exemplo de título abstrato: cheque e letra de cambio.

## 110. (OAB CESPE 2009/2)

De acordo com o art. 32 da Lei 7.357/85 o banco deve pagar normalmente, se houver fundos na conta. Quanto á quem depositou o cheque antes da data, terá o dever de indenizar o emitente pelos danos morais (Súmula 370 do STJ).

## 111. (OAB CESPE 2009/3)

Trata-se de aval, já que é o instituto típico de garantia para os títulos de crédito. O aval diferencia-se da fiança, pois o aval é uma garantia cambial, enquanto que a fiança é uma garantia contratual. O aval é uma garantia autônoma, enquanto que a fiança é uma garantia acessória. O aval gera responsabilidade solidária, enquanto que na fiança a responsabilidade como regra é subsidiária, a não ser que no contrato esteja escrito que a responsabilidade é solidária.

## 112. (OAB CESPE 2009/2)

Quando Adalberto endossou a Nota Promissória a Pedro, o que ocorreu foi um endosso póstumo, ou seja, realizado após o protesto do título. Esse endosso produz efeitos de cessão civil de crédito, ou seja, não apenas perdeu a força garantidora, como permite que os vícios da relação original sejam alegados por José (art. 20 do Decreto 57.663/66). Ou seja, José pode alegar a origem que é a dívida de jogo, impedindo a execução (art. 294 do CC).

## 113. (OAB CESPE 2009/3)

Beta emitiu duplicata contra Nori. Nori recebeu as mercadorias, não aceitou e não devolveu a duplicata. Explicar aceite. Motivos para recusa do aceite. Para a execução, precisa do protesto por falta de devolução. Prazo de 3 anos do vencimento (arts. 7.º e 8.º da Lei 5.474/68).

## CONTRATOS MERCANTIS

### 114 (OAB RJ 2004/02 EXAME 24)

De acordo com o art. 2.º da Lei 8.955/1994, o contrato de franquia é contrato pelo qual um franqueador cede ao franqueado o direito de uso de marca ou patente, associado ao direito de distribuição exclusiva de produtos ou serviços e, eventualmente, também ao direito de uso de tecnologia de implantação e administração de negócio ou sistema operacional desenvolvido ou detidos pelo franqueador, mediante a remuneração direta ou indireta, sem que, no entanto, fique caracterizado o vínculo empregatício. Portanto, não se trata de uma filial ou sucursal.

### 115. (OAB GO 2007/01)

De acordo com o art. 973 do CC/2002, a pessoa legalmente impedida de exercer atividade própria de empresário, se a exercer, responderá pelas obrigações contraídas, portanto José não pode alegar que era impedido a fim de se proteger da cobrança de dívidas, resultando na total improcedência da matéria de defesa arguida.

### 116 (OAB RJ 2004/02 EXAME 24)

No crédito documentário, o Banco assume perante seu cliente (ordenante – importador) a obrigação de pagar a terceiro (beneficiário – exportador), que apresentar o documento. Para o ordenante, o Banco realiza um financiamento, mas para o terceiro, o Banco fornece uma garantia. O documento expedido pelo Banco nesse contrato é a carta de crédito.

### 117 (OAB RJ 2005/02 EXAME 27)

O depósito bancário é o contrato pelo qual o Banco se torna depositário de uma determinada quantia em dinheiro para o correntista, com a obrigação de restituí-los mediante a solicitação de cartão ou cheque. O Banco não é apenas o detentor da quantia, mas proprietário que pode usar essa quantia.

### 118(OAB GO 2006/02)

De acordo com o art. 3.º, § 2.º do Dec.-lei 911/1969, o devedor (Fran de Souza) poderá [deverá] pagar a integralidade da dívida pendente, segundo os valores apresentados pelo credor fiduciário na inicial, hipótese na qual o bem lhe será restituído livre do ônus.

### 119. (OAB GO 2006/01)

O contrato de "fomento mercantil" ou *factoring* é o contrato pelo qual um empresário cede seus títulos de crédito a uma empresa que adianta recursos e cobra juros por esta antecipação e pelo risco assumido (*factoring* tradicional).

### 120. (OAB RJ 2003/02 EXAME 21)

No contrato de arrendamento mercantil, o arrendador divide o valor do bem e cobra o valor residual garantido para que o arrendatário se torne proprietário do bem. O valor residual pode ser pago antecipadamente, diluído ou ao final do contrato. Se o arrendatário não pagar o valor residual garantido não se tornará proprietário e deverá restituir o bem.

### 121. (OAB GO 2003/01)

Parte da doutrina define o *leasing* como uma locação com opção de compra. O arrendador pode ser ou não instituição financeira, isso pois o arrendamento pode ser financeiro ou operacional. No *leasing* financeiro, o arrendador é necessária uma instituição financeira, enquanto que no *leasing* operacional o arrendador é uma pessoa jurídica qualquer.

### 122. (OAB CESPE 2009/02)

Trata-se de contrato de franquia. E se a circular de oferta de franquia não for entregue com 10 dias de antecedência, o contrato será anulado, além de o franqueador ter que devolver qualquer quantia paga, bem como reparar as perdas e danos (art. 4.º Lei 8.955/1994).

## FALÊNCIA E RECUPERAÇÃO DE EMPRESAS

### 123. (OAB RJ 2004/02)

A autofalência é a falência pedida pelo próprio devedor. Foi mantida em nosso ordenamento no art. 97 da Lei 11.101/2005, que indica entre os que podem requerer a falência, o próprio devedor. E ainda nos arts. 105 a 107 da Lei 11.101/2005, explicam as peculiaridades do procedimento, quando a falência é pedida pelo devedor.

### 124. (OAB CESPE 2008/03)

Alguns créditos são excluídos da recuperação extrajudicial, por definição do legislador, é o caso dos créditos do art. 49 § 3.º, 86, II da Lei 11.101/2005, e dos créditos trabalhistas, tributários e os provenientes de acidente de trabalho. São requisitos objetivos para a homologação da recuperação extrajudicial (1) devedor exercer atividade empresarial de forma regular, há pelo menos 2 anos; (2) não estar falido;(3) se já obteve a homologação da recuperação extrajudicial ou obteve a recuperação judicial há pelo menos 2 anos.Além disso, a homologação da recuperação extrajudicial, depende da concordância mínima de credores que representem mais de 3/5 de todos os créditos de cada espécie por ele abrangidos (art. 48, 161 e 163 da Lei 11.101/2005).

### 125. (OAB MG 2006/02)

Para que um credor possa requerer a falência é preciso que o valor do título executivo extrajudicial, ou a soma de vários títulos, tenha o valor mínimo de 40 salários mínimos, entretanto, se o título foi objeto de uma execução, na qual o devedor não pagou, não depositou e não nomeou bens à penhora, independentemente do valor, já pode ser objeto de pedido de falência (art. 94 da Lei 11.101/2005). Portanto, a orientação do primo de Armando está incorreta.

### 126. (OAB CESPE 2006/02)

João Batista tem direito como crédito trabalhista à quantia de até 150 salários mínimos, mas o valor acima desse limite, que no caso concreto é de 70 salários mínimos, participará também da relação dos credores, mas como credor quirografário (art. 83, I e VI, alínea *c*).

### 127. (OAB RJ 2006/02 EXAME 30)

Além dos credores arrolados no art. 49, § 3.º e os do art. 86, II, também não podem participar da recuperação, os credores trabalhistas, os provenientes de acidente de trabalho e os credores tributários (art. 161,§ 1.º da Lei 11.101/2005).

### 128. (OAB BA 2000/03)

O "termo legal na falência" é o período de no máximo 90 dias antes do primeiro protesto ou, se não houver, do requerimento da falência, fixados na sentença que decreta a falência (art. 99, II da Lei 11.101/2005). Os efeitos produzidos são que alguns atos, se praticados pelo devedor, nesse período, serão considerados como ineficazes pelo juiz, como é o caso da garantia real concedida, o pagamento antecipado e o pagamento feito de forma diferente da contratada (art. 129, I, II e III da Lei 11.101/2005).

## 129. (OAB RJ 2007/01 EXAME 32)

De acordo com o art. 77 da Lei 11.101/2005, os créditos em moeda estrangeira são convertidos na falência de acordo com a taxa de câmbio do dia da decisão da decretação da falência, portanto, o pedido do Banco não tem sentido no processo de falência. O pedido do Banco só estaria correto se fosse o procedimento de recuperação judicial (art. 38 da Lei 11.101/2005).

## 130. (OAB RJ 2006/01 EXAME 29)

Como regra, a decretação da falência ou o deferimento da recuperação judicial suspende o andamento das ações em andamento (art. 6, *caput*, da Lei 11.101/2005). Entretanto, as ações que tiverem por objeto obrigação ilíquida continuarão no seu juízo de origem (art. 6, § 1.º da Lei 11.101/2005).

## 131. (OAB MG 2006/03)

Enquanto o processo trabalhista estava em curso, o reclamante poderia ter pedido ao seu juízo trabalhista a reserva de valor (art. 6.º, § 2.º da Lei 11.101/2005). Nesse caso o juiz do trabalho oficiaria o juiz da falência par que ocorresse a reserva do valor. Agora que o processo já está concluído resta ao credor trabalhista se habilitar no processo de falência no prazo e de acordo com o procedimento do art. 7.º da Lei 11.101/2005.

## 132. (OAB MG 2003/02)

Nas modalidades de alienação do ativo, de acordo com o art. 142 da Lei 11.101/2005, o juiz só precisa do requerimento do administrador judicial ou do comitê de credores (art. 143 e 144 da Lei 11.101/2005). De acordo com o art. 145 da Lei 11.101/2005, o juiz, para homologar outra modalidade de realização do ativo (que não a do art. 142 da citada lei), precisa da aprovação da assembleia geral de credores, de acordo com o quórum do art. 46 da Lei 11.101/2005.

## 133. (OAB GO 2005/03)

A ação revocatória pode ser proposta pelo administrador judicial, qualquer credor ou membro do Ministério Público no prazo de três anos contado da decretação da falência (art. 132 da Lei 11.101/2005).

## 134. (OAB CESPE 2008/01)

De acordo com o art. 59 da Lei 11.101/2005, o plano de recuperação judicial constitui novação dos créditos anteriores ao pedido, sem prejuízo das garantias, portanto em relação a Fazenda Bonita Ltda., não há como cobrar o valor integral, mas em relação a Zélia, a dívida pode ser cobrada integralmente.

### 135. (OAB CESPE 2007/02)

Não é possível pedir a conversão da falência em recuperação de empresas. Não existe a modalidade de recuperação suspensiva, como existia, na lei anterior, a concordata suspensiva. Aliás, é requisito para requerer a recuperação judicial, não ser falido (art. 48, I, da Lei 11.101/2005).

### 136. (OAB CESPE 2006/01)

De acordo com os arts. 70 e ss. da Lei 11.101/2005, a ME e a EPP podem requerer a recuperação do plano especial, mas essa modalidade só atinge os credores quirografários. No plano especial, a proposta está pronta na lei, ou seja, 36 parcelas mensais e sucessivas, juros de 12% a.a., e a primeira parcela sendo paga em 180 dias contados da distribuição. No caso em tela, os credores são de várias categorias, portanto seria melhor a recuperação judicial ordinária.

### 137. (OAB MG 2008/02)

De acordo com o art. 60, parágrafo único da Lei 11.101/2005, o objeto da alienação na recuperação judicial é livre de qualquer ônus, e portanto, inclusive do trabalhista.

### 138. (OAB CESPE 2008/03)

Para que o fato descrito no problema seja uma conduta típica de crime falimentar é imprescindível a decretação da falência, a concessão da recuperação judicial, a concessão da recuperação extrajudicial. De acordo com o art. 180 da Lei 11.101/2005, os atos decisórios acima descritos são condições objetivas para a punibilidade das infrações penais descritas na lei.

### 139. (OAB CESPE 2009/02)

Cabe pedido de restituição do bem (art. 85 da Lei 11.101/2005), e se bem não estiver com o devedor, mas com terceiro de boa fé, pode requerer a restituição da quantia (art. 86, I da Lei 11.101/2005).

# Bibliografia

Antunes, Engrácia. *Direito das sociedades comerciais – Perspectivas do seu ensino*. Coimbra: Almedina, 2000.

Barreto Filho, Oscar. *A teoria do estabelecimento comercial*. São Paulo: Max Limonad, 1969.

Bulgarelli, Waldírio. *Direito comercial I*. 8. ed. São Paulo: Atlas, 1991.

_____. *Direito comercial II*. São Paulo: Atlas, 1978.

_____. *Teoria jurídica da empresa*. São Paulo: RT, 1985.

Carvalhosa, Modesto. *Comentários à Lei das Sociedades Anônimas*. São Paulo: Saraiva, 1997. 4 v.

Chaves, Antônio. Evolução da propriedade intelectual no Brasil. *RT*, v. 81, n. 685, nov. 1992.

Coelho, Fábio Ulhoa. *Manual de direito comercial*. São Paulo: Saraiva, 2007.

_____. *Curso de direito comercial*. 6. ed. São Paulo: Saraiva, 2007. v. 1 a 3.

Comparato, Fábio Konder. *Aspectos jurídicos da macroempresa*. São Paulo: RT, 1970.

_____. *O poder de controle na sociedade anônima*. 3. ed. Rio de Janeiro: Forense, 1983.

Ferreira, Waldemar. *Tratado de direito comercial*. São Paulo: Saraiva, 1960. v. 1 a 6.

Negrão, Ricardo. *Manual de direito comercial e de empresa*. São Paulo: Saraiva, 2006. v. 1 a 3.

Martins, Fran. *Curso de direito comercial*. 23. ed. Rio de Janeiro: Forense, 1999.

Requião, Rubens. *Curso de direito comercial*. 23. ed. São Paulo: Saraiva, 1998. v. 1.

_____. *Curso de direito comercial*. 20. ed. São Paulo: Saraiva, 1995. v. 2.

Silveira, Newton. O ensino do direito intelectual nas universidades. *Revista da Faculdade de Direito da Universidade de São Paulo*, n. 78, 1983.

Diagramação eletrônica:
Linotec Fotocomposição e Fotolito Ltda., CNPJ 60.442.175/0001-80.
Impressão e encadernação:
Prol Editora Gráfica Ltda., CNPJ 52.007.010/0004-03

A.S. L6370